减贫

信息化管理“5+2”模式

杜萍 著

POVERTY REDUCTION

A “5+2” MODEL OF INFORMATION MANAGEMENT

中国经济出版社
CHINA ECONOMIC PUBLISHING HOUSE
·北京·

图书在版编目（CIP）数据

减贫信息化管理“5+2”模式／杜萍著. -- 北京：中国经济出版社, 2022. 7

ISBN 978-7-5136-6425-7

Ⅰ. ①减… Ⅱ. ①杜… Ⅲ. ①扶贫-管理信息系统-研究-中国 Ⅳ. ①F126-39

中国版本图书馆CIP数据核字（2021）第035534号

责任编辑　闫明明
责任印制　马小宾
封面设计　都旭东

出版发行　中国经济出版社
印 刷 者　北京雅昌艺术印刷有限公司
经 销 者　各地新华书店
开　　本　710mm ×1000mm　1/16
印　　张　22.25
字　　数　250千字
版　　次　2022 年 7 月第 1 版
印　　次　2022 年 7 月第 1 次
定　　价　87.00元
广告经营许可证　京西工商广字第 8179 号

中国经济出版社　**网址** www.economyph.com　**社址** 北京市东城区安定门外大街 58 号　**邮编** 100011
本版图书如存在印装质量问题，请与本社销售中心联系调换（联系电话：010－57512564）

领导、专家点评

用心写好精准扶贫信息化大文章。

齐续春

第十二届全国政协副主席

信息化管理在中国消除绝对贫困的伟大历程中发挥了重要作用，亟需深度、系统地进行总结。然而，迄今为止，有关精准扶贫信息化管理或减贫信息化管理的研究成果依然比较匮乏，更是鲜有专著问世，这不能不说是一个缺憾。可以说，《减贫信息化管理“5+2”模式》一书的诞生恰逢其时，极具学术价值。

陈锡文

全国人大常委、农业与农村委员会主任委员

《减贫信息化管理“5+2”模式》一书，在精准扶贫中具有积极意义，在推进乡村振兴战略中也能发挥重要作用。此书的价值，值得充分肯定。

陈　雷

全国政协常委、农业和农村委员会副主任，水利部原部长

杜萍博士从专业角度辛勤研究，将纷繁复杂的减贫信息化管理归纳为“5+2”模式，观点鲜明，令人过目不忘。我希望减贫信息化管理“5+2”模式在国际减贫事业中发挥作用。

李肇星

中华人民共和国外交部原部长

脱贫攻坚的全面胜利充分反映了精准扶贫信息化管理的重要作用，同时也提出了如何助力乡村振兴的新课题、新任务、新挑战。本书的出版很有意义，可广为用之。

袁文先

中国乡村发展协会会长

本书的可贵之处在于，深入分析和总结了我国精准扶贫信息化管理的内在逻辑与成功经验，并提出了减贫信息化管理“5+2”模式。在5G开启万物智联的信息化大发展的时代背景下，“5+2”模式在乡村振兴和国际减贫中具有广阔的应用空间和借鉴价值。

尚 冰

中国互联网协会理事长、工业和信息化部原副部长

2016年的一次会议间隙，杜萍跟我聊了她的减贫故事，我深为感动。6年后的今天，她带着这本沉甸甸的书稿找到我。她独到的减贫思想、锲而不舍的学术态度让我更加感动。本书很有创新性，可为国际减贫信息化管理提供有益的参考和借鉴，值得推荐。

单霁翔

文化和旅游部原党组成员、故宫博物院原院长

杜萍博士把自己研发的精准扶贫多功能“5+2”信息管理系统捐给国家，精神可嘉。她所提出的减贫信息化管理“5+2”模式在乡村振兴信息化建设中大有可为。

范迪安

第十三届全国政协委员、中国美术家协会主席

我是杜萍的博士生导师。为撰写《减贫信息化管理“5+2”模式》一书，她前后花了十年时间，取得了值得肯定的成果。做一件事情如此执着、认真、投入，值得称道。我由衷地感到欣慰。

吴俊培

知名财政专家，中南财经大学原校长、武汉大学原副校长

杜萍博士在本书中提出的构想和措施，不仅在精准扶贫实践中得到了运用，还可以为乡村振兴战略的实施提供有价值的借鉴，这是一本值得读的好书。

林万龙

中国农业大学副校长

杜萍是武汉大学社会保障研究中心培养的博士。在读博期间，她创新性地提出减贫信息化管理“5+2”模式，并结合实际研发出精准扶贫多功能“5+2”信息管理系统。中心将该成果作为教育部五年一度的高校人文社会科学重点研究基地测评的标志性成果，取得良好效果。“5+2”模式倾注了她的大量心血，实为来之不易，本书值得推荐。

邓大松

教育部人文社会科学重点研究基地武汉大学社会保障研究中心学术委员会主任

杜萍博士勤于钻研、勇于探索，创新减贫的方式方法，她提出的减贫信息化管理“5+2”模式，简单实用、易于操作，具有较高的推广价值。将“5+2”模式应用到乡村振兴战略中，有利于充分发挥信息化对乡村振兴的驱动作用。

张 琦

北京师范大学中国扶贫研究院院长、全国脱贫攻坚先进个人获得者

杜萍博士提出的减贫信息化管理“5+2”模式，将信息化手段应用到精准扶贫当中，取得了很好的效果。在一切皆可编程、万物均要互联的时代背景下，老百姓的衣食住行、吃喝玩乐、政府管理、社会治理、城市运转等都架构在网络和软件之上，信息化管理的需求会更加广泛存在，“5+2”模式发挥作用的舞台也将会更大。

周鸿祎

第十三届全国政协委员，360 集团创始人、董事长兼 CEO

本书作者以减贫信息化管理“5+2”模式为理论基础研发的精准扶贫多功能“5+2”信息管理系统，被选为教育部人文社会科学重点研究基地重大项目“中国扶贫战略研究”（批准号：16JJD840007）的重要研究成果。

减贫信息化管理“5+2”模式在乡村振兴中大有可为

陈锡文
全国人大常委、农业与农村委员会主任委员

2021 年 2 月 25 日，习近平总书记在全国脱贫攻坚总结表彰大会上庄严宣告：“我国脱贫攻坚战取得了全面胜利，现行标准下 9899 万农村贫困人口全部脱贫，832 个贫困县全部摘帽，12.8 万个贫困村全部出列，区域性整体贫困得到解决，完成了消除绝对贫困的艰巨任务，创造了又一个彪炳史册的人间奇迹！”

脱贫攻坚战取得全面胜利，创造了中国减贫史乃至人类减贫史上的伟大奇迹，取得这一伟大胜利的重要原因就是实施了精准扶贫方略。精准扶贫方略的核心要义是“精准”，而实现“精准”的前提是信息精准。建档立卡就是精准扶贫精准脱贫的基础。建立在建档立卡基础上的信息化管理，在推进精准扶贫过程中功不可没。我国积极推动互联网、大数据等信息技术与精准扶贫管理深度融合，有效破解了制约扶贫管理的信息不对称难题，加快了脱贫进程，提高了脱贫效率，提升了脱贫的质量，积累了宝贵的实践经验。信息化管理在中国消除绝对贫困的伟大历程中发挥了重要作用，亟需深度、系统地进行总结。然而，迄今为止，有关精准扶贫信息化管理或减贫信息化管理的研究成果依然比较匮乏，更是鲜有专著问世，这不能不说是一个缺憾。可以说，《减贫信息化管理“5+2”模式》一书的诞生恰逢其时，极具学术价值。

杜萍博士积极地参与我国精准扶贫的理论研究和实践探索。她在工作中敏锐地意识到信息化管理对于精准扶贫的重要性，把贫困治理体系和治理能力现代化的核心理念通过信息化技术贯彻到精准扶贫实践中，创新性地提出减贫信息化管理“5+2”模式，并以此为理论基础，研发出了精准扶贫多功能“5+2”信息管理系统，还将研发成果无偿捐赠给国务院扶贫办（现国家乡村振兴局）指导建设、主管的中国社会扶贫网（现中国社会帮扶网），做到了理论联系实际、科技助力扶贫，精神可嘉、成绩喜人。

“5+2”模式具有严谨的科学性和广泛的实用性，是一次有益的创新探索。难能可贵的是，我国 2020 年完成脱贫攻坚目标任务进入新的历史阶段后，杜萍博士在“5+2”模式基础上，又进一步探讨精准扶贫信息管理系统如何迭代升级，并延伸应用于乡村振兴以及全球减贫中，做到“物尽其用，人尽其才”。

我相信，“5+2”模式在乡村振兴中大有可为。这本书的出版，对巩固拓展脱贫攻坚成果和全面推进乡村振兴都有很好的参考价值，我很愿意把这本书推荐给大家。

是为序。

2022年6月7日

己乐乐人，己达达人，同一个世界，同一个梦想

李肇星
中华人民共和国外交部原部长

我出生在山东省胶南县大珠山脚下的王家村，五岁就跟爷爷下地干活。长大后，出乎意料地从事了外交工作，即使工作再忙，我也一直心系农村的父老乡亲，也关注着中国和世界的减贫事业。

中国作为世界上最大的发展中国家，做了一件很了不起的事，就是在 2020 年如期实现了新时代脱贫攻坚目标任务，同时愿与世界分享减贫经验，包括采用现代信息管理方法，实现扶贫“精准”和脱贫“精准”。信息技术在中国贫困地区的发展中发挥了重要作用。

贫困问题在很多国家都是令政治家们不得不面对的挑战。我曾常驻非洲 9 年，访问过非洲的 52 个国家，也到过全球其他大多数发展中

国家。我欣喜地见证过许多国家反贫困的成绩，但也知道贫困是“无声的危机”，严重阻碍了亚非拉许多国家的发展，仍是地区冲突和环境恶化等问题的根源之一。世界消除贫困任重道远，各国应齐心协力帮助穷人攀上“发展的阶梯”，尽快摆脱贫困。

在新时代，发展中国家减贫离不开互联网与信息技术。2020 年初暴发的新冠肺炎疫情已蔓延全球，波及大多数发展中国家。受此影响，2020 年全球极端贫困率出现了 20 年来的首次增长，到 2021 年底或有多达 1.5 亿人陷入赤贫，形势十分严峻。实现 2030 年可持续发展目标，人类需要付出更大努力。因此，减贫信息化管理的需求也会长期存在。广大发展中国家需要更精准的减贫经验、更科学的治理模式和更有效的管理方式。

如何扩大中国脱贫攻坚成果，并让中国经验惠及全球贫困治理，杜萍博士从专业角度辛勤研究，在总结我国经验的基础上，将精准扶贫信息化管理工作放在人类减贫实践的大背景下讨论，创新性地提出减贫信息化管理“5+2”模式，还给出了具体方案，观点鲜明，令人过目难忘。我希望“5+2”模式在国际减贫事业中发挥作用。

杜萍博士在本书《写在前面》的话中写道，她热爱祖国，听习近平总书记和党中央的话，有担当意识和奉献精神。她在攻读博士学位的同时，争分夺秒自投资金研发软件，毫无保留地献给国家，还潜心著书立说，愿将所有研究心得成果奉献给全世界人民，做到了“己乐乐人，己达达人”，实属可贵。“同一个世界，同一个梦想”，消除贫困是人类共同的梦想。开卷有益，愿越来越多的有识之士能通过翻阅本书，持续关注、研讨、参与国际减贫工作，共筑人类命运共同体。

2021 年 4 月 23 日于山东省菏泽市郊

从记者到学者，把扶贫论文写在祖国的大地上

龙宇翔
第十二届全国政协委员
中国国际文化传播中心执行主席

消除贫困是全球面临的共同挑战。2015 年 9 月联合国大会通过《变革我们的世界：2030 年可持续发展议程》，将“在全世界消除一切形式的贫困”列为首要可持续发展目标，为全球减贫事业的发展指明了方向。贫困，并不仅仅是缺乏收入和资源导致的难以维持生计、饥饿和营养不良，更表现为无法充分获得教育机会和其他基本公共服务、受社会歧视和排斥以及无法参与公共事务决策，进而造成贫困的代际传递，直接或间接地削弱世界各国的可持续发展能力。

2020 年底，中国如期完成新时代脱贫攻坚目标任务，中华民族在几千年发展历史上首次整体消除绝对贫困，实现了中国人民的千年梦想、百年夙愿。中国减贫成就的取得，离不开符合国情的精准扶贫

方略。在此过程中，无论是上下联动还是内外协同，皆离不开信息在不同主体间的高效流通，离不开信息化管理所发挥的重要作用，在“后扶贫时代”接续推进乡村振兴中更是如此。

21 世纪人类步入信息化时代以来，国内外学者对信息化管理的研究蔚然成风，但是将减贫与信息化管理相结合的研究成果却寥寥无几。无数次的迂回曲折，历尽艰辛，杜萍博士将减贫信息化管理放在人类减贫实践的背景下进行研究，创新性地提出一个简单有效的管理模式——减贫信息化管理“5+2”模式，为管理者提供了将减贫与信息化管理相结合的一种思路，虽然原理不复杂，但高屋建瓴，切中肯綮，能够获得切实的成效。值得一提的是，这是一个适合不同减贫发展阶段的管理模式，随着减贫形势的发展，“5+2”模式还可以与时俱进，迭代升级，覆盖面更大、内涵更丰富，对内应用于乡村振兴信息化管理，对外走出国门助力国际减贫事业。

习近平总书记号召“我国广大知识分子要以时不我待的紧迫感、舍我其谁的责任感，主动担当，积极作为”，期许“广大科技工作者要把论文写在祖国的大地上，把科技成果应用在实现现代化的伟大事业中”。杜萍博士无疑是这一号召的积极践行者，她从记者到学者，二十年如一日关注扶贫，从不畏艰辛深入西部地区报道扶贫，到潜心研究减贫信息化管理，还将宝贵的研究成果捐给国家，把扶贫的论文写在了祖国的大地上。当我们通读全书，把握作者的意图时，会感受到作者的良苦用心和助力全球消除贫困的殷切之情，也会看到书中所闪烁的智慧的光芒。

作为国家对外文化交流与传播的重要窗口，多年来中国国际文化传播中心与世界 130 多个国家和地区的政要进行了友好往来。我国脱贫攻坚战取得全面胜利后，系统总结、全面展示和分享我国减贫经验尤为重要。当前，向其他渴望摆脱贫困的国家讲好中国脱贫故事、传播中国减贫经验是中心的一项有意义的工作。杜萍博士提出的“5+2”模式，是在总结精准扶贫信息化管理实践经验的基础上形成的，其研究过程也是减贫脱贫历程中的一个生动故事。

我认为，这是一本对中国减贫事业感兴趣尤其是试图探寻减贫新路径、新方法的人士值得一读的著作。

2022 年 2 月 7 日于北京

目 录

写在前面 生于斯时多幸运 愿得此生长报国 /1

第一章 “5+2”模式的提出 /001

一、彪炳史册：全球减贫背景下的中国精准扶贫 /003

二、时代选择：精准扶贫与信息化的时空交汇 /014

三、制胜密钥：精准扶贫信息化管理 /031

第二章 “5+2”模式的研究基础 /059

一、他山之石：可资借鉴的国内外研究成果 /061

二、兼收并蓄：“5+2”模式的理论基础 /080

三、点亮火花：可复制推广的减贫信息化管理模式 /105

第三章 “5+2”模式的内涵、机制和特征 /109

一、点面结合：“5+2”模式的内涵 /111

二、纲举目张：“5+2”模式的机制 /125

三、标本兼治：“5+2”模式的特征 /138

第四章 “5+2”模式在精准扶贫信息化管理中的应用 /147

一、开放共享：精准扶贫“5+2”平台的总体设计 /149

二、好用实用：精准扶贫“5+2”平台的主体功能 /156

三、初见成效：精准扶贫“5+2”平台的应用实践 /200

第五章　“5+2”模式在乡村振兴信息化管理中的应用构想　/209
一、接力前行：脱贫攻坚与乡村振兴　/211
二、有效衔接：乡村振兴与信息化管理　/220
三、拓展应用：助力乡村振兴促进共同富裕　/226

第六章　“5+2”模式在国际减贫信息化管理中的应用构想　/261
一、共同挑战：消除全球贫困　/263
二、聚力赋能：全球贫困治理需要信息化支持　/268
三、互学互鉴：“5+2”模式与国际减贫的契合点　/283

第七章　“5+2”模式的价值与使命　/303
一、与时俱进：适应新时代需求　/305
二、广阔前景：在相对贫困治理中发挥作用 /307
三、走出国门：焕发新的生命力 /309

写在后面　你们是我不竭的动力　/313

参考文献 /317

生于斯时多幸运
愿得此生长报国

多年前，一些人曾经对我痴迷于用信息化来解决贫困的问题感到不解。如今，随着社会的迅速发展，信息化正在广泛、深刻地改变人们的生活。身边多了许多志同道合的研究者，我的内心更加笃定而充满力量。

扶贫情结深深地融入血液

我之所以长期专注于减贫研究，是因为与扶贫有着不解之缘。到民建中央工作之前，我是一名记者，采写过数百篇有关西部大开发的新闻报道。十年里，我多次深入甘肃、新疆、内蒙古、陕西、云南、宁夏等西部地区采访。我在中国特色扶贫开发道路起点地区之一的宁夏西海固，喝过蓄水窖苦涩的雨水；在曾有“苦瘠甲天下”之称的甘肃定西，和村民们一起种植过改变农民贫困命运的马铃薯；在一望无际的内蒙古大草原，与牧民一起挤过牛奶；在茫茫的毛乌素沙漠，与治沙能手一起栽种过沙棘……西部土地上吃苦耐劳、坚韧不拔的父老乡亲，深深地感动和激励着我。每每听闻自己采写的新闻报道对当地社会经济发展起到了些许作用时，我都欣喜不已，既为自己的职业感到自豪，也更加珍惜这些经历带来的人生体验和感悟。

我曾数次前往广西，行程近万公里，历时一载半，走进北部湾，融入北部湾，追寻祖国南疆经济发展的新亮点，感受这片风生水起的热土开放开发的恢宏气势。踏遍八桂心相随，为伊消得人憔悴，我撰写了33万字的专著《走进北部湾——一个记者眼中的中国沿海新一极》，向中国和世界报道了一个朝阳似火、生机勃勃的北部湾。

我到民建中央工作后，从事过社会扶贫和定点扶贫工作，曾多次到贵州省毕节市黔西县（现黔西市）开展一线帮扶，当地贫困户的处境和渴盼脱贫的眼神对我触动很大。在此过程中，我对扶贫开发有了深入的了解；我国扶贫开发进程中面临的理论和现实问题，带给我更多的思考。可以说，探寻西部地区如何脱贫致富的情结，已深深地融入了我的血液。

研发难度之大超出预期

2013年，习近平总书记赴湖南省花垣县十八洞村考察时，首次提出“实事求是、因地制宜、分类指导、精准扶贫”的理念。习近平总书记的讲话，为做好脱贫攻坚工作指明了前进方向、提供了根本遵循，对正在武汉大学攻读博士学位的我给予了深刻的启示。脱贫攻坚贵在精准、重在精准，成败之举在于精准，实施精准扶贫方略，是我国打赢脱贫攻坚战的制胜法宝，而从提出精准扶贫方略到完成脱贫攻坚任务只有七八年时间，如何实施好精准扶贫方略，是政府部门以及学术界面临的一个重要课题。为此，我将研究方向确定为“精准扶贫的路径探索”。

经过研究，我发现，实施精准扶贫的难点在于解决信息不对称问题，信息化管理在这方面大有可为。信息技术不仅仅是一种新技术、新手段，更是潜力巨大的新产业、新经济。然而，精准扶贫信息化管理作为一项新的实践探索，国内外并无先例可循。如何充分应用信息化管理的理念和技术，设计出既符合科学规律又满足精准扶贫实际需求的信息管理系统，具有重要意义。因此，我将研究方向进一步聚焦为“精准扶贫信息化管理”。

通过系统的理论研究和实践探索，我认识到，精准扶贫方略的实施对于推动中国减贫进程意义重大。精准扶贫信息化管理是中国减贫实践的独特创新，为打赢脱贫攻坚战发挥了积极作用，所取得的成果和经验，是人类减贫实践的宝贵财富。脱贫攻坚胜利收官之后，精准扶贫信息化管理仍可以继续发挥作用，从精准扶贫信息化管理拓展至减贫信息化管理，站位高、内涵深、外延大，这对于进一步探索人类减贫的新路径具有积极意义。此外，现代意义上的管理一般都要通过管理模式来进行顶层设计，在减贫领域也是如此，需要恰合的管理模式来实现减贫效率的最优化。然而，相关研究成果十分少见。在中国知网等文献数据库查询，几乎搜索不到有关精准扶贫信息化管理模式或减贫信息化管理模式的文献。对于初涉此领域的我来说，如果研究出一套精准扶贫化管理系统是不小的挑战，那么提出有价值的减贫信息化管理模式更像是一座难以攀登的“珠穆朗玛峰”。

在长期的学习和思考中，我从国内外减贫研究成果和经典理论中汲取精华，对实践经验进行归纳总结，提出了减贫信息化管理“5+2”模式，在技术人员和扶贫志愿者的帮助下，研发了以“5+2”模式为理论基础的第一期应用系统——精准扶贫多功能“5+2”信息管理系统，获得了国家版权局颁发的多项计算机软件著作权登记证书。与此同时，博士论文也取得了实质性的进展，以精准扶贫的信息化管理研究为主题的博士学位论文，顺利通过学校答辩，五位评委以“四优一良”的评分对我的研究给予认可。武汉大学社会保障研究中心还将精准扶贫多功能“5+2”信息管理系统作为参加教育部五年一度的高校人文社会科学重点研究基地测评的标志性成果参与测评，取得了良好效果。

十年来，从理论研究到系统开发，再到将实践应用升华为学术成果，战线之长、难度之大，超出预期。首先，时间问题就是不小的挑战。我很热爱和珍惜自己的本职工作，在做好本职工作之余也努力实现自己的学术梦想。由于工作繁忙，只能利用有限的业余时间进行研究。好在，工作与学业终究是相得益彰了。2017 年在机关公务员年度考核中被评为优秀等次。回忆过往，其间经历的种种艰辛，无以言表。记不清多少次利用节假日奔波于调研的火车、汽车上，记不清多少个孤灯长夜与电脑为伴凝眉思索……

十年来，做好这项研究成为我的一种执念。“精准扶贫”“信息不对称”“减贫信息化管理”这几个关键词从理论研究转化为实际应用，在不知不觉中融入了我的生活。只要有比较新颖前沿的信息化或互联网技术的培训课程，无论是在北京、广州，还是深圳、武汉，我都尽可能找周末时间去听课。我平时最喜欢去的地方就是位于西单路口的北京图书大厦，有时带着干粮和水在大厦一待就是一整天，如饥似渴地阅读有关扶贫开发、大数据、软件编程、信息化管理等书籍。在这里，徜徉在知识的海洋里，心里充实而快乐。在研发系统的过程中，为了充分地了解扶贫实践中的真实场景和实际需求，我利用一切可以支配的节假日奔赴减贫一线的贫困县、乡、村，与帮扶干部、贫困户拉家常、交朋友，他们的所思所盼带给我不少启发。每每听闻某个地方有一款扶贫软件面市，就想方设法去现场看一看，有时乘飞机、坐火车、住宾馆，往返两三天时间，到现场也可能只观摩十多分钟，有时无功而返，即便如此，我也从没有气馁过。

2016 年 1 月，我到广西开展扶贫调研后，为了赶时间和节约住宿费，乘火车连夜赶往贵阳。在火车站，我拖着装满调研资料的行李箱走在地下通道中，凌晨的贵阳天寒地冻，又刚下了场冬雨，火车站四处结冰。昏暗中，我一不小心连人带行李箱从十多米的台阶上滑了下来，摔得眼冒金星，左胳膊痛得动弹不得，幸得一位出租车司机把我送到了医院，经检查，我的左胳膊骨裂了。

2017 年 1 月，正值系统研发的关键期，我白天单位工作很忙碌，晚上又连续熬夜，进行紧张的技术攻关。有一天和技术人员一直交流到深夜，对我的一些设计思路和理念，技术人员一时难以用技术路径来实现。急火攻心之下，我一口鲜血咳了出来，那时才意识到自己的身体已严重透支。那晚，我没有去医院，因为母亲还在家等我。我知道，这么晚没回家她一定牵挂着不肯睡去。我踉踉跄跄地搭了出租车回到家，母亲蜷缩着在沙发上，厨房的灯还是亮的，飘着熟悉的饭香。母亲看见我到家，连忙起身去厨房热饭。我就像做错了事的孩子，生怕她看出了我身体的异常。吃着饭，看着母亲花白的头发，心里愧疚起来。我参加工作后，大量时间都在忙于工作，这些年业余时间又痴迷于这项研究，鲜少陪伴和照顾她……一股酸楚涌上心头，我躲在厨房，眼泪止不住地流下来。

找到了知识报国之路

在民建中央，我曾参与撰写由中央统战部编纂的《大道——多党合作历史记忆和时代心声》《统一战线人物志》等书，在此过程中，犹如接受了一场心灵的洗礼。通过民建老同志的讲述，透过历史烟云，往事像一幕幕生动的画面在眼前徐徐展开：在浩瀚的历史长河中，黄炎培、胡厥文、孙起孟、荣毅仁、王光英等民建先贤追求爱国、民主、进步，与中国共产党团结合作、同舟共济……如今，一批又一批民建会员成为时代的弄潮儿，他们在发展企业的同时热心公益事业，体现了强烈的社会责任感，诠释了新时代民建爱国、奉献的精神。在2019年全国脱贫攻坚奖奉献奖的获得者中，就有曹德旺、王召明两位民建会员。爱国，是激励一代代“民建人”奉献祖国、回报社会的不竭动力。扎根在民建的土壤，我也更加坚定了报国之志——企业家可以捐钱捐物，知识分子也可以知识报国。

全国两会期间，我曾连续多年被抽调到全国政协委员驻地从事新闻联络工作。虽然我当记者时曾多次采访全国两会，但如今随着岗位和角色的转换，视角也发生了变化。全国政协委员中人才荟萃、名人众多，每天约访委员的记者很多，为了把委员们的参政议政声音传递出去，我常和委员们沟通、联系，还现场聆听驻地各小组的分组讨论。政协委员们参政议政的热情和水平都很高，他们积极为国家发展建言献策，提出了很多真知灼见，不少提案受到国家相关部委的重视，有的还促成了制度性突破，有力推动了社会的进步与发展。在收集委员们有价值的建议、观点的过程中，留心委员们关注的领域和话题，也随着他们去深入思考，久而久之，我耳濡目染、潜移默化，找到了新时代知识分子的报国之路。

2017 年 3 月 4 日，那是一个令人难忘的日子。在北京会议中心驻地，习近平总书记看望了参加全国政协十二届五次会议的民进、农工党、九三学社委员，并参加联组会，听取意见和建议。习近平总书记强调："我国广大知识分子要以时不我待的紧迫感、舍我其谁的责任感，主动担当，积极作为，刻苦钻研，勤奋工作，为全面建成小康社会、建设世界科技强国作出更大贡献。"习近平总书记的讲话，深深地打动了我，一种使命感油然而生，我决心为国家脱贫攻坚尽绵薄之力。

从此，我更加投入地开展减贫信息化管理研究，并决定将研发成果捐献给国家扶贫部门，助力我国减贫事业。

比博士论文答辩还难的"大考"

2017 年 7 月 21 日，国务院扶贫办（现国家乡村振兴局）向各省、自治区、直辖市等印发了《国务院扶贫办关于进一步克服形式主义减轻基层负担的通知》，要求规范统计报表制度，自 2018 年 1 月 1 日起，扶贫数据主要通过建档立卡信息系统上报，不再要求县以下单位通过其他渠道提供。而我研发的系统尚未用于实践，如果错过这个时机，几年的心血就要付诸东流。那段时间，我急得寝食难安，日渐消瘦。

2018年春节临近，一天深夜，我翻来覆去无法入眠，索性披衣起身，坐到书桌前，决定以书信的方式向国务院扶贫办领导汇报自己的想法。在信中，我谈了这些年来对精准扶贫信息化的思考，介绍了自己所提出的“5+2”模式，并表达了把研发成果捐赠给国家的强烈愿望。信写成，窗外东方泛白，已是除夕的前一天——2018年2月14日。这封信，国务院扶贫办领导能否收到，我无从得知。

没想到，春节假期过后，我就接到了国务院扶贫办相关部门的电话，对方表示，扶贫办领导对我的研发成果很重视，并做了批示，希望我能到国务院扶贫办当面详细交流。2018年3月28日，我如约而往，详细介绍了“5+2”模式，展示了基于该模式搭建的应用系统。国务院扶贫办领导认真倾听，并不时与我交流。我完全放松下来，感觉这里没有职级之分，仿佛就是一次轻松愉快的学术交流。原本约定的一小时座谈时间不知不觉延长至两小时五十分钟。他们认为，我的研究成果有诸多可取之处，可以用于国务院扶贫办指导建设、主管的中国社会扶贫网（现中国社会帮扶网）的系统升级。这次座谈，改变了这套系统的命运，也才有了这本书的面世。

“5+2”模式获得认可

2018年5月18日，在国务院扶贫办的安排下，中国社会扶贫网举行了捐赠仪式，我将这套耗时六年研发的系统无偿捐赠给中国社会扶贫网。截至2021年5月4日，该网站注册用户累计6535.24万名，爱心需求对接成功586.28万个，收到爱心捐款4.28亿元。这些数字背后凝聚着无数扶贫人的汗水，我感到这项研究是自己有生以来做得最有意义的一件事。

2018 年 10 月 25 日，由工业和信息化部与四川省人民政府指导，中国通信学会等单位共同主办的 2018“网络扶贫典型案例交流会”在四川省凉山州西昌市举行。会议发布了全国网络扶贫优秀论文和全国最佳实践案例，我撰写的《基于信息化发展视角下精准扶贫的策略研究》论文获一等奖，《舍我其谁 勇于担当——杜萍同志运用信息化技术开展网络扶贫实践案例》被评为 2018 年网络扶贫最佳实践案例。作为应邀嘉宾，我在论坛上做了主旨演讲，介绍了“5+2”模式的理论体系及实践应用等情况。

2019 年 10 月 14 日下午，我参加了由国务院扶贫办主办的 2019 年中国扶贫日分论坛“榜样的力量：致敬扶贫人论坛”，做了题为《争做优秀的扶贫人》的主旨演讲，分享了“5+2”模式的研究历程、心得体会。演讲结束后，一些听众和我加微信，想进一步分享“5+2”模式，以用于当地的扶贫工作……他们对“5+2”模式的认可，让我增添了信心。

“5+2”不仅是一种减贫信息化管理的模式，它在我的心中也是数百万扶贫干部“5+2”“白加黑”脱贫攻坚精神的象征。无数扶贫干部和软件开发人员共同的努力，让精准扶贫信息化管理在脱贫攻坚战中发挥了重要作用，这个具有意义的历程需要被铭记。而且，在我国，绝对贫困已经消除，但相对贫困仍将长期存在；在世界，消除贫困之路依然曲折漫长。可以说，人类发展史就是与贫困不懈斗争的历史，无论时代如何变迁，减贫始终是人类的一项长期任务。减贫信息是动态变化的，而减贫信息管理模式具有经久不衰、历久弥新的生命力。我愈加坚定了为“5+2”模式撰写专著的想法。

开启人生奋斗的新领域、新起点

研究减贫信息化管理的十年，是我有生以来最艰辛的一段时光。有人曾经问我，这项研究、这本书对我究竟意味着什么？虽然十年青春已不再，假如时光倒流，我还会听从内心的召唤作出同样的抉择。因为能够参与到人类减贫的中国实践中，见证这一彪炳史册的奇迹，于我而言无上荣光。

如今，细细品味，感慨良多。我用了多年时间进行课题研究和论文撰写，之后又在博士学位论文基础上进行提升，凝成此书。表面看，一篇论文促使我深度研究减贫信息化管理，提出“5+2”模式，并开发了应用系统；而正因为这套系统，我撰写了本书，缔结了一段与减贫的不解情缘。看似偶然，但实际上这正是我心中西部情结的升华。回想起来，从事记者工作的那些年，我到西部地区探寻摆脱贫困的路径，为广西北部湾的开放开发鼓与呼，积累了扶贫开发的第一手资料，为后来研究减贫信息化管理奠定了基础。在机关工作期间，我曾专职从事扶贫工作，对扶贫有了专业、系统、全面的认识。走进学术殿堂进一步深造，让我能用理论的工具和宏阔的视角将思考转化为研发成果。随着研究的深入和视野的开阔，本书几易其稿，历经磨砺，书名也由《精准扶贫信息化管理“5+2”模式》改为《减贫信息化管理“5+2”模式》，其间经历的种种煎熬无以言说。与其说本书是我研究减贫信息化管理十年的结晶，不如说是我人生二十年的破茧成蝶。

业未央，路正长，奋斗永远没有终点。而今，我研究减贫问题的步伐并未停止，仍将结合工作实际持续研究，争取把“5+2”模式应用于防止返贫和乡村振兴信息化管理中，在促进共同富裕的道路上勇毅前行。

POVERTY REDUCTION

A “5+2” MODEL OF INFORMATION MANAGEMENT

第一章

“5+2”模式的提出

精准性问题始终是世界各国特别是广大发展中国家减贫所面临的普遍性难题。中国在长期的减贫实践中，应用信息技术科学高效地开展扶贫工作，提高了扶贫的精准性，为破解人类减贫难题提供了有效途径。减贫信息化管理源于精准扶贫，它站位高、内涵深、外延广，在人类减贫的发展中具有广泛的应用价值。这正是提出减贫信息化管理“5+2”模式的初衷。

一部人类文明发展的历史，就是与贫困作斗争的历史。在人类文明发展的历史长河中，贫困始终是困扰人类社会发展的核心问题之一。

1946年，美国研制成世界上第一台电子计算机，标志着人类进入电子计算机时代。20世纪中后期，许多发展中国家进入大规模减贫时期，全球也步入了以计算机、网络和通信技术为支撑的信息化时代。这两股潮流，先各自发展，逐渐相向而行，不断在时间和空间上交汇，终于汇合成一股奔腾向前的洪流，创造了人类减贫史上新的奇迹。

在中国，减贫与信息化的时空交汇发生得更猛烈一些。中国有组织、有计划、大规模地扶贫开发，走出了一条中国特色的减贫之路。中共十八大以来，中国减贫进入脱贫攻坚历史新阶段，经过8年持续奋斗，到2020年底，如期全面完成脱贫攻坚目标任务。中国在脱贫攻坚实践中，积极借鉴国际经验，紧密结合本国实际，创造性地提出并实施精准扶贫方略。精准扶贫方略，是中国打赢脱贫攻坚战的制胜法宝。精准扶贫对“精准”的严格要求，为精准扶贫信息化管理创造了紧迫而丰富的应用场景。减贫信息化管理源于精准扶贫，应运而生，应需而动，逐步完善，为人类减贫探索了新路径。

一、彪炳史册

全球减贫背景下的中国精准扶贫

减贫是人类社会的共同事业。世界各国都在立足实际，探索适合本国国情的减贫道路。2020 年中国脱贫攻坚战取得了全面胜利，解决了绝对贫困问题，为全球减贫事业作出了重大贡献，创造了又一个彪炳史册的人间奇迹。中国从实际出发，根据不同时期所面临的减贫问题，不断探索，逐步形成了中国特色的减贫体系，走出了中国特色的减贫道路。对中国走出的减贫道路进行梳理和概括，既是坚持和发展中国特色社会主义的需要，又是向世界分享中国减贫方案、贡献中国智慧的需要。

纵观中国减贫进程，实施精准扶贫方略的阶段，是中国减贫成效最显著的阶段。精准扶贫方略是中国减贫理论和实践的重大创新，为破解人类减贫的精准性难题探索了道路，积累了宝贵经验。在脱贫攻坚战取得全面胜利之际，聚焦精准扶贫，总结其成果和经验，深入透彻了解减贫规律，延伸应用于乡村振兴、促进共同富裕，不仅具有理论意义，而且具有现实价值。

（一）全球减贫事业的发展

联合国在消除全球贫困方面作出了不懈努力。2000 年，189 个国家在联合国首脑会议上签署《联合国千年宣言》，通过了将全球贫困水平在 2015 年底之前降低一半（以 1990 年的水平为标准）的行动计划。2002 年，联合国成立了扶贫工作组，作为联合国千年扶贫计划的工作平台。联合国扶贫计划主要包括增加食品供应、非洲国家应将国家预算中至少 10% 投资于农业和食品业、加大农民培训、为慢性饥饿和弱势人群增加营养、建立抗灾安全体制、加大农村基础设施建设和完善农民交易市场、恢复和保护环境与自然资源等。[1] 2015 年，联合国 193 个成员国在可持续发展峰会上正式通过可持续发展目标，首要目标是到 2030 年“在全世界消除一切形式的贫困”。

各国政府和社会各界都在探索和尝试有效的减贫措施。美国构筑了以保障性福利减贫项目为主、区域开发政策为辅，政府、企业和社会组织广泛参与，覆盖重点区域和重点人群的综合减贫政策体系。[2] 印度推出旨在保障农村人口就业机会的发展计划，尽可能多地让农村适龄人口获得有工薪保证的工作岗位。南非则通过加大对贫困地区基础设施建设投入、提供最低生活补助、减税等措施来帮助最贫穷地区人口摆脱贫困。

经过世界各国的努力，1990—2015 年，全球极端贫困率从 36% 降至 10%，平均每年下降约 1 个百分点。但是，随着国际政治经济形势

1　赵忠孝 . 联合国世界扶贫计划介绍 [J]. . 世界科学 , 2005(6): 7-9.

2　王哲 . 美国的减贫政策体系及启示 [J]. 宏观经济管理 , 2019, 4(12): 71-76, 90.

的复杂化，全球减贫工作面临越来越严峻的挑战，2013—2015年，极端贫困率只下降1个百分点。[1] 世界银行于2015年10月设定了新的贫困线标准，生活费由此前每人每天1.25美元上调至1.9美元，新的贫困线标准使全球贫困人口大幅增加。世界银行研究人员曾经测算，将贫困线标准提高后，全球贫困人口激增1.48亿。2020年突发的新冠肺炎疫情使得全球减贫工作更加困难重重，联合国开发计划署报告称，鉴于疫情造成的长期严重影响，到2030年，全球或将再有2.07亿人陷入极端贫困，从而使极端贫困总人数突破10亿。尽管受到疫情的严重影响，但中国依然如期完成了新时代脱贫攻坚目标任务，成为2020年全球减贫事业的亮点。

（二）中国精准扶贫方略的提出

中华人民共和国成立以来，中国减贫进程大体经历了五个历史阶段，即改革开放前的救济式扶贫、改革开放初期的经济体制变革带动减贫、20世纪八九十年代特困区域经济发展带动减贫、21世纪初期综合扶贫开发以及新时代精准扶贫阶段。在精准扶贫阶段，扶贫开发政策和措施针对性更强，“靶向”更为精准。对精准扶贫历程进行探究和总结，具有重要意义。

---

1 世界银行 . 全球极端贫困率持续下降但速度放慢 [EB/OL]. [2018-09-19]. https://www.shihang.org/zh/news/press-release/2018/09/ 19/decline-of-global-extreme-poverty-continues-but-has-slowed-world-bank.

2012年，距离全面建成小康社会、实现第一个百年奋斗目标的时间节点越来越近，然而，我国还有近1亿贫困人口，减贫进入“啃硬骨头”“攻坚拔寨”的冲刺阶段。2012年底，中共十八大召开后不久，习近平总书记就指出“小康不小康，关键看老乡，关键在贫困的老乡能不能脱贫”，强调“决不能落下一个贫困地区、一个贫困群众”，拉开了新时代脱贫攻坚的序幕。

2013年11月，习近平总书记在湖南省花垣县十八洞村考察时，首次提出“实事求是、因地制宜、分类指导、精准扶贫”的理念。2015年6月，习近平总书记在部分省区市扶贫攻坚与“十三五”时期经济社会发展座谈会时强调，扶贫开发贵在精准，重在精准，成败之举在于精准。各地都要在扶贫对象精准、项目安排精准、资金使用精准、措施到户精准、因村派人（第一书记）精准、脱贫成效精准上想办法、出实招、见真效。要坚持因人因地施策，因贫困原因施策，因贫困类型施策，区别不同情况，做到对症下药、精准滴灌、靶向治疗，不搞大水漫灌、走马观花、大而化之。[1] 同年11月，习近平总书记在中央扶贫开发工作会议上指出，要把贫困人口、贫困程度、致贫原因等搞清楚，以便做到因户施策、因人施策。[2]

中共十九大明确把精准脱贫作为决胜全面建成小康社会必须打好的三大攻坚战之一，作出了新部署。精准扶贫方略，实质就是在准确识

1 新华网．习近平总书记：在深度贫困地区脱贫攻坚座谈会上的讲话[EB/OL]. [2020-04-30]. http://www.xinhuanet.com/politics/leaders/2020-04/30/c_1125928631.htm.

2 新华网．中华人民共和国峥嵘岁月 | 习近平总书记提出“精准扶贫”[EB/OL]. [2019-11-28]. http://www.xinhuanet.com/2019-11/28/c_1125286329.htm.

别贫困地区和贫困人口的基础上，瞄准其具体致贫因素、贫困程度、接受能力和脱贫需求，有针对性地采取科学的帮扶措施，突破发展的瓶颈，实施精细化管理、动态化监测。要求做到“六个精准”，实施“五个一批”[1]（如图 1-1 所示）。解决好扶持谁、谁来扶、怎么扶、如何退、如何稳“五个问题”，增强脱贫攻坚的目标针对性，提升脱贫攻坚的整体效能。

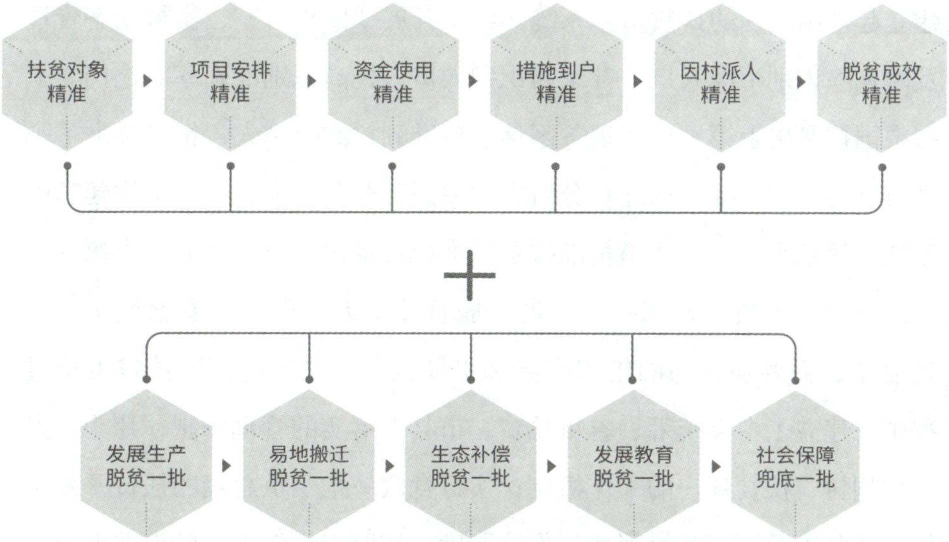

图 1-1 “六个精准”和“五个一批”

1 国新网．精准扶贫脱贫的基本方略是六个精准和五个一批 [EB/OL]. [2015-12-15]. http://www.scio.gov.cn/xwfbh/xwbfbh/wqfbh/2015/33909/zy33913/Document/1459277/1459277.htm.
“六个精准”是：扶贫对象精准、项目安排精准、资金使用精准、措施到户精准、因村派人精准、脱贫成效精准。“五个一批”是：发展生产脱贫一批、易地搬迁脱贫一批、生态补偿脱贫一批、发展教育脱贫一批、社会保障兜底一批。

第一，解决“扶持谁”问题。扶贫必先识贫，对于贫困人口规模庞大的国家，找准贫困人口，是有效开展扶贫工作的前提。在建档立卡之前，贫困识别主要通过抽样调查推算各省贫困人口总量，然后层层分配指标，其最大缺陷就是对象识别不精准，往往存在帮扶缺位、错位等现象。精准扶贫方略实施后，各地建立了群众评议、入户调查、公告公示、抽查检验、信息录入、数据比对等贫困人口识别程序，以数据为基础，有效地识别出贫困人口；对识别出的贫困村和贫困人口建档立卡，建立起全国统一的扶贫信息系统。组织开展“回头看”，实行动态管理，及时剔除识别不准人口、补录新识别人口，提高识别准确率。建档立卡在中国扶贫史上第一次实现贫困信息精准到村到户到人，精确瞄准了脱贫攻坚的对象，第一次逐户分析致贫原因和脱贫需求，第一次构建起国家扶贫信息平台，为实施精准扶贫精准脱贫提供了有力的数据支撑。

第二，解决“谁来扶”问题。脱贫攻坚涉及面广、要素繁多、极其复杂，需要强有力的组织领导和贯彻执行。在实施精准扶贫方略过程中，建立了中央统筹、省负总责、市县抓落实的管理体制，片为重点、工作到村、扶贫到户的工作机制；实行党政一把手负总责的扶贫开发工作责任制以及干部驻村帮扶工作队制度，按照因村派人、精准选派的原则，选派政治素质高、综合能力强、工作作风实的干部驻村扶贫。全国累计选派 25.5 万个驻村工作队、300 多万名第一书记和驻村干部，他们和 200 万名乡镇干部、数百万名村干部一道奋战在扶贫一线。

第三，解决“怎么扶”问题。开对“药方子”才能拔掉“穷根子”。实施精准扶贫方略，改变了以往大水漫灌的帮扶方式，根据扶贫对象的具体致贫原因，为每个贫困户和贫困村量身定制不同的扶贫方案，按照“缺什么补什么”的原则精准配置资源，确定帮扶单位和责任人，明确帮扶责任、完成时限等，并对帮扶过程进行精准管理，确保了扶贫方案的科学性。

第四，解决“如何退”问题。要想脱贫成效精准，必须在落实“扶贫对象退出机制”上下功夫。通过实施精准扶贫方略，我国建立了贫困退出机制，明确贫困县、贫困村、贫困人口退出的标准和程序，按照“两不愁三保障”的目标要求，对扶贫效果进行了精准管理，严格对标对表，并依据扶贫绩效进行考核管理，做到了程序公开、数据准确、档案完整、结果公正，既防止数字脱贫、虚假脱贫等“被脱贫”，也防止达到标准不愿退出等“该退不退”。通过上述举措，从体制机制上确保了真脱贫、脱真贫。

第五，解决“如何稳”问题。稳定脱贫不返贫才是真脱贫。通过实施精准扶贫方略，我国建立了防止返贫动态监测和帮扶机制，对脱贫不稳定户、边缘易致贫户，以及因病因灾因意外事故等出现的严重困难户，定期检查、动态管理，做到早发现、早干预、早帮扶，防止返贫和产生新的贫困；支持发展壮大特色产业，持续促进脱贫人口稳定就业，做好易地搬迁后续扶持，坚持和完善驻村第一书记和工作队、东西部协作和对口支援以及社会帮扶等制度；加强扶志扶智，激励和引导脱贫群众靠自己努力过上更好生活，守住了不发生规模性返贫的底线。

（三）中国精准扶贫取得的成就

中国是全球减贫工作的主战场之一。虽然经过了长期的扶贫开发，但一些自然条件、交通条件较差的老少边穷地区，经济社会发展、群众生活改善仍然相对缓慢。到 2010 年，按照中国制定的新的贫困标准，中国农村贫困发生率为 17.2%、贫困人口在 1.6 亿左右。中共十八大以来，中共中央把脱贫攻坚摆在治国理政的突出位置，作为全面建成小康社会的底线任务，组织开展了脱贫攻坚战。这是一场人类历史上规模空前、力度最大、惠及人口最多的脱贫攻坚战。经过 8 年持续奋斗，脱贫攻坚目标任务如期完成，困扰中华民族几千年的绝对贫困问题得到历史性解决。

1. 农村贫困人口全部脱贫

精准扶贫的阳光照耀到每一个角落，贫困群众的生活发生了巨大变化。贫困地区农村居民人均可支配收入，从 2013 年的 6079 元增加到 2020 年的 12588 元，年均增长 11.6%，增速持续快于全国农村，比全国农村高 2.3 个百分点。贫困人口的收入和福利水平大幅提高，既满足了基本生存需要，也为后续发展奠定了基础。到 2020 年底，中国如期完成新时代脱贫攻坚目标任务，现行标准下 9899 万农村贫困人口全部脱贫，832 个贫困县全部摘帽，12.8 万个贫困村全部出列，区域性整体贫困得到解决，完成了消除绝对贫困的艰巨任务。

2. 贫困地区基础设施有了显著改善

精准扶贫不仅使农村贫困人口全部脱贫，而且使贫困地区经济社会发展大踏步赶上来，整体面貌发生历史性巨变，行路难、吃水难、用电难、通信难等问题得到历史性解决。截至 2020 年底，全国贫困地区新建改建公路 110 万公里、新增铁路里程 3.5 万公里，不少贫困地区因路而兴，因路而富；贫困地区农田有效灌溉面积新增和改善 8029 万亩，供水能力新增 181 亿立方米，水利支撑贫困地区发展的能力显著增强；贫困地区用电条件大幅改善，农村地区基本实现稳定可靠的供电服务全覆盖；贫困村通光纤和 4G 的比例均超过 98%，贫困地区信息化建设实现跨越式发展。

3. 公共服务水平不断提升

自实施精准扶贫方略以来，我国贫困地区的公共服务水平不断提升，突出表现在以下几个方面。

医疗卫生服务显著改善。通过实施健康扶贫工程，持续完善贫困地区县、乡、村三级医疗卫生服务体系，贫困人口看病有地方、有医生、有医疗保险制度保障的目标基本实现，看病难、看病贵问题得到有效缓解。

教育文化发展持续进步。国家深入实施教育扶贫重大工程项目，全面改善贫困地区义务教育薄弱学校基本办学条件，832 个贫困县已基本完成建设任务。实施农村义务教育学生营养改善计划，覆盖所有国家级贫困县，3700万名农村学生吃上免费营养餐。

社会保障水平明显提高。截至2020年底，我国贫困地区基本医疗保险实现全覆盖，所有贫困人口基本医疗保险享受财政补助。建档立卡贫困家庭和农村低保家庭贫困状况评估和核查机制日趋成熟，符合条件的群众能获得相应的救助帮扶。

（四）中国精准扶贫对全球减贫事业的贡献

作为世界上最大的发展中国家，中国始终是全球减贫事业的积极倡导者与推动者，是最早实现联合国千年减贫目标的发展中国家。中共十八大以来，在中国共产党的坚强领导下，中国实施了脱贫攻坚行动，而取得脱贫攻坚战胜利的制胜法宝则是精准扶贫方略，对全球减贫产生了广泛而深远的影响。

一是精准扶贫加速了全球减贫进程。中国农村贫困人口减少集中发生在2012到2020年的8年时间里，每年减少1000万人以上。通过实施精准扶贫方略，中国近1亿人摆脱了绝对贫困，如期实现了打赢脱贫攻坚战的目标，这意味着中国提前10年实现《联合国2030年可持续发展议程》减贫目标。占世界人口近五分之一的中国全面消除绝对贫困，加快了全球减贫进程，显著缩小了世界贫困人口的版图。按照世界银行国际贫困标准，中国减贫人口占同期全球减贫人口的70%以上。联合国粮农组织干事若泽·格拉齐亚诺·达席尔瓦指出：“中国的努力是使全球贫困和饥饿人口减少的最大因素。”联合国开发计划署前署长海伦·克拉克认为：“中国最贫困人口的脱贫规模举世瞩目，速度之快绝无仅有！”

二是精准扶贫破解了全球减贫的精准性难题。20世纪下半叶以来，全球贫困人口大幅减少，十几亿人口摆脱了绝对贫困的困扰，但全球贫困人口多、贫困程度深、脱贫效率低等问题仍然困扰着全球减贫事业的发展。减贫思路和措施不科学、针对性不强等是重要的原因。中国在总结长期扶贫开发经验的基础上，创造性地提出并实施精准扶贫方略，成功破解了长期困扰减贫事业的一系列难题，特别是科学解决了扶贫对象不清、致贫原因不明、帮扶措施不准、脱贫成效不准确等关键问题。精准扶贫以“精准识别、精准帮扶、精准退出、精准管理”为核心，促进了扶贫资源与扶贫对象的“精准对接”，激发了扶贫对象脱贫的内生动力，以帮扶措施的针对性、有效性回应了致贫原因的复杂性和多样性，增强了脱贫攻坚的目标针对性，提升了脱贫攻坚的整体效能，实现了扶真贫、真扶贫、真脱贫、脱真贫的目标，经过实践检验是行之有效的科学减贫方案。

中国实施的精准扶贫方略揭示了有关减贫的科学真理，为解决全球减贫精准性问题提供了有价值的参考和启示，也极大地提振了广大发展中国家战胜贫困的信心。

二、时代选择

精准扶贫与信息化的时空交汇

精准扶贫方略为新时期中国扶贫工作指明了方向。计算机、物联网、云计算、大数据及区块链等现代信息技术的快速发展，为扶贫管理精准化、动态化以及扶贫数据共享与应用等提供了强有力的技术条件。应用信息技术科学高效地开展精准扶贫，既有迫切的现实需求，又有坚实的技术基础。精准扶贫与信息化的时空交汇是时代的选择。

（一）精准扶贫方略为扶贫工作指明方向

回顾精准扶贫的发展历程，在每个关键阶段，都有习近平总书记在战略布局和工作方法上的统筹指导。习近平总书记关于扶贫工作精细化管理、动态管理、信息共享和巩固提升等相关重要论述，为新时期中国扶贫工作提供了理论指导，指明了实践方向。

1. 精准扶贫要坚持精细化管理

从2013年11月习近平总书记首次提出“精准扶贫”，到2015年6月提出扶贫开发工作“六个精准”的基本要求，到2020年3月强调“增强精准扶贫精准脱贫能力”，再到2020年4月指出“要瞄准突出问题精准施策”，习近平总书记不断把精准扶贫精准脱贫方略推到细处、落到实处、引向深处。

精准扶贫精细化管理工作的实施，无论是对我国贫困识别工作的开展，还是对扶贫开发思路与扶贫工作机制的健全与创新，均具有积极意义。信息化是精细化管理的“助推器”。通过运用信息技术对大量的信息进行自动的统计和处理，可以解决管理精细与效率提升的协调问题。因此，要对精准扶贫进行精细化管理，就要充分利用信息化的优势与长处，将现代信息技术手段应用于扶贫开发工作中，对帮扶对象动态管理、帮扶资源合理配置、帮扶过程监测监督等实现信息化精细管理，以适应信息化时代的发展。

2. 精准扶贫要实施动态管理

2014年3月，习近平总书记在参加十二届全国人大二次会议贵州代表团审议时指出：“精准扶贫，就是要对扶贫对象实行精细化管理，对扶贫资源实行精确化配置，对扶贫对象实行精准化扶持，确保扶贫资源真正用在扶贫对象身上、真正用在贫困地区。”

贫困是动态的，贫困人口信息也是变化的，扶贫对象理应有进有出，因此，开展精准扶贫工作需要对贫困人口进行动态管理，跟踪监测扶贫成效，做到识别精准、退出及时。为了确保扶贫成效，中央和地方都投入了大量的人力物力，但因为贫困地区地处偏远、人员分散、事务繁杂等，所以监管难度大，只有采取信息化手段，才能及时完整掌握，并加以有效监督。扶贫动态管理不仅对降低我国返贫率具有积极意义，也是对扶贫公平性的监督与约束。

3. 精准扶贫要强化信息共享

2018年2月，在打好精准脱贫攻坚战座谈会上，习近平总书记指出：“建档立卡要继续完善，重点是加强数据共享和数据分析，为宏观决策和工作指导提供支撑。”贫困户的认定、扶贫项目的确定、措施的落实、资金的使用等，涉及众多主体和细节，这些数据分散在各个系统里，需要进行有效整合、充分共享。从技术层面看，就是要打破“信息孤岛”，实现数据高效共享和利用。在开展精准扶贫工作中，无论中央还是地方，都需要建立扶贫、公安、教育、住建、卫健、民政等多个行政部门数据交换的工作机制，构建数据共享平台，强化数据分析能力，充分发挥多部门数据、多种类信息共享融合的价值。

4. 精准扶贫要着眼巩固提升

2019年4月，在解决“两不愁三保障”突出问题座谈会上，习近平总书记指出：“要多管齐下提高脱贫质量，巩固脱贫成果。”“要把防止返贫摆在重要位置，适时组织对脱贫人口开展‘回头看’，对返贫人口和新发生贫困人口及时予以帮扶。”2021 年中央一号文件提出，脱贫攻坚目标任务完成后，对摆脱贫困的县，从脱贫之日起设立五年过渡期，做到扶上马送一程。

2021 年，我国完成精准扶贫的历史使命后，绝对贫困虽已消除，但相对贫困仍将长期存在。我国进入了持续巩固拓展脱贫攻坚成果同乡村振兴有效衔接阶段，减贫重点转向防止返贫和缓解相对贫困，信息化手段是不可或缺的利器，同时，精准扶贫信息化管理的成果仍有继续利用的价值。通过信息化管理手段，一是可以利用精准扶贫时期记录贫困户脱贫过程、脱贫成效等信息的数据库，梳理典型案例，总结成功经验；二是可以建立防返贫监测和动态帮扶机制，对脱贫不稳定人口和边缘易致贫人口开展监测预警，提前采取针对性帮扶措施，及时消除返贫风险隐患，巩固提升脱贫攻坚成果；三是可以对精准扶贫时期农村贫困地区使用的精准扶贫信息管理系统及其他农村基础信息平台进行升级，为实施乡村振兴战略提供重要的数据和决策支撑。

（二）精准扶贫对信息化需求迫切

精准扶贫最主要的特征就在于“精准”，而信息不对称是造成扶贫“不精准”的重要根源。贫困问题的复杂性和贫困信息的分散性，使得欠发达的贫困地区存在信息不对称现象，进而导致识别偏离、帮扶错位、管理缺位和考核移位等问题。信息化管理是解决上述问题的有效手段。精准扶贫对信息化管理有着迫切需求，为信息化管理提供了广阔的用武之地。在信息技术广泛应用的时代背景下，信息化成为开启扶贫精准的密钥。如图 1–2 所示。

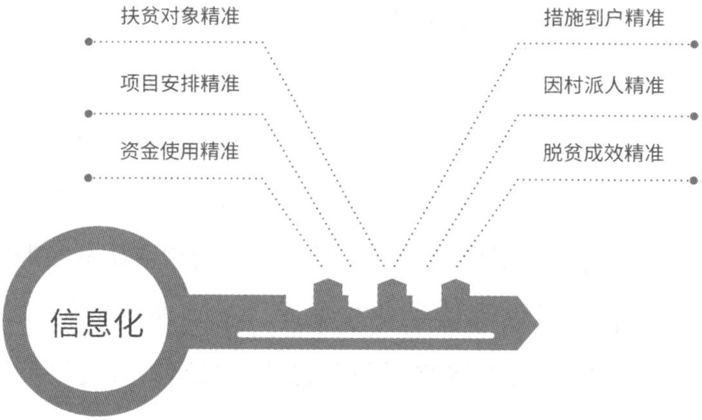

图 1-2　信息化成为开启扶贫精准的密钥

1. 解决扶贫对象不精准问题需要信息化

贫有百样，困有千种。中国贫困人口规模大，结构复杂，实现精准扶贫首先要精准识贫，这是精准扶贫工作取得成效的重要前提和基础。“六个精准”的首位要求是“扶贫对象精准”。早期的贫困户信息管理主要采取手工“建档立卡”方式，工作效率低、难以信息共享及动态管理，数据易流失、失真。要解决上述问题，就要搭建可以真实、动态反映贫困户信息的管理平台，建立全国统一的扶贫信息系统。对识别出的贫困村和贫困人口，除了手工“建档立卡”，还要对贫困户的个人信息和家庭信息（家庭收入、支出等）进行数字化记录和动态管理，及时剔除识别不准的人口、补录新识别人口，提高识别准确率，既便于政府部门汇总、查询扶贫对象的相关信息，又便于社会各界通过信息系统精准对接扶贫对象。随着新一代信息技术快速普及应用，还可以在保障贫困户个人隐私和信息安全的前提下，提供真实可靠、实时动态的扶贫对象“画像”。

2. 精确分析致贫因素需要信息化

除了精准定位扶贫对象，政府部门和帮扶者还需要准确了解和掌握贫困户致贫原因信息，而不同区域和个体的致贫原因差别较大。章文光（2019）将致贫原因总结为“六因五缺一落后一不足”。[1]“六因”是指“病、残、学、灾、婚、丧”六种易见诱发因素；“五缺”是指“土地、水、技术、劳动力、资金”五种常规生产要素缺乏；“一落后”是指“交通条件”落后；“一不足”是指“自身发展动力”不足。张引、谢孟琪等（2020）认为，家庭男性人口数、家庭健康评分、家庭劳动力平均年龄、打工收入、家庭生活支出、家庭看病支出等是贫困户致贫的主要因素。[2]陈烨烽、王艳慧等（2017）认为，通路情况较差、自然灾害频发、收入水平低下、劳动力状况不佳是中国贫困村的主要致贫

1 章文光 . 基于致贫原因的精准帮扶 [J]. 人民论坛 , 2019 (19): 56-57.

2 张引 , 谢孟琪 , 吴德燕 .Logit 回归与决策树模型在贫困户致贫原因分析中的应用及启示 [J]. 贵阳市委党校学报 ,2020(01):30-36.

因素。[1] 面对复杂多样的致贫原因，如果不分主次，抓不住关键环节，必然会降低精准扶贫的工作效率。因此，在精准扶贫中需要运用信息化技术进行分析，准确记录致贫因素的动态变化，抓住致贫的主要矛盾和关键因素，集中力量破解瓶颈，为精准施策提供可靠依据。

3. 提升“造血”能力需要信息化

失业、无业、缺乏劳动技能是诱发贫困的重要因素，世界银行将“缺少机会参与经济活动”作为定义贫困的第一条标准。摆脱贫困拔穷根，根本上还是要提升贫困人口的“造血”能力，而增加就业是重要抓手。对劳动能力、专业技能、业务素养相对偏低的贫困人口来说，要实现稳定就业、有工作可干，走上通过就业增收的致富路，困难重重。我国把促进贫困人口就业增收作为打赢脱贫攻坚战的重要措施。2016 年以来，针对贫困劳动力就业，国家相继出台了一系列精准帮扶政策，覆盖就业扶贫工作涉及的各类用人单位、服务主体和贫困劳动力就业创业各个渠道。

推动就业扶贫，提升“造血”能力，信息技术是必不可少的支撑条件。近年来，我国以电子商务、自媒体、网络直播为代表的新业态成为创新创业的新方向，也成为贫困群众脱贫致富的有效途径。在扶贫开发行动中，面向贫困地区建设的供需对接信息化管理平台，为贫困地区农副产品销售、旅游服务推介等搭建起桥梁，为农村贫困人口创造了更多

1 陈烨烽，王艳慧，赵文吉，胡卓玮，段福州. 中国贫困村致贫因素分析及贫困类型划分 [J]. 地理学报，2017,72(10):1827-1844.

的就业机会，也提升了贫困地区的自我发展能力。

4. 打通政府内部数据壁垒需要信息化

条块分割的行政管理体制，往往容易导致行政碎片化，这也是造成政府部门之间存在信息不对称的重要原因。从扶贫工作来看，在中国，扶贫由政府主导。为推动工作的开展，从中央至地方各级政府成立了“扶贫开发领导小组”及其办公室，主导扶贫政策的制定与执行。一般来说，扶贫政策从制定到执行，需要历经中央、省、市、县、乡、村五个管理层级。一些行政村面积大、人口多，还需要下沉到村民小组，管理层级增加到六级，直接对接贫困人口的是行政村或村民小组。反向看，来自基层的扶贫信息需要经过五六个层级层层上报，才能汇聚到国务院扶贫办。信息来源广，流转的层级多，导致信息资源分布碎片化，信息不对称问题便由此产生。

在政府行政部门内部信息垂直传递的过程中，各种原因会导致出现信息扭曲、迟滞等问题，层级越多，信息不对称问题存在的可能性就越大。行政垂直管理的信息一般不需要直接对社会公开，所以对这部分信息的管理具有一定的封闭性和特殊性，更容易导致横向部门之间的信息梗阻。只有采用信息化技术，在政府内部建立各层级、各部门信息共享机制，才能把上下分隔、条块分割的相关数据汇聚起来，打破行政碎片化中信息各自垄断的局面，形成以交换共享为特征的跨层级跨部门政府信息运行环境，提高政府内部的管理效能。

5. 构建社会大扶贫格局需要信息化

政府承担着精准扶贫的组织、协调与管理职能。打赢脱贫攻坚战，要调动各方积极性，形成强大合力，构建大扶贫格局。在此过程中，政府、社会、市场及贫困户之间都需要信息的高效流转。

对于政府，开展扶贫工作需要纵向打通上下各级，横向联通各个部门，实现信息共享；对于社会，社会扶贫是构建大扶贫格局的有力补充，社会组织开展扶贫公益活动，需要获得及时准确的需求信息；对于市场，市场是参与脱贫攻坚的重要力量，企业是市场的生力军，信息的通畅与否决定了企业对精准扶贫的关注度和参与度；对于贫困户，需要及时了解国家帮扶政策和市场动态，获取社会的帮扶信息。但是，贫困地区往往信息闭塞、渠道不畅。因此，急需政府和电信行业提供优质的信息化服务，尤其是政府需搭建信息管理平台，让信息在各扶贫主体之间高效流转。

（三）精准扶贫信息化的技术条件日益成熟

没有信息化就没有现代化。中共十八大以来，伴随着新一轮信息技术的广泛应用，我国信息化建设进入了加速发展时期。新一轮信息技术的突出特征是数字化、网络化和智能化，新兴信息技术主要包括大数据、人工智能、移动互联网、物联网、云计算和区块链等（如图 1-3 所示）。信息技术与各行业的融合不断深化，促进了我国电子政务、电子商务、互联网金融、工业互联网等的快速发展，并在精准扶贫中发挥了日益重要的作用。

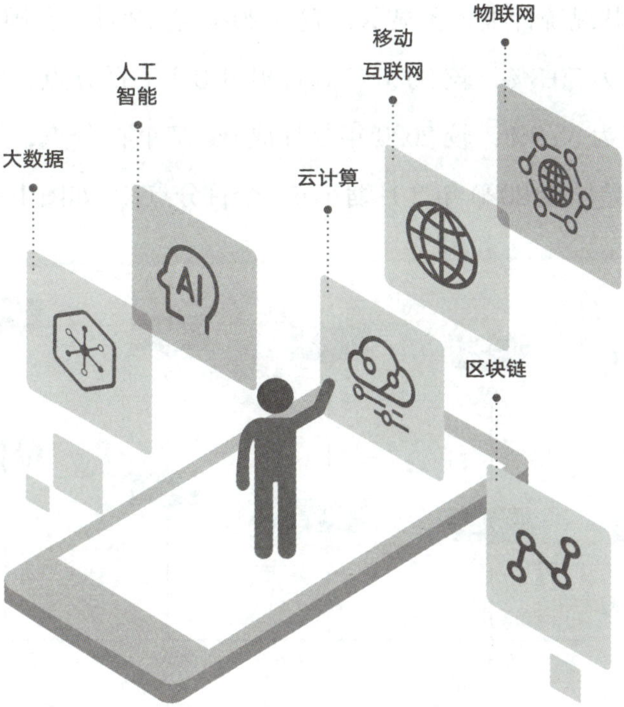

图 1-3　新兴信息技术蓬勃发展

1. 我国互联网基础资源持续优化

近年来，我国互联网基础资源拥有量快速提升，网络基础设施不断升级，技术创新应用进一步拓展，形成了庞大的信息技术基础资源体系。我国已建成强大的网络系统，互联网已基本覆盖城乡，农村互联网覆盖率逐年提升。

我国绝大多数乡村已接入互联网，偏远贫困地区正加快互联网基础设施建设。中国互联网络信息中心（CNNIC）发布的第 47 次《中国互联网络发展状况统计报告》显示，截至 2020 年 12 月，我国城镇地区互联网普及率为 79.8%，较 2020 年 3 月提升 3.3 个百分点；农村地区互联网普及率为 55.9%，较 2020 年 3 月提升 9.7 个百分点；城乡地区互联网普及率差异较 2020 年 3 月缩小 6.4 个百分点。[1] 如图 1–4 所示。

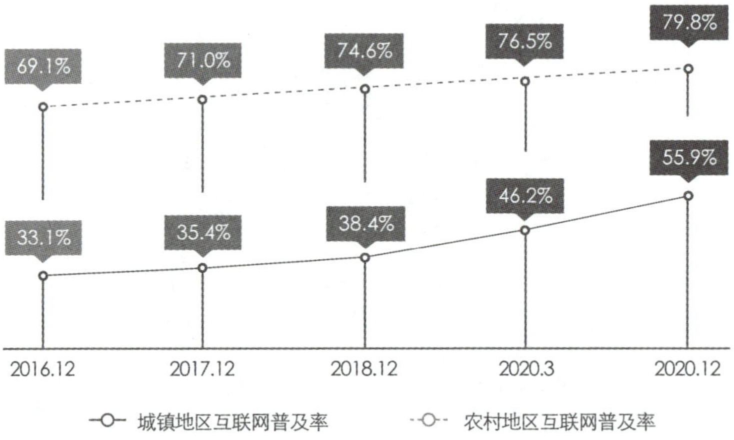

图 1-4　2016—2020 年中国城乡地区互联网普及率

资料来源：中国互联网络信息中心（CNNIC）2021 年 2 月发布的第 47 次《中国互联网络发展状况统计报告》。

1　第 47 次《中国互联网络发展状况统计报告》[R]. 北京：中国互联网络信息中心，2021: 49-50.

网络扶贫行动向纵深发展并取得实质性进展，带动边远贫困地区非网民加速转化。在网络覆盖方面，贫困地区通信“最后一公里”被打通，截至 2020 年 11 月，贫困村通光纤比例达 98%。在农村电商方面，电子商务进农村实现了对 832 个贫困县全覆盖，贫困地区“互联网 +”新业态新模式得到政策支持，贫困地区的“造血”功能逐步增强。在网络扶智方面，学校联网加快、在线教育加速推广，全国中小学（含教学点）互联网接入率达 99.7%，贫困群众自我发展的内生动力得到激发。在信息服务方面，远程医疗实现国家级贫困县县医院全覆盖，全国行政村基础金融服务覆盖率达 99.2%，网络扶贫信息服务体系基本建立。[1]

2. 互联网应用与社会服务深度融合

互联网在我国受到人民群众的普遍欢迎，得到广泛应用。目前，我国已经拥有全球数量最大的网民群体，互联网普及率超过世界平均水平。我国网民人均每周上网时长为 30.8 个小时，较 2018 年底增加 3.2 个小时。2020 年 7 月发布的《中国互联网发展报告 2020》显示，截至 2019 年底，全国数字经济增加值规模达 35.8 万亿元，稳居世界第二位。

近年来，随着“互联网 +”深入发展，互联网与各种社会服务深度融合，即时通信、互联网娱乐、互联网新闻、在线教育、在线政务等发展势头迅猛，互联网已深度融入人们的日常生活。随着移动通信网

1 中国政府网 . CNNIC 发布第 47 次《中国互联网络发展状况统计报告》[EB/OL]. [2021-02-03]. http://www.gov.cn/xinwen/2021-02/03/content_ 5584518.htm.

络环境的不断完善及智能手机的进一步普及，手机在上网设备中占据主体地位。2020 年我国个人互联网应用增长较为平稳。其中，短视频、网络支付和网络购物的用户规模增长最为显著，增长率分别为 12.9%、11.2% 和 10.2%。基础类应用中，即时通信、搜索引擎保持平稳增长态势，用户规模较 2020 年 3 月分别增长 9.5%、2.6%。网络娱乐类应用中，网络直播保持快速增长，增长率为 10.2%；网络视频、网络音乐的用户规模较 2020 年 3 月分别增长 9.0%、3.6%，[1] 见表 1–1。

3. 数字政府加快建设

我国各级地方政府纷纷将数字政府纳入战略发展规划，不断提高公共管理的信息化水平，电子政务蓬勃发展。2019 年 5 月，以国家政务服务平台为总枢纽的全国一体化政务服务平台初步建成。同年 11 月，全国一体化在线政务平台正式上线试运行，大大推动了各级政府政务服务平台的互联互通、业务协同与数据共享，为全国推进政务服务“一网通办”提供了坚实基础。2019 年以来，全国各地都加快了“数字政府”建设工作，其中浙江、广东、山东等省的数字政府建设走在全国前列，先后出台了相关发展规划、实施方案与管理办法，明确提出了数字政府的发展目标与标准体系，促进政府进一步开放和共享相关政务大数据。统计显示，截至 2020 年 12 月，我国在线政务服务用户规模达 8.43 亿，占整体网民的比例高达 85.3%。

1　第 47 次《中国互联网络发展状况统计报告》[R]. 北京：中国互联网络信息中心，2021: 49-50.

表 1-1 2020 年 3 月和 2020 年 12 月网民各类互联网应用用户规模和使用率

应用	2020 年 3 月		2020 年 12 月		增长率（%）
	用户规模（万人）	网民使用率（%）	用户规模（万人）	网民使用率（%）	
即时通信	89613	99.20	98111	99.20	9.50
搜索引擎	75015	83.00	76977	77.80	2.60
网络新闻	73072	80.90	74274	75.10	1.60
远程办公	—	—	34560	34.90	—
网络购物	71027	78.60	78241	79.10	10.20
网上外卖	39780	44.00	41883	42.30	5.30
网络支付	76798	85.00	85434	86.40	11.20
互联网理财	16356	18.10	16988	17.20	3.90
网络游戏	53182	58.90	51793	52.40	-2.60
网络视频（含短视频）	85044	94.10	92677	93.70	9.00
短视频	77325	85.60	87335	88.30	12.90
网络音乐	63513	70.30	65825	66.60	3.60
网络文学	45538	50.40	46013	46.50	1.00
网络直播	55982	62.00	61685	62.40	10.20
网约车	36230	40.10	36528	36.90	0.80
在线教育	42296	46.80	34171	34.60	-19.20
在线医疗	—	—	21480	21.70	—

资料来源：中国互联网络信息中心（CNNIC）2021 年 2 月发布的第 47 次《中国互联网络发展状况统计报告》。

2020 年初，互联网政务服务在新冠肺炎疫情防控中发挥了重要的支撑作用，用户规模大幅提升，一体化政务平台应用成效越来越显著，社会认知度越来越高，已成为创新政府管理和优化政务服务的重要渠道。《2020 联合国电子政务调查报告》显示，我国电子政务发展指数从 2018 年的 0.6811 提高到 2020 年的 0.7948，排名比 2018 年提升了 20 位，创历史新高，达到全球电子政务发展水平“非常高”的程度。其中，作为衡量国家电子政务发展水平核心指标的在线服务指数上升到 0.9059，指数排名跃升至全球第 9 位，国家排名居第 12 位。

目前，大数据、云计算等信息技术在政务公共管理和服务中发挥着越来越大的作用，电子政务已广泛应用到政府公共管理的各个方面，政府公共管理和服务模式正在发生积极变化，“数字城市”“数字乡村”建设快速发展。

4. 电子商务成为精准扶贫的重要手段

数字经济快速发展，电子商务深刻改变着企业经营模式和大众消费模式，形成新的业态。2015—2016 年，我国政府部门发布了多个促进电子商务发展、推进精准扶贫的文件。2018 年，电子商务领域首部法律《中华人民共和国电子商务法》正式出台，有效推进了电子商务行业的持续健康发展。网络购物、网络支付、旅行预订、网上订外卖、网络直播和网络打车等电子商务新业态正蓬勃发展，深度融入人们的日常生活。

农村电商为贫困地区销售当地产品提供了有效渠道。在脱贫攻坚实践中，鼓励引导特色农产品通过电子商务平台进行销售，有效解决了贫困地区信息闭塞、交通不便导致的产品销售难、服务推广难等问题。随着电子商务在贫困地区不断发展壮大，电商平台的产业链逐步完善。2020年，全国832个国家级贫困县网络零售总额3014.5亿元，同比增长26.0%。其中，第四季度国家级贫困县实现网络零售额945.7亿元，同比增长30.4%，农村电商助力脱贫攻坚成效明显。[1]

5. 工业互联网促进农业农村转型升级

工业互联网是互联网和新一代信息技术与工业系统全方位深度融合所形成的产业和应用生态。近年来，工业互联网应用创新开始向农业领域逐步拓展，加快了信息技术与农村一二三产业的融合发展，有力助推了农业农村转型升级。一是助力实现农业生产数字化。工业互联网建设为农业精准作业提供了技术条件和应用工具。二是提升农产品流通效率和安全保障水平。工业互联网可以为农产品大幅度降低物流成本和提高流通效率提供相关技术和装备支撑。在农产品分拣包装环节，可以参照京东、顺丰等物流技术领先企业经验，利用数字化技术和智能化设备，对农产品进行精准定位、品相识别、分类抓取。工业互联网技术还可以应用在农产品溯源方面，将农产品播种、生产、加工、运输、仓储等各环节的相关信息储存在二维码中，采用区块链技术，所有存储信息不可篡改，不可替换，消费者通过扫码，即可了解农产品从田间到餐桌的全

1 东方财富网 . 2020 年国家级贫困县网络零售额超 3000 亿 [EB/OL]. [2021-01-29]. http://finance.eastmoney.com/a/202101291794869019.html.

部过程。[1]

在信息化时代，云计算、大数据、移动互联网等信息技术已经渗透到生产生活的方方面面，数字中国建设取得显著成效。信息技术的发展为农村脱贫致富提供了广阔的空间和美好的前景，为精准扶贫信息化管理创造了技术条件。

1 人民论坛网 . 推进工业互联网在农业领域的应用，实现一二三产业融通发展 [EB/OL]. [2019-03-07]. http://www.rmt.com.cn/2019/0307/541277.shtml.

三、制胜密钥

精准扶贫信息化管理

回顾精准扶贫信息化管理实践，信息化管理成为打赢脱贫攻坚战的制胜密钥。梳理和总结这些弥足珍贵的经验，对巩固脱贫攻坚成果、全面推进乡村振兴或有裨益。

（一）精准扶贫信息化管理的发展历程

在实施精准扶贫前，信息技术在扶贫领域已有初步应用，但没有建立起全国或区域性的扶贫信息管理系统和平台。实施精准扶贫后，从国务院扶贫办到地方扶贫部门建立起互联互通、共建共享的信息管理系统，实现了对人员、资金、项目、进度、任务等的精细管理。实践证明，这种方式促进了精准扶贫管理的科学化、规范化、精细化，提升了扶贫效率。

1. 酝酿部署阶段（2011—2014 年）：制定精准扶贫信息化建设目标

2011 年 5 月，《中国农村扶贫开发纲要（2011—2020 年）》提出，建立健全扶贫对象识别机制，做好建档立卡工作，实行动态管理，确保扶贫对象得到有效扶持。纲要将建档立卡对象确定为“在扶贫标准以下具备劳动能力的农村人口”，提出加强扶贫统计与贫困监测，建立扶贫开发信息系统，开展对连片特困地区的贫困监测。2013 年 12 月，中共中央办公厅、国务院办公厅印发《关于创新机制扎实推进农村扶贫开发工作的意见》，在对扶贫对象的识别上，明确由国家制定统一的扶贫对象识别办法，并要求在各省（自治区、直辖市）已有工作基础上，坚持扶贫开发和农村最低生活保障制度有效衔接，按照以县为单位、规模控制、分级负责、精准识别、动态管理的原则，对每个贫困村、贫困户建档立卡。同时强调，在制定统一扶贫对象识别办法的基础上，要建设“全国扶贫信息网络系统”。

2014 年 4 月到 6 月，国务院扶贫办先后印发《扶贫开发建档立卡工作方案》《建立精准扶贫工作机制实施方案》《扶贫开发建档立卡指标体系》，要求通过建档立卡，对贫困户和贫困村进行精准识别。2014 年 7 月，国务院扶贫办印发《全国扶贫开发信息化建设规划》，指出“迫切需要加快扶贫开发信息化建设步伐，构建全国扶贫开发信息化平台，推动扶贫开发体制机制创新”，“以信息化推动扶贫开发工作科学化、规范化、精细化，进一步提高扶贫开发政策、资金、项目的效能”。该规划明确了扶贫开发信息化的建设背景及依据、指导思想、基本原则、建设目标、主要任务、保障措施等，要求到2016年底，基本完成扶贫开发信息化工作的“一五六”建设目标。“一”即构建一个全国大集中的扶贫开发信息系统。“五”即实现扶贫开发工作的五大功能，包括支撑扶贫开发全过程信息化的业务管理功能；融内部监控和外部监督于一体的扶贫开发资金、项目监管功能；引导社会力量、扶贫对象共同参与扶贫工作的公共服务功能；与扶贫开发工作相关部门的信息共享和业务协作功能；基于数据库和数据挖掘技术的决策支持功能。“六”即构建一个覆盖中央、省、市、县、乡镇、行政村的六级业务网。

截至2014年底，全国完成所有贫困户的建档立卡工作，共识别2948万户建档立卡贫困户，覆盖8962万贫困人口。832个国家级扶贫开发重点县和12.8万个贫困村都建立了专门的扶贫开发工作档案室和机房。贫困户档案和有关扶贫工作档案完成计算机录入，大部分县实现了县乡联网，并完成相应的基础管理软件开发。各级扶贫办还对有关人员进行培训，配备相关设备，提供专项经费，部分地区因地制宜开发适合本地区的贫困户基础管理系统。建档立卡的完成，为精准扶贫工作奠定了坚实基础，意味着我国2014年迈出了精准扶贫信息化管理的关键性一步。

2. 建设应用阶段（2015—2017年）：信息管理系统投入运行

2014年下半年，国务院扶贫办建设全国扶贫开发信息系统业务管理子系统，统筹管理全国扶贫开发相关数据。2015年6月，甘肃省作为试点率先建立并运行精准扶贫大数据平台。2015年11月，习近平总书记在中央扶贫开发工作会议上，高度肯定了甘肃省精准扶贫工作的创新举措。习近平总书记指出：“甘肃等地在建档立卡的基础上绘制贫困地图，全面准确掌握贫困人口规模、分布以及居住条件、就业渠道、收入来源、致贫原因等情况，挂图作业，按图销号，做到一户一本台账、一户一个脱贫计划、一户一套帮扶措施，倒排工期，不落一人。这样的探索符合精准扶贫要求，应该积极提倡。”[1]

2016 年 10 月，中央网信办、国家发展改革委、国务院扶贫办联合印发的《网络扶贫行动计划》提出，要充分发挥互联网在助推脱贫攻坚中的重要作用，建立网络扶贫信息服务体系，实施网络扶贫五大工程，即网络覆盖工程、农村电商工程、网络扶智工程、信息服务工程、网络公益工程。2016 年 11 月，国务院扶贫办发布了《关于促进电商精准扶贫的指导意见》，将电商扶贫纳入脱贫攻坚总体部署和工作体系，实施电商扶贫工程，推动互联网创新成果与扶贫工作深度融合，充分应用信息化管理手段提高扶贫管理的效率和质量。

2017 年 4 月，民政部、财政部、人力资源和社会保障部、国家卫生和计划生育委员会、中国保险监督管理委员会、国务院扶贫开发领导小组办公室联合发布《关于进一步加强医疗救助与城乡居民大病保险有效衔接的通知》，提出加强医疗保障信息共享，民政、扶贫等部门要加强与大病保险承办机构协作，要及时、全面、准确提供救助对象信息，为“一站式”信息平台建设提供数据服务。该政策的发布为精准扶贫与医疗救助的信息化对接提供了有力支撑。

1　中共中央党史和文献研究院 . 习近平扶贫论述摘编 [M]. 北京 : 中央文献出版社 , 2018: 63.

2017 年 7 月，《国务院扶贫办关于解决扶贫工作中形式主义等问题的通知》明确提出，进一步完善建档立卡信息系统和统计报表制度，拓展服务功能，建立信息共享机制，加强与相关部门数据交换，减少基层重复填表报数。

3. 全面发展阶段（2018—2020 年）：信息管理系统得到广泛应用

2018 年 5 月，工业和信息化部印发《关于推进网络扶贫的实施方案（2018—2020 年）》。该方案提出以推进网络基础设施建设为突破口，以加快网络扶贫应用为方向，充分调动各方面积极性、主动性和创造性，不断缩小城乡“数字鸿沟”，为打好精准脱贫攻坚战提供坚实的网络支撑。

2018 年 6 月，《中共中央 国务院关于打赢脱贫攻坚战的决定》重磅出台。这份纲领性文件提出，强化扶贫信息的精准和共享，进一步加强建档立卡工作，完善扶贫开发大数据平台，通过端口对接、数据交换等方式，实现户籍、教育、健康、就业、社会保险、住房、银行、农村低保、残疾人等信息与贫困人口建档立卡信息有效对接。

2018 年 9 月，国务院扶贫办发布《关于做好 2018 年度扶贫对象动态管理工作的通知》，对建档立卡户的动态管理进行安排部署，进一步明确信息采集和调整的具体要求、时间节点等。

2018 年 10 月，工业和信息化部、国务院扶贫办联合发布《关于持续加大网络精准扶贫工作力度的通知》，指出充分发挥网络扶贫在推进精准扶贫精准脱贫方面的重要作用，支持基础电信企业落实面向贫困群众给予的资费优惠。

2019年4月，中央网信办、国家发展改革委、国务院扶贫办、工业和信息化部联合发布《2019年网络扶贫工作要点》，要求聚焦深度贫困地区、特殊贫困群体和建档立卡贫困户，充分发掘互联网和信息化在精准脱贫中的潜力，扎实推动网络扶贫行动向纵深发展，不断激发贫困地区和贫困群众自我发展的内生动力，为打赢脱贫攻坚战作出新的更大贡献。

纵观我国精准扶贫信息化管理的发展历程，可以看出，精准扶贫工作不仅需要强有力的制度供给、组织保障、资金项目支持，还需要将现代信息技术应用到扶贫开发工作中，用信息化技术手段破解贫困地区贫困人口脱贫的瓶颈因素。精准扶贫工作实质上是政府、社会、市场与扶贫对象等多元主体行为相互作用的过程，这就需要多方信息的融合与匹配。在这方面，信息化管理具有较广阔的应用前景。

（二）精准扶贫信息管理平台建设的典型案例

精准扶贫信息管理平台是实施精准扶贫精细化管理的重要载体，没有功能强大、方便实用的信息管理平台，精准扶贫信息化管理的目标任务就难以实现。从某种程度上说，平台的实用性和科学性将直接决定信息化管理的成效。在脱贫攻坚阶段，我国中央和地方根据工作的需要，纷纷建立信息管理平台。平台功能多样，各有特色，以下选取部分典型案例进行介绍。

案例 1　中国社会扶贫网：五大平台汇聚社会扶贫力量

中国社会扶贫网（2022 年 6 月更名为中国社会帮扶网）是国务院扶贫办指导建设、主管的唯一全国性社会扶贫网络信息服务平台，于 2017 年 7 月正式上线运行。网站定位为实现贫困户需求和社会爱心资源的多元化对接，采用政府支持、非政府组织（NGO）管理、市场化运作的混合机制，聚合多方力量，通过“全国一张网”，形成线上线下精准扶贫体系，构建起精准、高效的社会扶贫网络平台，逐步形成了脱贫攻坚的新品牌，在一定程度上解决了贫困户与爱心人士难以对接的问题，搭建了一座高效、免费的桥梁，对形成大扶贫格局发挥了作用。

中国社会扶贫网包含爱心帮扶、电商扶贫、扶贫众筹、扶贫展示、扶贫评价五大平台。爱心帮扶平台包含医疗帮扶、教育帮扶、住房帮扶、物资帮扶模块；电商扶贫平台包含农产品上线、质量控制、消费端模块，通过促进产销对接，凝聚社会力量开展消费扶贫；扶贫众筹平台包含医疗救助、教育资助、创业帮扶、社会公益模块；扶贫展示平台包含独家扶贫头条、地方扶贫号、扶贫故事、扶贫短视频模块；扶贫评价平台包含扶贫积分、扶贫等级、扶贫榜单、表彰体系、认证体系等模块。网站用户包括扶贫对象、政府机构、第一书记、驻村干部、企业、社会组织、爱心人士、专家学者等，可通过 PC 端、移动端进行访问。截至 2021 年 5 月 4 日，该网站注册用户累计 6535.24 万名，接到爱心需求 738.50 万个，对接成功 586.28 万个，收到爱心捐款 4.28 亿元。

案例 2　北京市扶贫协作和支援合作动员交流信息平台：信息化管理推进对口帮扶

2018 年，北京市扶贫协作支援合作工作领导小组办公室依托首信政务云，运用云计算、大数据技术，建设了北京扶贫协作和支援合作动员交流信息平台，以信息化手段推进北京市对口帮扶工作。平台针对北京市 16 个区、北京市政府部门和市扶贫支援办等填报单位，根据不同角色、不同结对县、不同工作任务进行权限配置，“一个用户一套台账”，不同角色填报不同内容，对北京市区两级部门和北京结对 7 省区 90 个县级地区的数据进行精准分类填报，在数据汇总的基础上，形成了一张完整的北京市“市级＋区级”的东西部扶贫协作工作数字全景图，避免了多头填报所导致的重复劳动和数据不统一问题。该平台可以满足科学决策、督促检查、考核验收等各项工作的需要，为北京市扶贫项目资金的动态监控和扶贫工作的精准管理提供支撑。

平台开发了信息采集、项目管理、督察督办、绩效考核、社会动员、展示展销、决策支持七个模块，通过对工作数据的全面采集、实时更新和综合运用，实现了全面掌握工作进展、精准监测项目进度、自动生成分析报表、科学支持领导决策等功能。

案例 3　河南省精准扶贫信息管理平台：五级数据共享，汇聚扶贫大数据

2018 年，河南省扶贫开发办公室开始建设河南省精准扶贫信息管理平台。该平台能实现纵向与全国扶贫开发信息系统连接，横向与相关行

业部门数据贯通，支持省、市、县三级管理，按省、市、县、乡、村五级行政区划分级授权，乡、村两级负责基础信息采集、数据更新，省、市、县三级进行数据审核，各级同时又具备汇总分析功能，实现五级数据共享，并汇聚了相关省直部门和中央驻豫单位扶贫数据库，形成部门互通、上下联动的“扶贫大数据”。

平台通过数据采集、审核、转换、汇总、统计、分析功能，以音频、图片、视频等形式全程记录扶贫对象动态管理的工作痕迹。平台通过数据质量审核功能，对筛选出的贫困人口数据质量问题逐项逐户进行核实，可以及时发现错漏的数据并予以修正，实现对贫困人口的精准识别和动态把控。通过该平台，能及时了解本地区扶贫对象、扶贫主体、扶贫项目的实施及资金安排、帮扶措施落实情况。

平台包含基础信息、精准施策、精准脱贫、扶贫主体、分析决策、指挥调度、督查巡查、考核评价、协调管理等 9 个业务子系统和脱贫攻坚指挥管理中心，管理者可以通过网络视频与全省 100 多个有贫困人口的市县进行在线沟通，远程指挥全省的脱贫攻坚工作。

案例 4　湖南省精准扶贫基础数据平台：横向比对确保扶贫数据准确可靠

2019 年，湖南省精准扶贫基础数据平台由湖南省政府办公厅牵头，省扶贫办和发展研究中心配合，组织相关省直部门共同建设，为全省与脱贫攻坚工作有关的各省直部门之间的数据共享提供支撑。

平台具备扶贫对象基础信息、疑似错评对象、疑似漏评对象、疑似错退对象，以及贫困户政策落实等方面的数据比对、数据归集更新、趋势预测、问题数据导出、问题数据查询和统计等功能。按照数据归集更新逐步实现自动化、实时化的工作目标，该平台汇聚了14个省直部门的24类数据，设置了28条数据比对规则，对省直各行业部门汇总更新的数据，以及贫困人口漏评、错评、错退等情况开展质量评估和多维比对。依据对比分析的结果，相关省直行业部门督促指导下级行业部门据实进行修改，逐步实现数据归集更新的网络化、自动化、实时化，确保扶贫数据的准确性和可靠性。

平台的管理运行涉及多个行业部门，形成一套分工合作的工作体系：湖南省扶贫开发办公室作为平台主管单位，负责平台使用管理和功能完善等工作；湖南省政府发展研究中心，作为平台技术支撑单位，负责平台基础网络、硬件资源、技术保障以及数据存储和访问安全等工作；其他相关省直行业部门，对本部门提供数据的及时性、准确性、完整性负责，按要求完成平台涉及本部门数据的归集更新。

案例5　贵州省扶贫云平台：数据资源共享比对提升扶贫精准度

2015年12月，贵州省扶贫办依托“云上贵州”数据共享交换平台，开发了贵州“扶贫云”，将大数据与大扶贫融合，以精准扶贫为目标，连接“教育云”“农业云”“电子商务云”“医疗健康云”等大数据支撑平台，实现对全省减贫工作的精准、动态和科学管理。

为有效解决基层跨部门、跨系统重复填报数据的问题，贵州省扶贫办建立大扶贫数据交换机制，与省国土厅、教育厅、旅发委等多家单位签订数据保密协议、数据传输协议，打通了扶贫、公安、教育、卫计、工商、民政、人社、国土、住建等部门的扶贫相关数据，打破数据壁垒，形成不同部门之间数据互联互通、自动比对、联合分析、自动预警的“大扶贫大数据”模式。

平台从海量的数据中，通过看房、看粮、看劳动力等指标，开展贫困监测和评估，对贫困户精准识别、精准画像，实现贫困人口识别的量化、贫困程度深浅的可视化。该平台还可以通过数据分析，对隐瞒个人信息的非贫困户进行清理，具体来说，通过与工商、公安等行业部门的数据比对，筛查出贫困户在纳入建档立卡前的畜牧养殖、农作物种植等收入情况，在可视化地图中以预警标识的方式快速定位出被识别为异常的贫困户。

通过扶贫云 App，扶贫工作人员不仅能看到与贫困户结对的帮扶干部信息，还可对帮扶干部实施监督管理，并能查询、上传贫困户教育、医疗、危房改造等方面的相关信息。

案例 6　广西壮族自治区脱贫攻坚大数据平台：围绕“四个问题”构建扶贫大数据应用新格局

自 2016 年底以来，广西壮族自治区扶贫办启动并逐步完善广西脱贫攻坚大数据平台建设。2018 年初，初步建成扶贫 App、扶贫队伍管理、扶贫业务综合应用、扶贫成效以及配套管理等四大系统，[1] 形成了数据集中处理、动态管理、及时反馈的广西扶贫大数据应用新格局。

1　童政 . 广西构建扶贫大数据应用新格局 [N]. 经济日报 , 2019-11-19(010).

平台围绕“四个问题”展开。一是围绕“扶持谁”，开发扶贫 App。以电子化帮扶手册方式，实时实地采集、核准贫困对象数据，既满足全国扶贫开发信息系统的要求，又符合地域特征和实时更新要求，实现“扶贫对象精准”。二是围绕“谁来扶”，开发扶贫队伍管理系统。以五级书记遍访电子登记方式，进一步落实脱贫攻坚责任，加强对扶贫责任主体、驻村工作队、扶贫干部等的监管，实现“因村派人精准”。三是围绕“怎么扶”，开发扶贫业务综合应用管理系统。以全流程电子化方式，加强项目资金跟踪管理，及时督办进度，准确定位帮扶措施，实现“资金使用精准、措施到户精准、项目安排精准”。四是围绕“如何退”，开发扶贫成效及配套管理系统。以电子化成效考核方式，高效、简便、科学评价脱贫成效，以可视化方式展示脱贫总体情况和分析成果，实现“脱贫成效精准”。

截至 2020 年 3 月 13 日，广西扶贫 App 用户量达 96.37 万，日均活跃用户 22.34 万（最高 33.68 万），日均访问量 2137.5 万（最高 4694.11 万）；帮扶联系人打卡累计 1590.48 万次，帮扶人修改贫困户基本信息累计 4142.5 万条，帮扶记录上传累计 1755.87 万条。[1]

案例 7　云南省精准扶贫大数据平台：五级互联互通，强化责任落实

2017 年，云南省扶贫开发办开发了具有省、市、县、乡、村五级互联互通功能的精准扶贫大数据平台，用于脱贫攻坚的指挥和监督，具备

1　数据来源：广西壮族自治区扶贫开发办公室。

抽查督查、精准识别、项目监督、帮扶管理等功能。

该平台录入扶贫对象的家庭基本情况、生产生活条件、致贫原因、帮扶措施及帮扶责任人等信息，扶贫干部和纪检干部可以通过平台随时随机抽取扶贫对象信息进行筛选比对和核实，对扶贫项目实施的情况进行跟踪，对可能存在的优亲厚友、弄虚作假等情况进行检查，“点对点”监督精准扶贫工作。扶贫工作人员需要按时上传开展精准扶贫工作现场图片到平台，以便上级部门及时了解掌握工作动态，增强跟踪督办的主动性和针对性，确保精准扶贫工作按照目标任务、时间节点推进落实。项目实施单位需要定期将项目实施图片上传到平台，以便上级部门对项目资金到户情况进行跟踪。平台还提供了扶贫对象数据质量和资金项目进度清单，便于各级政府随时查阅、监督扶贫工作。

平台有扶贫对象、扶贫措施、扶贫成效、绩效考核、政策法规、数据分析、辅助管理、采集门户、挂图作战、精准扶贫 App 等 23 项应用模块，实现扶贫对象动态管理、帮扶措施监督落实、帮扶计划动态跟踪、帮扶成效动态展现、数据分析动态显示、帮扶日志统一记录、工作考核奖惩有依据等功能。

案例 8　甘肃省精准扶贫大数据管理平台：精准扶贫大数据管理先行先试

甘肃省精准扶贫大数据管理平台是国务院扶贫办评定的全国第一个省级精准扶贫大数据管理试点平台，于 2015 年开发，当年投入使用。

平台具有数据分析、预测和挖掘功能，在对省、市、县、乡、村五级的贫困人口规模、贫困发生率、致贫原因等进行实时展现的基础上，能够对深度贫困区域进行标识、监测和预警分析，对村级“五张图”、农户“三本账”实行数据自动提取、实时展现，为脱贫摘帽验收提供技术支撑；平台能够实现无纸化数据采集，自动上传入户调查表，统计漏评、错评、错退和群众满意度等考核指标，判断贫困人口退出的准确性和真实性。该平台还具有和省内多行业部门数据对接和共享功能，对甘肃省扶贫工作的决策部署和精准实施起到了重要作用。

平台包含业务应用软件、运行服务、政务云平台租赁和数据交换共享中心四个部分，其中业务应用软件包含12个子系统，分别是扶贫对象、扶贫措施、扶贫成效、对象监管、产业扶贫、地图大数据等，同时结合实际工作需求研发了劳务输转、疾病管理、指挥中心、精准扶贫大数据展现、农村危房管理、脱贫攻坚大数据分析、第三方调查、一户一策等应用功能。

案例9　宁夏回族自治区精准扶贫云应用系统：可视化数据管理支持决策分析与业务开展

宁夏精准扶贫云应用系统把“互联网+”纳入精准扶贫工作体系，横向形成跨部门、跨行业扶贫信息共享机制，纵向构建区、市、县、乡、村五级一体化扶贫对象与扶贫措施管理服务体系。该系统于2016年建设并使用。系统对照贫困户“两不愁三保障”、贫困村基础设施与公共服务的脱贫标准，对贫困人口分布、扶贫资源配置、扶贫工作特色进行统计分析与数据挖掘，展现各地区的贫困状况、扶贫工作进展和成效，支持用户的决策分析与业务开展；通过建立分析模型，挖掘分析贫困对象致贫原因与扶贫措施匹配程度和落实效果，引导政府、社会、市场精准帮扶、精准施策；通过对各级扶贫工作进行监测评估，提高数据采集的科学性、统计分析的多样性、预警仿真的准确性、决策支持的有效性。系统为宁夏党政机关、企事业单位、社会公众提供便捷的查询与展现，具有扶贫对象、发展需求、扶贫措施、脱贫成效、“十三五”脱贫、决策分析六个栏目，将各类数据与地图数据相结合，实现可视化的数据管理、统计分析与数据挖掘，支持用户的决策分析与业务开展。

系统由业务应用系统、综合展示系统、数据决策分析系统、挂图作战系统、App 掌上移动扶贫系统、自治区扶贫门户网站与扶贫办 OA 办公系统七个部分组成。

（三）精准扶贫信息化管理的主要成就

精准扶贫信息管理系统的建设及应用，是我国信息化在精准扶贫管理工作中的具体运用，是信息化建设的丰硕成果，在扶贫开发实践中发挥了重要作用，为我国社会治理现代化积累了宝贵经验。

1. 为打赢脱贫攻坚战发挥了支撑作用

从中央到地方的扶贫部门在精准扶贫信息化建设中，贯彻落实习近平总书记关于精准扶贫和信息化建设的重要指示，并结合实际需求进行创新，建成了各具特色的信息管理系统。从系统功能看，部分系统针对精准扶贫的“六个精准”“四个真”（“四个真”即扶真贫、真扶贫、脱真贫、真脱贫）的要求发挥了技术支持作用。从信息质量看，不仅有基层扶贫干部、信息员进村核实数据，更有行业部门的数据比对，在一定程度上保证了数据的真实性、可靠性。从信息共享看，纵向贯通中央、省、市、县、乡、村，横向连通各相关部门，节约行政成本，合理配置资源，提高了信息资源利用率和扶贫工作效率。此外，移动 App 的应用提高了扶贫工作人员数据采集和数据处理的便捷化水平。

由此可见，精准扶贫信息管理系统和平台已成为精准扶贫精准脱贫科学化管理的有效抓手，实现从“样本”管理到“全数据”管理的转变，摸清贫困人口分布、致贫原因、帮扶需求等情况，明确帮扶责任和时间表，推进扶贫资源的“精准滴灌”，为如期打赢脱贫攻坚战提供了强有力的支撑。

2. 为推进社会治理现代化积累了宝贵经验

社会治理的基础是基层治理。基层治理首要工作是摸清“家底”，准确掌握辖区内的基础数据，否则容易陷入一种“不得要领”的状态。脱贫攻坚是国家治理体系和治理能力现代化在贫困治理领域的成功实践，精准扶贫信息化管理通过打造“互联网＋社会治理”模式，把扶贫管理机制变革与社会治理体系完善深度融合起来，涉及人社、教育、民政、公安、残联、住建等诸多部门，覆盖面之广、用户群体之多，此前少有。

精准扶贫信息管理系统和平台的建设，充分利用信息技术为基层治理赋能，夯实了基层社会治理的根基，有效减少了扶贫领域的官僚主义、形式主义等问题，实现了精确管理。精准扶贫信息化管理促进了贫困地区基层治理体系的完善，彰显了现代信息技术在社会治理现代化中的重要作用。

3. 为推动农村信息化快速发展奠定了基础条件

以往我国农村信息化发展相对滞后，投入整体不足，信息资源利用率普遍偏低，农业信息服务人才匮乏，存在农村信息化难以突破“最后一公里”等一系列难题。信息技术在精准扶贫中的广泛应用，加快了农村特别是偏远贫困地区信息化发展进程，推动了农村信息化全面发展。

在精准扶贫工作中，先进的信息技术被广泛运用到贫困地区农村生产生活和社会管理中，农村摆脱了手工填写、打印 Excel 表格等传统统计方式；通过建档立卡将贫困户信息采集录入系统形成大数据，实现对贫困县、贫困村、贫困人口的精准识别，为农村精确化、流程化、规范化治理打下坚实基础；精准扶贫信息管理系统的应用，为贫困地区农村播下了信息化的种子，培育了一大批农村信息化人才，弥补了农村信息化建设的短板。扶贫工作人员在与软件开发人员长期协同工作中，信息化理念得到强化，能熟练掌握相关信息管理技术。农村贫困群众在应用信息技术方面的意识和能力也得到锻炼和提高，许多贫困户掌握了运用信息化手段实现脱贫致富的技能。精准扶贫信息化管理将中国农村贫困地区信息化进程推进了一大步。

4. 为培育高素质基层干部队伍提供了有效平台

自实施精准扶贫以来，农村基层干部队伍得到了有效充实，精神面貌焕然一新。信息化管理成为加强农村基层干部队伍建设和管理的有效手段。一是加强了监督。采用信息化手段，动态管理农村基层干部、驻村第一书记、驻村干部等的考勤、帮扶过程和脱贫成效等，实现及时督促、公开考核、信息透明，减少不作为、乱作为、慢作为等现象，改变了农村基层干部管理“宽松软”的状况。二是改进了作风。信息化手段确保了干部进村入户的真实性，密切了干群关系。长期在机关办公室工作的干部深入农村基层，与群众打成一片，共同谋划脱贫致富，增进了解，交流感情，提高了思想觉悟。三是锻炼了队伍。严格的考勤和过程记录促使农村基层干部脚踏实地，为群众办实事，强化了干部的宗旨意识和责任担当，帮助干部树立正确的价值取向，为选拔“信念坚定、为民服务、勤政务实、敢于担当、清正廉洁”的好干部奠定了基础。

5. 为记录中国减贫进程保存了珍贵资料

从中央到地方建设的精准扶贫信息管理系统和平台，翔实记录了中国减贫在脱贫攻坚阶段的历程，是弥足珍贵的数字档案库，为当前和今后人们总结中国特色减贫道路、研究中国特色反贫困理论、凝练脱贫攻坚精神留存了宝贵资料，对持续巩固拓展脱贫攻坚成果、做好同乡村振兴有效衔接、健全防止返贫动态监测和帮扶机制等方面具有现实意义。

6. 为促进国际减贫事业提供了中国方案

中国是国际减贫事业的倡导者、推动者和贡献者，是联合国 2030 年可持续发展议程的忠实践行者。改革开放 40 多年来，中国减贫人口占同期全球减贫人口的 70% 以上。精准扶贫信息化管理实践充分证明，推进现代信息技术在精准扶贫领域的应用是利国利民之策、共建共赢之举，有着无限的融合空间、广阔的发展前景。[1] 中国经验、中国方案，可以供世界其他国家研究和借鉴。中国在推进精准扶贫信息化管理过程中，围绕精准扶贫目标任务设置功能，为精准识别、精准施策提供了有力的数据支撑；改善农村信息化条件，促进数字乡村建设，为弥合城乡“数字鸿沟”找到了突破口；围绕扶贫产业，把大数据融入农村产业之中，因地制宜发展了农村电商；围绕贫困户看病难看病贵等问题，实行农村建档立卡贫困人口先诊疗后付费和一站式报销结算制度，让贫困群众享受到优质的基本公共医疗服务。

中国精准扶贫信息化管理实践，生动诠释了信息化在贫困治理中的巨大价值，其经验可以广泛应用于国际减贫交流合作，为实现联合国 2030 年可持续发展目标贡献中国力量。

---

1 谢孟航 . 大数据扶贫为全球减贫贡献中国智慧 [N]. 贵阳晚报 , 2019-05-27(004).

（四）回顾精准扶贫信息化管理实践中的问题

从中央到地方建设的精准扶贫信息管理系统和平台从无到有，不断发展壮大，经历了酝酿部署、建设应用和全面发展的过程，为打赢脱贫攻坚战作出了突出贡献。在这一过程中克服了诸多挑战和问题，在新发展阶段，回顾历程、总结经验、剖析问题，有助于接续推进乡村振兴信息化管理和分享减贫经验。精准扶贫信息化管理实践过程中的问题，如图 1–5 所示。

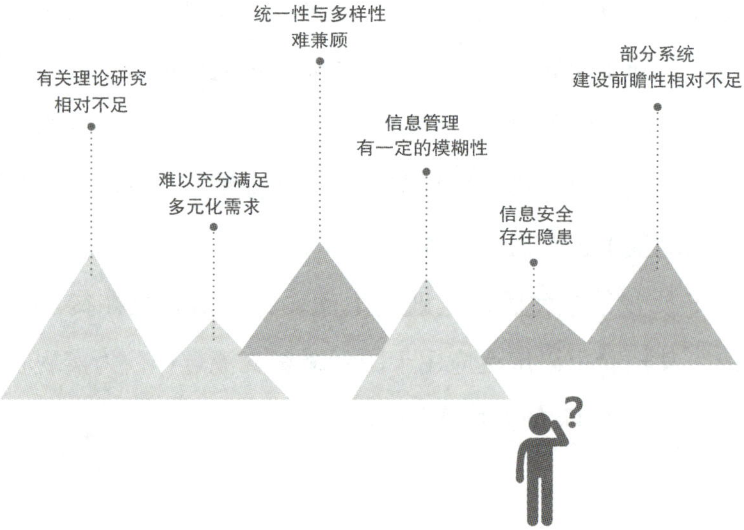

图 1-5　精准扶贫信息化管理实践过程中的问题

1. 有关理论研究相对不足

综观精准扶贫信息化管理的理论研究和实践，存在以下不足：一是精准扶贫信息化管理理论研究不足。鲜有学者提出精准扶贫信息化管理的理论并用于指导实践。虽然学界对信息技术以及对精准扶贫的研究比较充分，但能够将两者深度融合并取得较好成效的案例还不多见。二是地方建设和使用的精准扶贫信息管理系统在内容、功能、标准和规范等方面差异较大，没有在统一的架构下设计开发。三是系统的搭建往往专注于解决局部问题，而忽略了对整体性的考虑。精准扶贫是一项复杂的系统工程，打赢脱贫攻坚战需要有效动员全党全国全社会力量，涉及多个方面和部门，就需要把精准扶贫信息化管理作为一个有机整体进行分析研究。只有制定系统化的信息管理解决方案，才能为精准扶贫提供有力的信息管理支持。

2. 难以充分满足多元化需求

帮扶需求的不断扩张与资源供给有限的矛盾，在扶贫开发中长期存在。部分精准扶贫信息管理系统受制于社会参与度不够，不能充分调动扶贫资源供给方的积极性，导致系统提供的扶贫需求信息多，而扶贫资源供给的信息少；仅对国务院扶贫办建档立卡的贫困户进行精准识别、精准管理，而针对未纳入建档立卡的“漏评户”及返贫对象的识别管理模块和大数据分析尚未有效建立，某些需求在技术层面还无法充分满足。

对于决策者而言，一方面，需要准确、翔实的数据，为科学决策提供正确参考。然而，数据采集者成千上万，难以确保统一性；各地情况千差万别，涉及数据林林总总，使得数据的清洗工作繁重，降低了数据的有效性和使用的便利度。在实际工作中，正是由于数据不够精准及数据关联不够紧密，尽管耗费了大量的时间、人力、物力等资源，但信息的精准获取仍然较为困难。另一方面，如何分类施策，因人因地施策，激发内生动力，增强贫困户“造血”功能，是扶贫决策者的重要工作，而部分系统更多的是服务于扶贫干部填表报数，缺乏针对提升贫困户内生动力的功能模块和大数据支持。

对于贫困户而言，需要的是有效帮扶。而帮扶工作往往和填表报数交织，极端情况下甚至会出现“填表式”帮扶的情形，在一定程度上稀释了贫困户的获得感。对于帮扶干部而言，需要利用有限的时间帮助贫困户脱贫致富，而不断提高的数据质量要求，使得部分帮扶干部不得不将一定的时间精力花在数据维护上，帮扶时间更显窘迫。

此外，从系统的开发与实现看，精准扶贫信息管理系统主要由第三方软件开发公司受托开发，部分研发人员缺乏扶贫工作经验，不熟悉农村实际情况，进行软件功能构建时，主要依赖查阅资料来了解扶贫需求，即便有扶贫干部参与软件开发，但由于部分扶贫干部缺乏相关专业技术背景，造成双方认识不同频、沟通协作不畅，导致所开发的部分系统针对性不足、实用性不强。

3. 统一性与多样性难兼顾

不同地域、不同时期、不同家庭的贫困表现、致贫原因、帮扶需求以及对贫困的理解各不相同，实践中，很难用统一的标准来衡量。精准扶贫精准脱贫作为一种国家行为，需要有相对统一的标准，以保障扶贫投入的公平性、实践的可操作性、效果的可检测性等。扶贫实践工作中，管理对象的统一性越强，管理的可操作性就越强，管理的成本也就越低。以信息化管理手段来推进全国扶贫工作，本身就蕴含着统一性的要求。虽然精准扶贫信息管理系统在设计中充分考虑了农村贫困多样化、多形态的特征，但其设计的功能有限，不可能完全满足农村扶贫开发的多样化、动态化需求。为此，不少贫困地区开发了本地精准扶贫信息管理系统，导致基层扶贫工作人员不仅要完成全国扶贫开发信息系统的维护工作，还要维护本地信息系统的运行，不得不重复采集数据、反复填表报数。“两张网”甚至“多张网”的现象，凸显了精准扶贫信息化管理中“统一性”与“多样性”难协调的问题。

4. 信息管理有一定的模糊性

信息化管理手段可以有效提高扶贫的精准度，但是，贫困与人的心理感受直接相关，感受难以用信息管理系统来量化。扶贫实践中还有很多内容也难以精确量化。以贫困户的收入和支出为例，就存在精准识别和准确量化的困难。银行对居民储蓄信息保密，加上外出务工的农村居民流动性大，收入不稳定，调查和统计农民的真实收入状况在实践中难度大，成本高。特别是对处于贫困边缘的农户，精准识别是一项困难的工作。现实中，精准识别只能依靠基层干部进村入户调查，一般主要以农户家庭经济生活的一些明显特征为依据，如住房情况、健康状况、婚姻状况、子女上学情况等，对农户家庭经济收入或支出只能估算，通过公示、民主评议、“回头看”专项监督检查等措施进行纠正。然而，农村社会是一个熟人社会，这些方式可能会受到一些非规范性因素的影响，这种识贫方式具有模糊性，存在错评或漏评的可能。

精准扶贫精准脱贫对公开性和透明性要求较高，但对贫困户信息进行公开，可能会伤害贫困户的人格尊严，尤其是对未成年人心理可能会产生负面影响。出于隐私保护的考虑，识别贫困的过程又需要“模糊处理”。因而，贫困原因的分析、扶贫过程的监测、脱贫效果的评估等具有一定的模糊性。

精准扶贫信息管理系统的建设和应用力求满足精准的政策要求，但又必须立足于相对“模糊”的现实。例如，通过数据比对系统可以发现错评但不能发现漏评的贫困户；系统只能记载每个贫困户的家庭状况，较难反映复杂的致贫原因；系统可以清楚呈现每个贫困户的帮扶责任人，但无法精准监测帮扶责任人具体的帮扶工作及效果。因而，在扶贫工作中，信息管理系统只能是一种辅助手段，不能完全替代“人”的管理。

5. 信息安全存在隐患

信息安全和隐私保护是信息化建设的基本前提，如果信息安全没有充分保障，那么信息化越发展风险就越大。精准扶贫信息管理系统储存了海量信息，安全问题至关重要。

政府部门之间、政府与公众之间的信息开放与共享，是建设高效、公正、透明的服务型政府的必然要求，信息共享程度越高，信息的实际价值就越大。只有提高扶贫信息共享水平，与行业部门的数据进行经常性交换，实现各级别系统的有效衔接，才能提高政府管理效率和大数据的应用价值。但信息共享是把“双刃剑”，共享程度越高，安全隐患就越大。在扶贫信息开放与共享的过程中，一旦出现泄露、错乱等安全问题，后果不堪设想。

由于一些地方对网络信息安全形势认识不足、信息安全防范技术水平不高，所开发的精准扶贫信息管理系统，缺乏严格的容灾系统设计、数据备份机制、防火墙机制，存在一定程度的信息安全隐患，而且在大批量、分布式数据采集中，涉及的服务、系统、插件等较多，任何一处出现问题，都可能导致数据采集中出现异常。此外，由于不同部门存在数据异构、载体不一等情况，信息在系统间自动导入后产生的错误，往往很难找到根源，查找漏洞所用的时间甚至远大于手工录入数据的时间，在这种情况下，管理人员可能会选择手工录入而并非通过系统导入，也因此增加了出错的风险。

6. 部分系统建设前瞻性相对不足

精准扶贫信息管理系统立足于当前即时需求而开发，具有显著的现时性特征。但是，在“后扶贫时代”，其拓展和再利用又必须提前谋划，要有前瞻性，否则容易产生资源浪费，这就造成了系统开发和应用中现时性和前瞻性之间的矛盾。

为了满足地方多样化、动态化扶贫的需求，一些扶贫任务重的省、市、县开发了各具地方特色的精准扶贫信息管理系统，但由于前瞻性相对不足，难以与全国扶贫开发信息系统有机融合，形成了多个系统并存的局面，不仅耗费了基层扶贫工作人员的精力，还造成了行政资源的浪费。

总之，在精准扶贫实践中，为提高政府管理的效能而实施的信息化管理发挥了重要作用，具有鲜明的中国特色。精准扶贫与信息化管理的结合，科学解决了减贫的精准性问题，中国进入全面推进乡村振兴阶段，减贫重点转向防止返贫和缓解相对贫困。同时，随着联合国 2030 年“在全世界消除一切形式的贫困”首要目标的时间节点渐行渐近，精准扶贫信息化管理成果能否继续在新的减贫场景下得以应用，这是值得深入探讨的课题。

POVERTY REDUCTION

A “5+2” MODEL OF INFORMATION MANAGEMENT

第二章

“5+2”模式的研究基础

多年来，国内外学者对减贫进行研究，形成了大量的理论成果，这些成果对于提出减贫信息化管理模式具有参考意义。本章通过对减贫信息化管理涉及的相关理论进行梳理和阐述，为提出“5+2”模式奠定基础。

贫困问题是绝大多数发展中国家面临的严峻挑战。随着世界信息化进程的加快，人类减贫事业已经与信息化密不可分。研究信息化在减贫中的作用，尤其是对精准性的作用，对制定与调整信息化背景下的减贫策略具有重要意义。

一、他山之石

可资借鉴的国内外研究成果

他山之石，可以攻玉。在人类消除贫困的历史长河中，不同时期、不同国家的学者进行了诸多探索和实践，对贫困的认知逐步深入，涉及范围日益广泛。

（一）贫困成因与人类减贫策略的研究

人们对贫困问题的研究由来已久，成果可谓汗牛充栋。梳理有关贫困和减贫的代表性成果，有助于进一步深化对贫困问题的认识，把握减贫规律，探寻减贫策略。

贫困作为一种社会经济现象并不是为某一国家、地区或民族所独有，而是普遍发生在世界上所有国家、地区或民族之中。贫困的内涵丰富，不同学者见仁见智，至今未形成统一的意见。由于研究视角、研究主体、研究对象以及时代背景等因素的变化，人们对贫困的理解也在不断变化，加上贫困的成因、表现具有多样性、动态性，而且各种因素相互作用，互为因果，贫困也就成为一个内涵多元变化的概念。朗特里（Rowntree，1901）是最早给贫困下定义的经济学家。他认为贫困就是一种家庭收入不能够满足家庭成员最基本生活需求的收入低下的状态。[1]世界银行将贫困定义为个人的低收入无法满足基本生活需求。[2]中国国家统计局提出，如果个人或家庭的生活水平处于社会可接受的最低标准之下，并且承受着物质资料的匮乏，就是处于贫困状态。[3]随着社会的发展，人们对贫困的认识逐步超出了经济领域，越来越多的学者认为贫困体现在生活的各个方面，如机会、能力、文化等，进而提出了“多维贫困”的概念。例如，英国学者凯里·奥本海默（Carey Oppenheim）提出贫困是“个人的食物、穿着等基本生活条件和社交资源低于社会平均水平”[4]。

减贫（poverty reduction），从字面理解，就是减少或减轻贫困。一般来说，减贫是指政府、社会组织或个人为减少贫困，针对特定地区和群体开展的帮扶行动，是“通过采取一系列经济和人道主义措施，旨在使人们永久摆脱（绝对）贫困的过程”[5]。减贫与消贫、扶贫、治贫、反贫困等概念虽然具体内涵不同，但价值追求、行动目标基本相同。相

1 刘小珉 . 贫困的复杂图景与反贫困的多元路径 [M]. 北京 : 社会科学文献出版社 , 2017: 66.

2 World Bank. World Development Report 2000/2001: Attacking Poverty[R]. Washington D. C: World Bank, 2010: 88-89.

3 国家统计局“中国城镇居民贫困问题研究”课题组 . 中国城镇居民贫困问题研究 [J]. 统计研究 , 1991(6).

4 Carey Oppenheim. Poverty: The Facts[R]. London: Child Poverty Action Group, 1993: 33-41.

5 博鳌亚洲论坛 : 亚洲减贫报告 2020. [EB/OL]. [2020-12-15]. https://www.boaoforum.org/newsdetial.html?itemId=0&navID=1&itemChildId=undefined&detialId=3868&pdfPid=40.

对于消贫、扶贫、治贫等概念，“减贫”使用范围更广，意味着贫困问题在短期内无法彻底解决，只能不断减少。联合国及其附属机构在论及反贫困的理论和实践时一般采用“减贫”。世界上大多数国家也广泛采用这一表述。

关于贫困成因和减贫策略，研究成果不胜枚举，已有的研究主要集中于以下三个领域。

一是经济学领域。该领域学者大多从宏观经济环境与微观市场主体的角度出发，试图从投资、储蓄、人力资本等方面解释贫困问题的成因，提出解决方案。美国经济学家拉格纳·纳克斯（Ragnar Nurkse，1953）提出贫困恶性循环理论[1]，认为发展中国家致贫的根本原因是资本不足而非资源不足，资本不足会导致需求与供给两个方面的恶性循环。恶性循环将会加剧要素之间的不协调，使经济状况无法好转，难以实现经济增长、社会发展、生活水平提高等战略目标，最终造成发展中国家陷入长期、持久的贫困。因此，纳克斯主张，发展中国家要发展经济，走出贫困，一定要提高国民储蓄水平，扩大公共投资和私人投资，全力保证社会具有充足的资本。[2] 理查德·R. 纳尔逊（Richard R. Nelson，2001）也认为，资本形成不足制约了欠发达国家的经济发展，并且他认为发展中国家资本形成不足的根本原因是人口增长过快，只有人口增长速度低于投资和产出时，人均收入水平才有可能提高。[3] 这与马尔萨斯的

1 Ragnar Nurkse. Problems of Capital Formation in Underdeveloped Countries[M]. Oxford: Oxford University Press, 1953: 154-156.

2 R. 纳克斯 . 不发达国家的资本形成问题 [M]. 谨斋 , 译 . 北京 : 商务印书馆 , 1966.

3 Nelson R R . Evolutionary Perspectives on Economic Growth[M]. Berlin: Springer Netherlands, 2001.

观点是契合的，他从人口学的角度分析了贫困的原因，认为人口的增长超过生产资料的增加就会导致过剩人口因生产资料缺乏而处于贫困状态。[1] 类似的观点还有很多，如莱宾斯坦（Leeibenstein，1957）的“临界最小努力”理论。他认为，发展中国家要想摆脱贫困，必须满足一个条件，即国民投资的增长速度必须超过国家人口的增长速度。[2] 我国学者汪三贵（2003）认为，贫困是一种只能够维持较低生活水平的状态，造成这种状态的原因是必要生产生活资料的缺乏，以及不能满足再生产所需基本条件，必要经济收入不足。[3] 美国经济学家西奥多·舒尔茨（Theodore W. Schultz，1993）发展并完善了人力资本理论，在他看来，人力资本对经济增长的贡献远远高于物质资本和劳动力数量。[4] 人力资本才是现代经济增长的最大动力，“一国的人口质量和知识投资在很大程度上决定了该国的经济发展前景”。贫困国家长期经济落后的根本原因是人力资本匮乏。舒尔茨把教育提升到战略高度，认为“提高教育水平是贫困国家提高人力资本从而摆脱贫困的关键所在”，教育是使个人收入的社会分配趋于平等的关键性影响因素。总体来看，发展经济学家往往将加大物质资本和人力资本投入、促进经济增长作为解决贫困问题的重要方法。

与上述几位经济学家的观点不同，刘易斯从“二元经济结构”的角

1 托马斯·马尔萨斯 (Malthus, T. R.). 人口原理 [M]. 陈小白，译. 北京：华夏出版社，2013.

2 Harvey Leeibenstein. The Theory of Underemployment in Backward Economies[J]. Journal of Political Economy, 1957, 65(2):91-103.

3 汪三贵，杨颖. 全球贫困：现状及解决方案 [J]. 科学决策，2003(11): 14-18.

4 Schultz T W. The Economics of Being Poor[J]. Bulletin of the Atomic Scientists, 1993, 36(9): 32-37.

度出发，解释发展中国家产生贫困的原因，认为农业经济与现代工业经济之间存在的差别是导致贫困的一个重要原因，解决贫困问题就是要解决城乡二元经济结构间的矛盾，也就是从传统农业走向现代工业。[1]

二是社会学领域。与经济学不同，社会学主要是从社会政策的角度来解释贫困的产生原因，进而提出反贫困方案。穆罕默德·尤努斯（Muhammad Yunus，1999）建立了格莱珉银行，创造性推出了“小额贷款”服务，专门为因贫困而无法获得银行贷款的创业者提供贷款支持，由此创造了“小额贷款反贫困模式”[2]。由于反贫困效果良好，这种反贫困模式很快被其他国家借鉴。后来，穆罕默德·尤努斯又通过格莱珉银行与其他知名企业合作，创建“合资社会企业”，将小额贷款概念进行扩展，形成了社会企业概念，创造了“社会企业反贫困模式”，为减贫提供了一个新的解决方案（Muhammad Yunus，2010）[3]。类似社会学研究成果还有不少。美国学者詹姆斯·梅志里（James Midgley，1997）提出“发展型社会政策”理论，认为在经济发展的同时也要促进社会发展，即经济发展与社会发展之间应该保持平衡。[4]他还强调，发展型社会政策除了提供社会福利和救助，还应重视对贫困人口维持生计能力的培养（James Midgley，1999），其反贫困模式被称为“可持续生计模式”。迈克尔·谢若登（Michael Sherraden，1988）提出资产建

1 （转引自）袁航，张金山．乡村振兴：消解二元经济结构的必由之路 [J]. 税务与经济，2018(6): 22-28.

2 Jolis A, Yunus M. Banker to the Poor: Micro-lending and the Battle Against World Poverty[J]. Library Journal, 1999, 93(7): 1345.

3 Yunus M, Weber K. Building Social Business: The New Kind of Capitalism That Serves Humanity's Most Pressing Needs[J]. Prima Practices & Research in Marketing, 2010,5(3): 373-375.

4 James Midgley. Social Welfare in Global Context[M]. New York:Sage Publications, 1997:234-280.

设理论，认为反贫困的福利政策不应集中于收入和消费，而应集中于家庭储蓄、投资和资产积累，因为收入福利政策带来的只有收入，而以资产为基础的福利政策带来的除了收入还有资产，其福利效应更加广泛[1]。奥斯卡·刘易斯的“贫困文化”理论认为存在于贫困人口内部根深蒂固的思维模式和行为模式形成了一种难以突破的“亚文化”，从而导致难以摆脱贫困[2]。布迪厄在《世界的贫困》中研究了穷人缺乏文化资本而造成生活窘迫的现象，认为处在社会上层的精英掌握着教育和文化资源的分配，而处于底层的穷人在文化的获得、接受和内化上都相当贫瘠。我国学者张永军（2015）提出真正阻碍消除贫困的是贫困人口对于社会资源，也就是信息、观念和文化的缺失。他强调了“文化贫困”导致的贫困人口信息闭塞、观念落后和不思改变是贫困代际传递的真正原因[3]。

三是政治学领域。该领域的学者将贫困问题作为政治问题来研究，对贫困内涵的认识远远超出经济学家、社会学家的认知范围，认为贫困问题应该从社会制度、社会权利等视角来研究解决。马克思和恩格斯就是其中的代表人物。他们从制度层面来研究贫困产生的根源，认为贫困完全是资本主义制度的产物，无产阶级要真正摆脱贫困，关键在于消灭资产阶级生产资料私有制，建立生产资料公有制。列宁指出，工人阶级首先从自身来看存在绝对贫困，也就是资本主义的不断发展没有改善工人阶级的处境，反而因为资本积累和剥削使工人越来越穷，生活水平越

1 Sherraden M. Rethinking Social Welfare: Toward Asset[J]. Social Policy, 1988, 18(3): 37-43.

2 奥斯卡·刘易斯．贫困文化：墨西哥五个家庭一日生活的实录 [M]. 丘廷亮，译．台北：巨流图书公司，2004: 107-127.

3 张永军．扶贫的关键在于“扶文化”[J]. 西部大开发，2015(4): 52-53.

来越低。[1] 阿玛蒂亚·森（Amartya Sen，1981）提出了赋权反贫困理论，认为贫困的实质是权利的贫困，应当从制度上进行变革，努力使贫困人口享有基本政治权利与公民自由，进而保障人类基本的生活、教育、医疗等权利，这样贫困问题才能得到解决。[2]

关于如何减贫，还有诸多有代表性的成果。国外学者的早期研究以亚当·斯密、马尔萨斯等古典经济学家为代表。亚当·斯密作为古典政治经济学的鼻祖，在《国富论》一书中指出：解决贫困问题的关键在于劳动者可以自由地在市场流动和置卖劳动所有权，他认为消除贫困的关键在于实现劳动力买卖的自由。马尔萨斯认为：人口数量和粮食产量有密切关系，只有控制几何式增长的人口，使粮食产量满足人口增长需求，才能减少贫困。这一理论对于提醒人们注意人口与生活资料比例协调，防止人口的过速增长导致贫困加剧，具有一定的启发意义。

自 20 世纪 50 年代以来，学界普遍认为经济增长或许是减贫最有效的方式之一，与此观点密切相关的“涓滴理论”（trickle-down theory）成为当时极具影响力的反贫困理论。其核心观点认为，在经济发展初期阶段，“极化效应”会使得较发达地区经济增长较快，这种优势会逐渐辐射到欠发达地区，从而带动其发展，即发达地区的发展具有治贫的“辐射效应”或“溢出效应”。经济增长性减贫不仅在理论上是显学，更在全球减贫实践上被青睐。世界不发达国家纷纷根据本国国情进行了饶有成效的减贫探索，以不丹和埃塞俄比亚为例，不丹的许多减贫举措

1 列宁 . 列宁全集（第 18 卷）[M]. 北京：人民出版社，1958: 430.

2 Amartya Sen. Poverty and Famines[M]. 王宇，王文玉，译 . 北京：商务印书馆，2004.

都与农村有关，聚焦农村商业化，通过增加农产品出口来增加农民收入、带动农村就业；与此同时，水电项目建设带来的溢出效应也带动一部分人摆脱了贫困。埃塞俄比亚通过推进城市化和发展基础设施建设进行贫困治理[1]。不丹和埃塞俄比亚的减贫经验都表明经济增长是消除贫困的关键因素。我国学者汪三贵认为，中国大规模减贫的主要推动力是经济增长，特别是改革开放、人力和物质资本积累以及技术进步促进的农村经济的持续增长。[2]

然而，“涓滴理论”受到了许多学者的质疑。麦德拉尔（Mydral，1956）明确表示反对，他认为，由于经济结构具有明显的刚性，在市场机制的影响下，技术、劳动、资本等要素流动，往往会产生有利于发达地区而非落后地区的“回波效应”。阿德尔曼（Adelman，1974）则进一步通过实证分析发现，发展中国家的经济增长并没有产生“向下滴注”，反而出现了“向上涓敛”（trickle-up）。我国学者王雨磊、苏杨（2020）认为，经济发展是中国减贫的物质基础，但将经济红利转化为减贫成就还有赖于中国共产党领导形成的国家治理体制及相关运行机制。[3]仲超（2021）认为，在市场经济条件下，经济资源及其转化形成的财政资源并不能主动作用于减贫，减贫的解释原点还需进一步回溯到政府的直接推动，从政府的主体性层面来寻找[4]。《亚洲减贫报告

1 冯维江 . 世界不发达地区的减贫实践及中国援助研究 [J]. 人民论坛 , 2021(11): 32-34.

2 汪三贵 . 在发展中战胜贫困——对中国 30 年大规模减贫经验的总结与评价 [J]. 管理世界 , 2008(11) .

3 王雨磊，苏杨 . 中国的脱贫奇迹何以造就？——中国扶贫的精准行政模式及其国家治理体制基础 [J]. 管理世界 , 2020(4) : 195-209.

4 仲超 . 中国大规模减贫的实践经验与理论创新 [J]. 中州学刊 , 2021(5): 66-73.

2020》梳理了亚洲减贫的最新进展，并提出了亚洲国家减贫的四种模式，即国家主导型减贫模式、全部门益贫增长减贫模式、加工工业带动减贫模式和福利转移型减贫模式。[1]这里，除了经济增长外，政府主导和福利转移成为新的减贫举措。

政府主导、福利转移的思想来源于凯恩斯主义，强调政府责任；福利经济学更是认为“分配越均等，社会福利就越大”，主张收入均等化，由此出现了“福利国家”。[2]后来的新自由主义则强调市场责任主体，认为应当发挥个人的主观能动性参与市场竞争来减少贫困。20 世纪 70 年代出现的发展理论视角强调多方共治，注重调动多元责任主体参与减贫的能动性，减贫策略上强调贫困对象增权赋能和积极就业，鼓励贫困家庭资产积累，注重减贫的经济性和社会性双重属性。[3]新加坡在减贫中出台了多项扶贫救助政策和减贫项目，例如长期救助项目、中短期救助计划、紧急现金救助计划、家庭教育补贴计划、高龄老人刺激就业计划、持续收入补贴计划等。这些政策和项目都涵盖一个基本理念，即扶贫减贫与经济发展相结合，鼓励有劳动能力的贫困人口就业而非待业，增加贫困人口收入解决生活困难。[4]

随着人们对贫困原因、表现及减贫策略研究的不断深化，越来越多的学者逐步认识到精准性问题是减贫面临的核心难题之一。一些学者通

1 博鳌亚洲论坛 . 亚洲减贫报告 2020[R]. 北京 , 2020-12-15.

2 郭恒冉 . 基于福利经济理论的土地增减挂钩与精准扶贫研究 [J]. 华北国土资源 , 2018(5): 102-103.

3 亓迪 , 王化起 . 发展主义理论视角下的减贫策略研究——以新加坡为例 [J]. 社会工作与管理 , 2018, 18(6): 74-79.

4 亓迪 , 王化起 . 发展主义理论视角下的减贫策略研究——以新加坡为例 [J]. 社会工作与管理 , 2018, 18(6): 74-79.

过对政府扶贫政策效率的研究，发现很多政策的制定更多是基于政治动机而非扶贫动机（索普乔奇，Sopchokchai，2001），因此无法将扶贫资源精准地投向最需要的贫困地区和贫困人口，导致扶贫资源的低效与浪费，也使得贫困问题长时间内无法得到有效遏制。[1] 王颖博、赵晓菲认为，产业扶贫的精准性关乎扶贫工作最终落实效果。需要有针对性地提高产业扶贫精准性，助力脱贫攻坚。[2] 陈少强、朱晓龙认为，随着社会经济形势的变化，贫困地区和贫困人群内部出现分化，扶贫工作粗放的问题越来越暴露出来，粗放型扶贫方式难以为继，亟待建立精准的扶贫模式。[3] 孙久文、唐泽地（2017）认为，精准扶贫需创新扶贫模式。“一刀切”的扶贫政策并不能满足所有地区的政策需求，需要多角度、多领域探讨扶贫模式，因地制宜扶贫，因人因地施策，因贫困原因施策，因贫困类型施策，发挥各地扶贫的“十八般武艺”[4]。莫光辉（2017）认为，规模化的贫困治理模式难以准确识别贫困群体与致贫原因：一是致贫原因认知缺失使国家扶贫资源瞄准存在偏离；二是粗放式的扶贫开发管理方式也削弱了扶贫开发的实际效果[5]。

---

1 韩佳丽，王志章，王汉杰．国内外精准扶贫问题的研究进展与评述 [J]. 财会月刊，2018(4): 121-125.

2 王颖博，赵晓菲．产业扶贫的精准性问题研究 [J]. 劳动保障世界，2019(20): 15+17.

3 陈少强，朱晓龙．如何理解“精准扶贫”的精准性 [J]. 西部大开发，2015(10): 12-13.

4 孙久文，唐泽地．精准扶贫需创新扶贫模式 [J]. 农产品市场周刊，2017(03): 17-18.

5 莫光辉．精准扶贫：贫困治理的价值之维与实践突破——精准扶贫绩效提升机制系列研究之五 [J]. 改革与战略，2017(2): 76-81.

（二）中国的减贫探索与精准扶贫研究

中国减贫实践创造了人类减贫史上的奇迹。自中华人民共和国成立以来，中国共产党和中国政府就通过各种途径发展经济，改善民生、减少贫困，为实现共同富裕进行了艰辛的探索，改革开放后，更是开展了大规模、有组织、有计划的减贫行动，根据国情的发展变化进行了理论和实践创新，丰富了中国特色反贫困理论，取得了巨大成就。贾玉娇（2018）将中国改革开放后的减贫历程划分为三个阶段：1978—1991 年的改革减贫阶段，1992—2011 年的发展减贫阶段，2012—2018 年的社会进步减贫阶段。[1] 曾小溪（2017）则将中华人民共和国成立以来的扶贫历程分为五个阶段：1949—1978 年保障生存阶段；1979—1985 年体制改革阶段；1986—2000 年解决温饱阶段；2001—2010 年巩固温饱阶段；2011—2020 年全面小康阶段。[2] 我国减贫事业取得了举世瞩目的成就，学者们普遍认为，我国减贫成就主要集中在 2012—2020 年间。在此期间，中国实施的精准扶贫方略，取得了显著成效，为全球减贫事业贡献了卓有成效的减贫路径，这个路径即“精准扶贫”。[3]

在实施精准扶贫方略的过程中，精准扶贫成为国内学术界研究的热点。在中国知网数据库以“精准扶贫”作为关键词搜索，相关文献有 5.05

1 贾玉娇 . 反贫困的中国道路 : 1978—2018[J]. 浙江社会科学 , 2018(6): 17-26.

2 曾小溪 , 汪三贵 . 中国大规模减贫的经验 : 基于扶贫战略和政策的历史考察 [J]. 西北师范大学学报 (社会科学版), 2017, 54 (6): 11-19.

3 中国“精准扶贫”为世界减贫探索有效路径 [EB/OL]. 搜狐网 , https://www.sohu.com/a/203365773_115239, 2017-11-09.

万篇，发表年度集中在2014—2021年之间，其中以2018—2020年最多，年均约1万篇，学者对精准扶贫涉及的各个领域进行了深入研究。

在贫困治理与减贫效应、财政金融保障、多维贫困、产业与乡村发展、科技创新与文化扶贫等议题上，理论研究呈现多元化演进趋势（冯朝睿、李昊泽，2020）[1]。关于精准扶贫的内涵和外延，已有研究普遍认为，精准扶贫是遵循科学有效的标准和程序，因时、因地对贫困区域、贫困村和贫困户实施精确识别、精确帮扶、精确管理，并引入动态准入和退出机制开展精准考核的过程（李鹍、叶兴建，2015；王思铁，2016）[2、3]，从而构建包含“目标—对象—手段—措施”在内的精准扶贫精准脱贫的完整体系（陈明生，2018）[4]。对于精准扶贫路径的研究，有的注重研究产业扶贫、金融扶贫、教育扶贫等措施的机理与效果，有的侧重总结扶贫经验，如十八洞村模式、丹寨模式、正安模式、广东“双到模式”等。马楠（2016）以中药材产业开发为例，分析了民族地区特色产业扶贫精准性的现实困境及发展的路径选择。[5] 刘建生等（2017）以江西省五个贫困县为样本，分析了产业精准扶贫与传统产业扶贫的区别以及产业精准扶贫怎样发挥作用的问题。[6] 对精准扶贫工

1 冯朝睿，李昊泽．国内精准扶贫领域研究热点及演化路径——基于CNKI样本文献(2014—2019)的计量分析[J]. 西北人口，2020, 41(5): 71-83.

2 李鹍，叶兴建．农村精准扶贫：理论基础与实践情势探析——兼论复合型扶贫治理体系的建构[J]. 福建行政学院学报，2015(2): 26-33, 54.

3 王思铁．精准扶贫方能收获实效[J]. 四川党的建设（农村版），2016(3): 16.

4 陈明生．我国精准扶贫的三种方式：内涵、手段与政策措施[J]. 北方经济，2018(11): 13-16.

5 马楠．民族地区特色产业精准扶贫研究——以中药材开发产业为例[J]. 中南民族大学学报（人文社会科学版），2016, 36(1): 128-132.

6 刘建生，陈鑫，曹佳慧．产业精准扶贫作用机制研究[J]. 中国人口·资源与环境，2017, 27(6): 127-135.

作的多个层面研究成果显示，精准识别、精准扶持、精准考核是精准扶贫面临的主要困难（汪三贵、郭子豪，2015）[1]。在精准识别层面，这种困难体现为：“层级式”纵向识别与“水平式”横向识别的矛盾（李鹍等，2015）[2]。在精准识别环节，体现为对贫困人口规模的人为限定形成的规模排斥、集中连片扶贫开发对片区外贫困群体的区域排斥等（欧阳海青，2017）[3]。在精准识别过程中，以追求工具理性为目标的国家逻辑和以追求价值理性为目标的乡土逻辑二者之间的张力，仍然是困扰精准识别的主要障碍（李博等，2017）[4]。在实施层面，存在政府管理与村民自治的矛盾、政府主导与社会参与的矛盾、脱贫退出与返贫再生的矛盾、“输血式”短期扶贫与“造血式”常态效应的矛盾（李鹍等，2015）[5]，如产业政策执行过程中存在“精英捕获”、“弱者吸纳”、逆向软预算约束、后续维护缺失与农民生计系统损害等（许汉泽、李小云，2017）[6]。

---

1 汪三贵，郭子豪．论中国的精准扶贫 [J]. 贵州社会科学，2015(5): 147-150.

2 李鹍，叶兴建．农村精准扶贫：理论基础与实践情势探析——兼论复合型扶贫治理体系的建构 [J]. 福建行政学院学报，2015(2): 26-33, 54.

3 欧阳海青．精准扶贫，基础在精准识别 [J]. 基层建设，2017(10).

4 李博，左停．谁是贫困户？精准扶贫中精准识别的国家逻辑与乡土困境 [J]. 西北农林科技大学学报（社会科学版），2017, 17(4): 1-7.

5 李鹍，叶兴建．农村精准扶贫：理论基础与实践情势探析——兼论复合型扶贫治理体系的建构 [J]. 福建行政学院学报，2015(2): 26-33, 54.

6 许汉泽，李小云．精准扶贫背景下农村产业扶贫的实践困境——对华北李村产业扶贫项目的考察 [J]. 西北农林科技大学学报（社会科学版），2017, 17(1): 9-16.

（三）减贫信息化管理研究

20 世纪 90 年代人类进入信息社会后，有关信息化的研究如火如荼。信息贫困和信息化减贫逐渐引起学界的关注。一般来说，富裕人群更容易获得信息技术，利用信息技术来创造财富，而穷人无法获得先进的技术和丰富的信息，这就拉大了与富裕人群间的差距。信息贫困的研究中，学者们提出了知识沟假说、社会网络分析、意义建构、创新扩散、社群信息学和个人信息世界等诸多概念，试图为信息贫困的有效治理提供理论支撑。上述理论对于信息贫困的解释虽然各异，但大都认可一个观点，即信息贫困从本质上不同于经济贫困，信息贫困是信息社会中贫困的根本源头，而经济贫困是信息贫困在信息社会的外在表现形式之一。因此，缩小信息差是减贫的重要措施，通过在农村地区优先完善 ICT（信息通信技术）基础设施，消除数字鸿沟，可以在农村地区优先完善交通基础设施，通过消除交通鸿沟来解决农村地区的 ICT 接入和互联互通数字鸿沟问题（Nagendra，2012）[1]。

信息差的存在，往往导致信息不对称，继而影响减贫的精准性。杨小龙等（2016）认为，政府与干部以及干部与村民之间存在的信息不对称，制约了贫困对象的精准识别。对此，部分学者探讨了在精准扶贫工作中引入信息技术，以应对扶贫工作中存在的信息不对称问题。郭蕾等（2018）提出，从精准扶贫的全过程来看，信息不对称的情况可

1 Nagendra Rvelaga, Mark Beecroflt, John D. Nelson, et al.Transport Poverty Meets the Digital Divide: Accessibility and Connectivity in Rural Communities [J]. Journal of Transport Geography, 2012(21): 102-112.

能无处不在，精准识别、精准帮扶、精准退出、精准评估各个环节都需要信息服务和信息支持，这样才能满足“精准”的扶贫需求。[1]程慧慧（2018）认为，精准扶贫需要借助现代化的技术手段来提高扶贫的效果，解决现有的问题，并能够高效地完成扶贫。[2]亨宁格（Henninger，2002）与斯奈尔（Snell，2002）提出，扶贫政策制定者需要足够的信息与工具来识别真正落后的贫困地区，唯有如此，才能使扶贫政策更加精准有效（韩佳丽等，2018）[3]。陈喆夫（2017）认为，精准扶贫信息化就是要在现有的精准扶贫体制下，将信息技术与精准扶贫工作有机结合起来，进一步提高扶贫工作的精准性和有效性，实现动态管理与信息化管理，并与政府其他部门进行信息共享，提高信息资源利用率，构建起统一领导与分级管理相结合、政府主导与群众参与相结合、内部监督与外部监督相结合的信息化精准扶贫新格局。[4]季飞、杨康（2017）认为，大数据的有效整合利用有助于提升决策的科学化及政策执行的透明化，设计以贫困者为核心的反贫困治理系统模式，借助观念塑造、政策指导、行动强化、资源配置等措施实现数据云系统、行政调配系统、资源整合系统及组织分化系统的有效运行可以化解数据失真等造成的贫困治理难题。陆汉文（2015）认为，贫困治理的复杂性与相关信息的多样性直接相关，要实现精准治理的目标，就必须通过引入第三方力量和构建参与式信息共享平台途径，大力

1 郭蕾，余波，张妍妍，温亮明．精准扶贫中的信息需求及其服务策略 [J]. 图书馆论坛，2018, 38(4): 39-48.

2 程慧慧．信息化创新驱动贫困乡村互联网扶贫的数据资源协同机理研究 [D]. 南昌：南昌航空大学，2018.

3 韩佳丽，王志章，王汉杰．国内外精准扶贫问题的研究进展与评述 [J]. 财会月刊，2018(4): 121-125.

4 陈喆夫．精准扶贫信息化建设中的主要问题及对策研究 [D]. 重庆：西南政法大学，2017.

减少当前贫困治理体系存在的信息不对称问题。[1] 辜胜阻认为，精确扶贫应做到扶贫“到人到户”，需建立起贫困户的信息网络系统，做好精准识别、因户施策，把大水漫灌式的扶贫变成有针对性的“滴灌”式扶贫[2]。

综合精准扶贫、信息化管理的概念以及有关学者观点，可以得出结论：精准扶贫信息化管理，就是借助先进的管理理念，以实现精准脱贫为目标，运用地理信息技术、云计算、移动互联网、人工智能、大数据等信息技术，通过搭建信息管理系统，整合扶贫部门和有关部门数据，深入挖掘数据资源价值，按照“六个精准”要求为政府开展精准扶贫提供信息支持，力求做到扶贫工作“精”“准”“实”。

在信息化管理的具体应用方面，学者们也进行了探讨。针对建设方案，有学者提出扶贫信息网络化需要强化建设目标、整体框架和功能模块（李晓征，2019）[3]，完善信息平台的系统功能，推进业务部门连接，实现信息资源开放共享（莫光辉、张玉雪，2017）[4]。在综合性服务系统层面，区块链和大数据技术与精准扶贫存在密切联系。把区块链技术应用于精准扶贫信息系统底层框架，有助于解决贫困识别多元化、项目制度设计约束、资金使用边际效益下降、措施匹配度降低以及脱贫质量

1 陆汉文 . 落实精准扶贫战略的可行途径 [J]. 国家治理 , 2015(38): 28-31.

2 辜胜阻 . 农村扶贫要提高精准性和有效性 [J]. 农村工作通讯 , 2014(17): 53.

3 李晓征 . 教育精准扶贫信息管理系统的构建与实践 [J]. 信息系统工程 , 2019(10): 46-47.

4 莫光辉 , 张玉雪 . 大数据背景下的精准扶贫模式创新路径——精准扶贫绩效提升机制系列研究之十 [J]. 理论与改革 , 2017(1): 119-124.

不稳定等现实难题（贾海刚、孙迎联，2020）[1、2]。同时，大数据技术能够驱动扶贫对象的精准识别、扶贫方案的精准设计、脱贫成效的精准判别以及返贫行为的精准防范等（丁翔等，2017）[3]。

针对系统的设计与实现，部分学者在效率提升、流程优化、信息共享及数据管理等方面进行了探索。在效率提升方面，张璞元（2014）开发了云南省剑川县农村扶贫对象管理系统，解决了以往使用传统手工方式开展农村扶贫对象管理的弊端。[4]孙殿博（2016）开发了一个扶贫数据信息管理系统，实现了对扶贫工作信息的快速统计和有效分析。[5]在流程优化方面，李彤（2015）分析了贵州省黔南州三都县精准扶贫管理系统的组织架构以及存在的问题，并分析了改造后的业务流程，论证了实体类关系图和数据库表结构的重要性。[6]在信息共享方面，邬蓉军（2016）基于大数据技术研发了城乡低保信息管理系统，它能够在各社会扶助机构、工作体系之间互不干扰的前提下，完成对整个扶助过程的宏观掌控及各机构之间的信息共享，使扶贫救助过程更为透明高效。[7]在数据管理方面，曾洁与贺书（2016）基于大数据及GIS技术研发了贵安新区精准扶贫“1+N+8”云平台，充分利用测绘地理空间信息为扶贫

1 贾海刚，孙迎联．“区块链+”精准扶贫：创新前景与潜在挑战 [J]. 甘肃社会科学，2020(2): 127-135.

2 贾海刚，孙迎联．基于区块链的精准扶贫创新机制研究 [J]. 电子政务，2020(4): 25-37.

3 丁翔，丁荣余，金帅．大数据驱动精准扶贫：内在机理与实现路径 [J]. 现代经济探讨，2017(12): 119-125.

4 张璞元．剑川县农村扶贫对象管理系统的设计与实现 [D]. 济南：山东大学，2014.

5 孙殿博．隆阳区杨柳乡扶贫工作管理系统的研究与分析 [D]. 昆明：云南大学，2016.

6 李彤．贵州省黔南州三都县精准扶贫管理系统的研究与分析 [D]. 昆明：云南大学，2015.

7 邬蓉军．基于大数据的城乡低保信息管理系统的设计和实现 [D]. 成都：电子科技大学，2016.

开发部门创建了实时、动态的信息查询、展示和智能分析服务系统，为相关政府部门的决策提供科学的依据。[1] 刘诗琦和王红雷（2017）研发了精准扶贫管理系统，利用地理信息技术助推脱贫攻坚工作，对时空数据进行可视化管理，解决扶贫工作存在的“人是谁，人在哪”问题。[2]

精准扶贫方略无疑是人类减贫进程中有效解决精准管理难题的成功案例。海外学者大多认为，中国精准扶贫政策的制定和执行过程是值得发展中国家学习的（孔梦圆等，2021）[3]。中国精准扶贫取得的成果，已经充分证明了精准扶贫信息化管理在减贫中的作用。我国进入缓解相对贫困的阶段，世界各发展中国家也在朝着 2030 年“在全世界消除一切形式的贫困”的目标迈进，信息化管理在减贫管理中的应用，依然具有广阔的前景，有学者已提出了这方面的见解。例如，罗明忠、邱海兰（2021）认为，在新时期减贫治理中，信息化扮演着重要角色，推进减贫治理的信息化建设，有助于推进减贫治理的决策能力、执行能力以及监督能力现代化。[4]

综上，虽然学界围绕精准扶贫信息化管理进行了诸多探索，积累了一些实践案例，但直到脱贫攻坚战胜利收官，有关精准扶贫信息化管理的理论成果依然较少。在中国知网数据库查询，有关信息化管理的论文主要集中在医学、档案学、后勤管理、实验室管理等方面，如以“精准

1 曾洁，贺书 . 基于大数据及 GIS 的贵安新区精准扶贫“1+N+8”云平台设计与分析 [J]. 智能计算机与应用，2016, 6(4): 97-99.

2 刘诗琦，王红雷 . 基于 WebGIS 的精准扶贫管理系统构建 [J]. 价值工程，2017, 36(27): 4-6.

3 孔梦圆，高小升 . 海外学者对中国精准扶贫政策的认知与反思 [J]. 社会科学论坛，2021(6): 160-174.

4 罗明忠，邱海兰 . 以信息化全面推进减贫治理能力现代化 [J]. 乡村振兴，2021(7): 26-28.

扶贫”和“信息化管理”为关键词或以“减贫”和“信息化管理”为关键词，搜索到的文献屈指可数。

现代意义上的管理，为了提高管理的科学水平，一般通过管理模式来进行顶层设计。在减贫领域也是如此，也需要恰合的管理模式来实现减贫效率的最优化。然而，在中国知网等文献数据库查询，搜索不到有关精准扶贫信息化管理模式或减贫信息化管理模式的研究成果。可见，相关研究较为匮乏，这不能不说是一个缺憾。

总体来看，随着对贫困成因、表现及减贫策略研究的不断深化，不少学者已经意识到贫困成因具有复杂性、多样性、动态性等特征，不同地区、不同家庭贫困的原因和表现各不相同，减贫需要解决精准性问题。中国实施的精准扶贫方略为解决减贫的精准性问题提供了卓有成效的路径，学者们也进行了积极探索，但关注减贫的宏观政策和策略研究较多，而对于减贫公共管理技术路径和理论模式的研究较薄弱，尚需进一步探索。因此，亟须全面、深刻总结精准扶贫信息化管理成果，转化到减贫信息化管理中，特别是要研究提炼出适应不同减贫场景的信息化管理模式，并应用到减贫实践中。

二、兼收并蓄

“5+2”模式的理论基础

社会实践催生经典理论，经典理论也推动着社会实践的发展。精准扶贫信息化管理是一项具有重要意义的实践创新，离不开理论的指导。为此，本节对相关理论进行梳理，并重点阐述这些理论与精准扶贫信息化管理之间的内在逻辑联系，为“5+2”模式的提出夯实理论基础。“5+2”模式形成的理论基础如图 2-1 所示。

（一）公共产品理论

扶贫问题实质就是公共产品供给的问题。从某种意义上说，要落实扶贫“精准”的要求，政府就要提高精准扶贫中公共产品供给的精准度和效率。为此，研究精准扶贫信息化管理必须以公共产品理论为基础。

相对私人产品，公共产品对社会不可或缺，一般通过公共组织来供给。亚里士多德、休谟、亚当·斯密等诸多经济学家早就注意到了公共

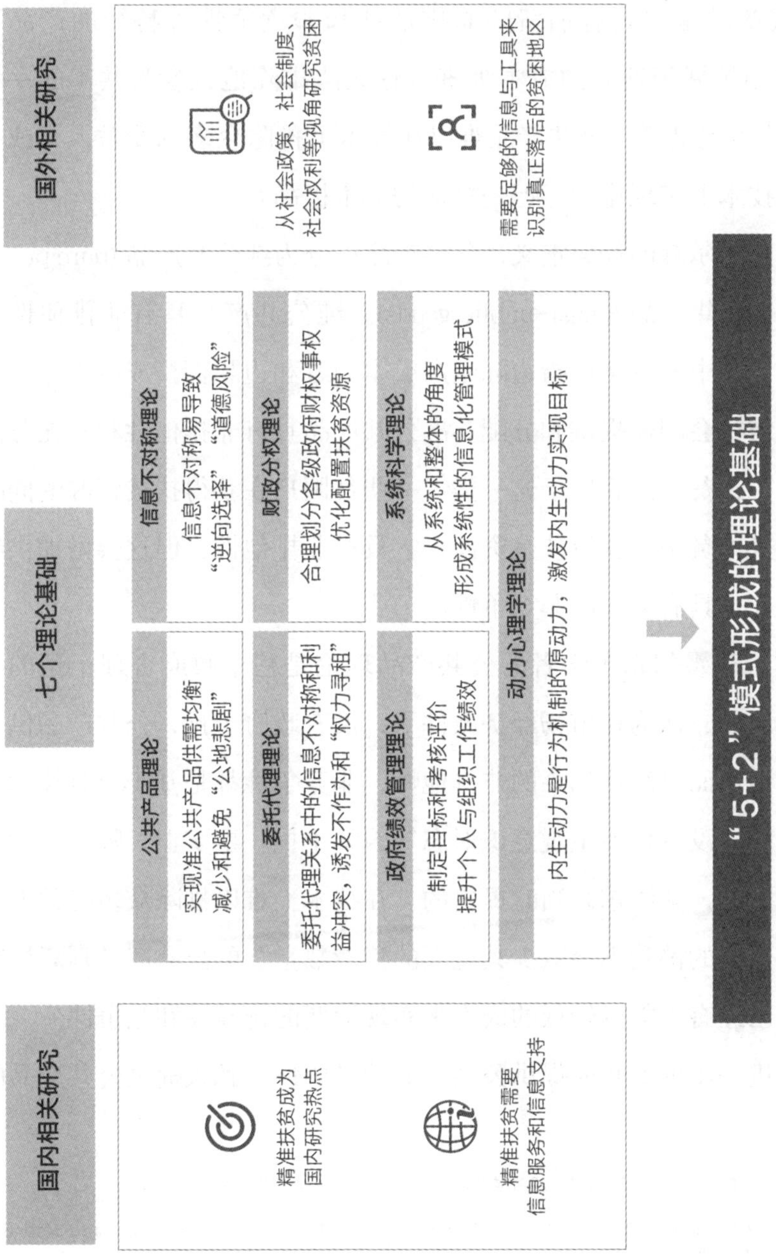

图 2-1 “5+2”模式形成的理论基础

产品问题，但直到1954年萨缪尔森才明确提出公共产品的概念。他认为公共产品是“具有消费的非排他性和非竞争性等特征的产品”，“能将效用扩展于他人的成本为零，且无法排除他人参与共享的一种商品”。[1]也就是说，公共产品难以在技术上排除众多的受益人，或者即便能在技术上实现排他，但是排他的成本极高。[2]

根据萨缪尔森的经典定义，公共产品可分为纯公共产品 (pure public goods) 与准公共产品 (quasi-public goods)。纯公共产品具有非排他性和非竞争性，其中非竞争性指边际生产成本为零和边际拥挤成本为零，一般由政府或社会团体提供和分配。准公共产品具有非排他性和不充分的非竞争性，扶贫资源就属于这一类。一些贫困户在获得扶贫资源的同时，不会影响其他贫困户获得扶贫资源，它具有非排他性，但这会增加供给成本，因此也具有有限的非竞争性。

当然，萨缪尔森等学者的公共产品理论是基于政府合理干预的必要性而提出的，认为在市场经济条件下，没有政府干预，公共产品供给会存在不足。而且萨缪尔森的非排他性、非竞争性都是基于当时技术水平而假设的，没有任何主观意识形态等因素干扰。事实上，随着科学技术的快速发展，萨缪尔森当时提出的“在技术上难以排除众多受益人”或者“一个人的消费不会减少其他人的消费数量”的公共产品判断标准，在实践中已经有可能以较低的成本来实现消费的排他性和竞争性。

为了进一步证实政府提供公共产品的必要性、私人提供公共产品的

---

1 保罗·A. 萨缪尔森，威廉·D. 诺德豪斯 . 经济学（第 16 版）[M]. 北京：华夏出版社，2002: 268.

2 Samuelson P A. The Pure Theory of Public Expenditure[J]. The Review of Economics and Statistics, 1954, 36(4): 387-389.

无效性，学者分别提出了“公地悲剧”“囚徒困境”“集体行动的逻辑”等思想，认为由市场自发提供公共产品必然会导致低效率。由此，“政府提供公共产品”成为政府基本职能，而且由政府提供也更符合效率性原则。1968 年，英国学者加勒特·哈丁（G. Hardin）提出了“公地悲剧”现象。[1]公地作为一项资源或财产，众多拥有者中每一个人都有使用权，但是没有权利禁止他人使用，从而造成资源过度使用和枯竭，如过度砍伐的森林、过度捕捞的渔业资源、过度污染的河流和空气等。

1950 年美国兰德公司的梅里尔·弗勒德（Merrill Flood）和梅尔文·德雷希尔（Melvin Dresher）提出“囚徒困境”理论，认为只追求个人利益的两个囚徒在彼此隔离的情况下，由于无法充分信任他人，均会选择背叛，导致二人各自所获刑期比选择合作高，出现总体利益低于合作利益的现象，最终导致个人利益难以最大化，这就是“困境”所在。这在非零和博弈中具有代表性。在价格竞争、环境保护、人际关系等方面，“囚徒困境”也广泛存在。1965 年曼瑟尔·奥尔森（Mancur Olson）提出“集体行动的逻辑”思想[2]，认为集体行动的成果具有公共性，所有集体的成员都能从中受益，包括那些没有分担集体行动成本的成员，这种不合理的成本收益结构导致了“搭便车”行为，例如罢工胜利会增加所有个人的薪资，但是罢工的所有风险与成本却由参加罢工的工人负担。

解决贫困问题也是政府的重要职责，而解决贫困问题的本质，主要是为贫困人口提高维系生存的物质可获得性、增强发展机会与权利的公

1 G. Hardin. The Tragedy of the Commons[J]. Science, 1968, 162(13): 1243-1248.

2 Mancur Olson. Logic of Collective Action: Public Goods and the Theory of Groups[M]. Cambridge: Harvard University Press, 1965.

平等（胡敏华，2005）[1]。政府提供公共产品是调节社会财富、实现社会公平、减少贫困的重要手段，通过对公共产品的供给规模、结构、方式等进行动态调整，可以为贫困地区和贫困人口的生活保障、长远发展提供必要且稳定的支持。

扶贫活动与扶贫资源也是政府提供的一种公共产品，是一种均衡性公共产品。扶贫的实质是国家“以设定权利义务关系”或“提供行政给付”的方式（陈艾、李雪萍，2013）[2]，向欠发达地区贫困人口或社会弱势群体，提供保证贫困人口生存发展、缩小社会发展差距的公共产品。贫困村、贫困户的脱贫不仅能够改善贫困人口生产生活状况，而且能够有效缩小社会成员的发展差距，对整个社会具有极大的正外部性。就扶贫领域公共产品供给的决策机制来说，我国早期主要实行政府主导的自上而下的供给模式，对居民需求的差异性重视不够。在精准扶贫阶段，国家更多地考虑贫困户实际需求，采取贫困户需求导向与政府主导相结合的供给模式，提高了扶贫资源的使用效率。

信息化手段在优化资源配置及精准匹配方面具有显著优势，是实现公共产品精准供给的重要工具。在政府提供扶贫公共产品过程中，不同地区、不同贫困人口对公共产品的需求方向与强度存在差异，尤其是以精准脱贫为目标的扶贫资源供给，为做到精准识别、精准帮扶、精准管理，需要借助信息化手段来为公共产品精准供给提供技术支撑，实现信息的快速流动和共享，从而帮助政府高效地为贫困户提供更精准、更适

1 胡敏华．我国农村扶贫的制度性陷阱：一个基于组织的分析框架 [J]. 财贸研究，2005(6): 21-27.

2 陈艾，李雪萍．连结供应和消费：提高公共产品供给效应及路径选择——以四川省甘孜县及其洛戈一村牧民定居点为例 [J]. 社会主义研究，2013 (1): 113-119.

合其需求的公共产品。

（二）信息不对称理论

在精准扶贫管理实践中，信息不对称是导致贫困识别准确率低、项目设置不科学以及管理绩效不佳等问题的根源，因而，要实现扶贫精准，就必须解决好信息不对称问题。

信息不对称理论（information asymmetry theory）属于信息经济学的重要研究范畴。信息经济学是在古典经济学的基础上演化发展形成的。古典经济学的基本假设是经济人拥有“完全”信息并据此进行各类经济行为决策。但是，在现实生活中作为市场主体的经济人不可能占有完全市场信息，这与人们在经济活动中对信息的直觉感受并不一致，由此引发了对经济活动中信息问题的研究。信息虽然看不见摸不着，但是对人们生活的影响却无处不在，它可以对经济活动主体产生直接影响，主体通过获得更充分的经济信息，可以作出更优的选择，从而获得更高的收益或效用。弗里德里希·哈耶克（Friedrich Hayek）、乔治·斯蒂格勒（George Joseph Stigler）等学者最早尝试将信息引入经济学分析范畴，奠定了信息经济学的基础。根据信息经济学理论，信息可分为公共信息和私有信息。公共信息（public information）是指为所有参与者或相关者所共知的信息；私有信息（private information）是指只有一部分参与者知道而其他参与者不知道的信息。私有信息具有隐蔽性，只有某些熟悉相关事实的人能够获取，而不熟悉相关事实的人就无法获取或很难获取，故也被称为隐藏信息（hide information）。私有信息可以进一步划分为隐藏特征私有信息和隐藏行为私有信息。前者是指在契约成立时已经存在的事实，体现为主体特征；后者是指在契约成立后发生的事实，体现为别人难以观察到的主体行为。

当然，公共信息和私有信息的区分并非绝对的，在一定条件下可以互相转化，随着时间推移，私有信息可能会转化为公共信息，公共信息也有可能在某些因素的作用下转化为私有信息。在某个时间节点上，如果利益主体的私有信息优于公共信息，则处于信息优势地位，反之则处于信息劣势地位。

正是私有信息的存在导致了信息不对称，即一方拥有完全信息，另一方拥有不完全信息。在信息不对称条件下，有可能但并不必然会导致欺骗行为，只有在利益驱动下才有可能发生欺骗行为（谢康，1995；张维迎，2004）[1、2]。对信息不对称问题及其效应进行研究的代表性成果主要有：乔治·阿克洛夫（George A. Akerlof，1970）在论文《次品市场：质量的不确定性和市场机制》中研究的“信息不对称”问题[3]、迈克尔·斯宾塞（Michael Spence，1973）研究的“信号”问题[4]、约瑟夫·斯蒂格利茨（Joseph E. Stieglitz，1975）研究的“筛选”问题[5]，

1 谢康 . 微观信息经济学 [M]. 广州 : 中山大学出版社 , 1995.

2 张维迎 . 博弈论与信息经济学 [M]. 上海 : 上海人民出版社 , 2004.

3 George A. Akerlof. The Market for Lemons: Quality Uncertainty and the Market Mechanism[J]. The Quarterly of Economics, 1970, 84(3): 488-500.

4 Michael Spence. Job Market Signaling[J]. The Quarterly of Economics,1973, 87(3): 355-374.

5 Joseph E. Stieglitz. Incentives Risk and Information: Notes Towards a Theory of Hierarchj[J]. Bell Journal of Economy, 1975, 6(3): 552-579.

等等。这些研究有力推动了信息经济学的发展。根据信息经济学的一般理论，信息不对称可能导致市场失灵甚至是市场彻底失败。如乔治·阿克洛夫对“柠檬市场”[1]的研究发现，在次品市场的交易环境中，产品的卖方对产品的数量、质量等拥有比买方更多的信息。由于双方之间信息的不对称，买方不会充分相信卖方提供的信息，因此买方往往通过压低价格以规避市场风险。卖方会因为买方过低的价格而不愿意向市场提供高质量产品，最终导致质量低劣的商品充斥市场，高质量商品被逐出市场，即所谓的“劣币驱逐良币”现象。这种现象危害性极大，在极端情况下可能导致市场萎缩甚至消失。

由此可知，包括政府在内的主体在决策时拥有充分信息，具有重要意义。精准扶贫是中国政府作出的重大战略决策，是全面建成小康社会的必然要求。为了按期实现脱贫攻坚目标，贫困地区与贫困户的差异化需求信息对于科学决策扶贫项目和措施至关重要。精准扶贫工作涉及多个主体，包括政府职能部门、社会扶贫组织、扶贫干部等。这些主体根据政府帮扶的资源规模与结构、社会扶贫组织的参与能力与程度、扶贫对象所在的区域与个人需求等扶贫信息进行分工协作，确定扶贫资源的精准匹配。

精准扶贫信息包括政策信息、扶贫对象个体信息以及扶贫项目、扶贫资金、扶贫干部等诸多信息。就帮扶主体而言，有些是公共信息，如当地贫困人口的数量、贫困地区的区位、当地的基础设施状况、自然条件等；有些是私有信息，如扶贫对象的经济收入、健康状况、受

1 “柠檬”在美国俚语中表示“次品”或“不中用的东西”，所以柠檬市场也称次品市场。

教育水平、心理状态等。就扶贫对象而言，有些是公共信息，如政府扶贫的基本政策、扶贫项目的总体情况、脱贫目标等；有些是私有信息，如扶贫项目的实施细节、扶贫干部的工作积极性、责任心、工作能力等。由此，帮扶主体与扶贫对象之间存在双向信息不对称：一方面，扶贫对象因自身条件的制约和能力缺陷以及在获得、掌握社会外部信息时一般处于弱势地位，特别是难以有效参与决策，因而难以充分掌握公共信息和只有扶贫主体才知晓的私有信息。另一方面，包括地方政府在内的帮扶主体也难以精准掌握扶贫对象的真实情况，即扶贫对象独有的私有信息。由于扶贫对象分布广泛且具有个体差异性和多变性，再加上政府对精准识别的精细化程度不够、政策执行不到位、核查工作不严谨等因素，导致帮扶主体难以精准掌握扶贫对象多样化的需求信息，出现项目、措施安排不符合实际需求的问题。

基于以上分析，可以设计一个典型的扶贫工作场景模型来进一步研究其中的信息不对称问题。扶贫工作涉及的各群体可简单区分为三类：一是中央政府和地方政府；二是参与扶贫工作的社会力量，以民营企业、社会组织和个人为主；三是扶贫对象。在扶贫工作开展后，三方之间存在信息不对称问题。

第一，政府如何确定扶贫对象的问题。识别贫困人口或贫困户，存在两种“信息隐藏”（information hiding）的情况：一是地方政府难以精准掌握扶贫对象的真实情况；二是扶贫对象掌握政策信息有限。在这两种情况下，可能出现少数乡村精英利用自身的人际关系、经济实力等优势侵占扶贫资源的现象，导致扶贫资源配置错位，出现“富人戴穷帽”的现象，真正的贫困群众无法得到帮扶。

第二，社会力量在开展帮扶时，获取扶贫对象的真实信息存在困难。同时，需要帮扶的贫困群众在寻求社会帮助时，也缺乏获取帮扶信息的直接渠道。

第三，信息不对称问题出现在各级政府之间。从中央到地方行政管理链较长，每经过一个层级，信息都可能会失真、扭曲或迟滞，因此上下级之间信息不对称情况一直存在。

第四，信息不对称问题出现在社会各界与各级政府之间。政府是扶贫信息最主要的生产者、使用者和发布者，因而成为天然的信息优势者；信息对社会各界公开是有限的，这就造成了政府和社会各界对信息的掌握程度严重不对称的状况。社会公众可能不了解一些扶贫政策制定的过程，对政策存在模糊认识或误解误读；由于不熟悉政策，企业难以找到合适的扶贫项目；各种社会扶贫资源的流动和去向缺乏动态监管，这些信息不对称问题的存在，影响了扶贫政策实施的有效性，降低了扶贫工作的效率和精准度。

可见，只要存在信息不对称，就会影响扶贫政策实施的有效性，降低扶贫工作的效率和精准度。在破解扶贫工作信息不对称难题上，以互联网、大数据、人工智能等为代表的新一代信息技术具有显著优势。

（三）委托代理理论

委托代理理论（principal-agent theory）是建立在信息不对称理论基础上，旨在消减信息不对称的负面效果的学术主张。精准扶贫工作涉及多重委托代理关系，因此在精准扶贫管理中，需要厘清委托代理理论的基本观点及其在精准扶贫领域的应用价值。

20 世纪 30 年代，美国学者伯利和米恩斯认识到企业所有者与企业经营者不分的做法有极大弊端，倡导所有权和经营权分离，企业所有者保留剩余索取权，而将经营权利委托给专业的经营管理者，形成了“委托代理”。1973 年，斯蒂芬 · 罗斯（Stephen Ross）在《代理的经济理论：委托人问题》中首次明确提出了“委托代理”命题，指出：如果一方自愿委托另一方从事某种行为并签订合同，委托代理关系随即产生[1]。后来发展成熟的委托代理理论是以新古典经济学“经济人”假设为前提，并建立在信息不对称（asymmetric information）理论基础之上的。

委托代理中存在的信息的不对称，可以按照信息非对称的时间与信息内容来划分。一是按照信息非对称发生的时间，分为当事人签约之前（ex ante）与签约之后（ex post）的信息不对称，即事前信息非对称与事后信息非对称。研究事前非对称信息博弈的模型称为逆向选择模型（adverse selection）。逆向选择是指信息优势方为应对商品市场价格下降而以劣质品驱逐优质品，最终造成商品平均质量下降的现象。研究事后非对称信息的模型称为道德风险模型（moral hazard）。道德风险是指信息优势方在交易中最大限度地增进自身效用时做出不利于委托人的行为。二是按照非对称信息的不同内容，分为隐藏行动模型与隐藏信息模型。前者是研究不可观测行动的模型，

1 Ross S A. The Economic Theory of Agency: The Principal's Problem[J]. The American Economic Review, 1973, 63(2): 134-139.

参与人一方的行为对另一方来说具有不可预测性；后者是研究不可观测知识的模型，参与人一方所具有的知识条件对另一方具有不可知性。其中，拥有信息优势的一方是“代理人”，处于信息劣势的一方则是“委托人”。

在双方信息不对称条件下，委托人与代理人行为会对市场主体行为产生影响：一是逆向选择问题，即代理人利用相对于委托人的信息优势，进行有利于自己的逆向选择；二是信号传递问题，即代理人利用自身信息优势向委托人传递有利于自身的信号，使得委托人相信并接受代理人的诉求；三是信息甄别问题，即代理人利用自身信息优势选择最适合自己的合同并根据合同选择行动；四是道德风险问题，在交易过程中信息是不对称的，委托人对代理人选择的行动不可完全观察，导致代理人做出对委托人不利的行为。而规避此类问题的关键在于努力实现信息对称，并由委托人通过一个合理有效的激励机制引导代理人选择对委托人最有利的行动。

精准扶贫工作中，政府体系内至少存在四个层次的委托代理关系：第一层次是中央政府对省级政府的委托关系；第二层次是省级政府对地级市政府的委托关系；第三层次是地级市政府对县级政府的委托关系；第四层次是县级政府与乡镇政府之间的委托关系。在这种委托代理关系中，上级决策部门并不能充分掌握下级扶贫工作人员的真实工作状态、资源的分配情况以及帮扶实际效果等信息，因此扶贫信息在多重维度上是“不完美”信息，在内容上是“不完全”信息，其中委托方相对于代理方处于明显的信息劣势地位。而在委托人与代理人信息不对称情况下，代理人存在道德风险和逆向选择的可能性，会损害委托人利益，导致精准扶贫的实际效果偏离了工作目标，如“数字脱贫”“权力寻租”就是具体表现。

解决“代理人问题”的主要路径就是强化组织监督与激励机制。通过强化对代理人容易产生隐蔽行为领域的监测，提高抓获隐蔽行为的机会，增加隐蔽行为的成本。同时，委托人需要设计一种能够“捆绑”委托人与代理人利益的机制，以激励代理人采取最有利于委托人的行为，通过代理人效用最大化来实现委托人利益的最大化，即实现激励相容。进一步说，要有效实现对代理人的监督与激励，就需要及时准确掌握代理人信息。信息技术的利用能够对扶贫的整个过程实施全面监督和管理，迅速整理、统计、研究精准扶贫等相关工作细节的具体动态、数据等，便于委托人全面了解扶贫工作的实际进展，对代理人的扶贫效果进行全面评价。因此，将新一代信息技术应用到精准扶贫工作中，为解决委托人与代理人之间的“逆向选择”和“道德风险”问题提供了有利的条件。

（四）财政分权理论

扶贫资源作为公共产品，其配置过程也是各级政府财权、事权划分的过程。要实现扶贫资源的优化配置，必须合理划分各级扶贫管理部门的权力与责任，从理论上说，就是合理地进行政府财政分权。

一般认为，财政分权是指中央政府给予地方政府一定的税收权力和支出责任范围，并允许其自主决定预算支出规模与结构，使处于基层的地方政府能自由选择其所需的政策，并积极参与社会管理，其结果是使地方政府能够向地方社会公众提供更多更好的服务。但因信息不对称，由政府提供的公共产品，实践中可能出现不符合地方社会公众实际需求的现象。因此，财政分权实质上是将政府权力和职责在中央和地方之间进行划分，目的是减少信息不对称，优化资源配置，提高社会福利（张欣，2013）[1]。

西方财政分权理论认为，科学地分权对地方政府提供基本公共服务具有较强的激励效应，能有效提高其效率。财政分权的经典模型主要有蒂伯特模型、施蒂格勒模型、奥茨理论、特里希模型，这些模型推导的前提都是基于信息不对称，提出的理论主张和对策建议也大致相同。其中，蒂伯特（Charles Tiebout，1956）认为，公众的生存控制比权力控制效果更直接，居民通过主观对比不同社区提供的公共产品、财政税收等信息，采取“用脚投票”的方式，选择能够使自身效用最大化的社区，促使不同社区之间产生竞争关系，整个社会资源得到有效配置，实现帕累托最优。“用脚投票”促进了财政分权的合理化，如税率和主体税种的设计等都应考虑居民的流动性等问题。施蒂格勒（Stigler，1957）在《地方政府职能的有理范围》一文中指出，在资源分配方面，地方政府比中央政府更有效率。[2] 这一观点与奥茨（Wallace E. Oates，1972）的理论非常相似。[3] 奥茨理论也认为，相对于中央政府，地方政

1 张欣 . 财政分权对地方政府的影响 [J]. 青年科学 (教师版), 2013, 34(6): 256.

2 Stigler G J. The Tenable Range of Functions of Local Government[R]. Washington: Joint Economic Committee, 1957:16-213.

3 Oates W E. Fiscal Federalism[M]. New York: Harcourt Brace Jovanovich,1972.

府更了解其管辖范围内的居民，更清楚地知晓他们的偏好，因而容易设计出一套更接近帕累托最优的资源分配方案。特里希（Richard W. Tresch，1981）提出“偏好误识分权论”[1]。他认为，地方政府相对于中央政府，有获取当地居民信息的优势，因而在设计资源配置方案时更胜一筹。

在实际扶贫工作中，由于政府上下级之间存在信息不对称，上级政府尤其是中央政府可能难以及时、有效识别贫困地区农村的公共产品需求，影响扶贫资源的合理配置，因而需要调动下级政府的积极性和主动性，强化对相关需求信息的收集、识别与动态传递。在财权、事权划分之后，地方政府可以利用信息优势，采取精细化管理手段和措施，消除信息不对称。当然，中央还需要加强监管，确保扶贫资源有效配置并提高使用效率，以消除财政分权带来的弊端。

（五）政府绩效管理理论

政府绩效是指政府管理社会经济事务的结果、效益及工作效率，可用以衡量政府行使其职能、实现其意志的能力。政府绩效管理是 20 世纪 70 年代后兴起的一项重要的世界性行政改革措施，深受新公共管理理论影响，目前仍处于不断深化、拓展过程中。

政府绩效管理包括广义与狭义两个层次。广义政府绩效管理是指

1 Richard W. Tresch. Publie Finance[M]. Des Moines: Business Publication, Inc, 1981: 574-576.

为提高政府绩效而实施的管理，或者为实现所期望的结果而实施的管理，包括一系列为提升政府绩效进行的管理机制和方式的优化努力。“绩效管理涉及组织管理活动的各个环节，具有自己的基本信念和理论基础，不是一种技术而是多项技术的集合，并且实际操作中体现出自己的特点。”[1] 狭义政府绩效管理是新公共管理运动的重要内容。该运动从20世纪中期开始，先后在英国、新西兰、美国等西方国家逐步兴起，是政府管理方式的一种创新，其理念主要包括“公共责任”与“顾客至上”等，突出了公共服务的结果导向，以实现政府公共服务决策的经济性、效率性、效果性为目标，而该目标的实现就依赖于政府的价值目标的实现，包括提升政府公信力、执行力等。

政府绩效管理分为政府绩效与政府管理两个层面。政府绩效是指在当前条件下，政府通过整合行政资源、借助行政措施所能达到的政府目标。与政府目标的多重性相适应，政府绩效目标也具有多重性，甚至有时候各具体绩效目标之间存在一定的矛盾，相互掣肘，这也是导致政府绩效目标难以实现的原因之一。政府管理是指政府将自己能够自主支配的资源、外部可利用资源通过政府的组织结构、机制以及能获得和利用的信息，实现政府高效管理目标的系列体制机制的总和。当然，中国与西方国家国情差异显著，中国提升政府绩效的“政府管理”主要是通过政府系统内部自上而下的权威推动、广泛动员、资源配置、层级管理。这种行为具有明显的主动性。具体而言，中国政府绩效管理就是通过建立绩效目标、收集绩效信息、得到绩效评价，以此来分配并优

1 Michael Armstrong. Performance Management[M]. London: Kogan Page Limited, 1994.

化资源配置，进而改进政府管理并实现管理目标。政府绩效管理有多个重要步骤，包括部门绩效的战略规划、年度绩效计划、持续性绩效管理、绩效评估、报告和信息利用等，是针对政府履行职能、完成工作任务、实现政府目标和对其效果进行的综合性评价、控制与改进过程，是与政府人力资源管理、战略管理等相对的管理活动。

政府绩效管理的内容，包括绩效管理的制度体系、组织机构、目标体系、管理流程四部分。一是绩效管理制度体系，包括基础制度本身以及绩效评价指标体系两类。这是保证组织绩效管理顺利推进、评价结果客观公正的前提条件，也是对个体进行评价的依据。规范、良好的绩效管理制度体系能推进组织目标的实现，也能提高组织的凝聚力。二是绩效管理组织机构。绩效管理制度体系构建后，需要强有力的组织来推动有关政策与制度的落实。绩效管理组织机构一般包括组织最高层级的领导机构、各部门或系统成立的绩效管理推进小组、人力资源部门主导的绩效管理小组等。三是绩效管理目标体系。制定明确的绩效目标体系是保证组织朝着正确方向前进的行动指南，而组织绩效目标大体上可以分为战略目标与部门目标。绩效目标的设定依据是组织或部门的职能目标，而绩效目标也规定了组织或部门活动的方向与强度。四是绩效管理流程。绩效管理流程是一个完整的系统，由绩效计划、绩效管理、绩效评估、绩效反馈和绩效改进五个环节构成。对绩效的过程管理，能够有机地结合日常管理，保证了组织战略目标的实现。

精准扶贫是典型的政府绩效管理过程。在实际扶贫工作中，信息的不对称往往导致绩效管理不力，制约了决策的优化与效率的提高。目标与计划、监督与实施、反馈与激励、考核与评价是精准扶贫绩效管理的重要环节，各环节相互联系、相互促进。在每一个环节中，只有掌握真实、具体的执行情况，避免或减轻信息不对称，才能对措施的合理性以及扶贫的进展进行精确管理，以实现脱贫攻坚目标。这就需要对精准扶贫工作进行科学规划、及时沟通、严格执行和有效监控。政府绩效管理与信息化的结合为精准扶贫提供了有效的运行保障，为科学评价扶贫绩效创造了条件，有利于精准把控扶贫的每个环节，以数据赋能助推绩效管理提质增效。

（六）系统科学理论

系统科学理论是新兴的科学方法论，包括系统论、控制论、信息论。[1] 从系统科学的视角来看，精准扶贫是一个多因素、多层次、多维度的复杂系统，需要把它作为整体进行分析研究，统筹全局，立足整体，探寻其中的演化规律。这种思维方式为精准扶信息化管理路径的优化提供了重要方向。

20 世纪初奥地利生物学家贝塔朗菲（L.von Bertalanffy）提出了“机体论”思想，[2] 同时期的英国军事部门学者提出了“运筹学”思想，开启了系统工程理论的研究。此后，美国贝尔电话公司等单位开始将系统工程理论应用于实践，学者们对系统工程的研究成果也逐渐丰富起来。

1 叶立国 . 系统科学理论体系的理性重建——“内外融合的非线性立体结构”[J]. 系统科学学报 , 2020, 28(1): 6-11.

2 冯·贝塔朗菲 . 一般系统论 : 基础、发展和应用 [M]. 北京 : 清华大学出版社 , 1987.

20世纪70年代到80年代，系统科学理论已经广泛地应用于经济、政治、军事等领域，且效果明显。

系统科学是专门研究系统的结构与功能关系、演化和调控规律的科学，以发现系统中某些共性特征及其运动规律为目标，进而推动系统的优化和完善，为经济社会决策提供科学依据。系统科学理论具有系统性、动态性与开放性特点，其中系统性是系统科学理论体系的首要特点，进一步表现为整体性、层次性，即指系统科学理论体系中的子系统是一个有机整体，但也包含若干个层次。动态性是指系统始终处于动态演化中，虽然其宏观结构似乎很稳定，但是微观结构却是永恒变动的，而且内部要素与外部环境也一直处于动态相互作用中。开放性是系统发展与完善的基础，系统具有不断地与外部环境进行能量、物质和信息交换的性质和功能，系统向环境开放是系统得以向上发展的前提，也是系统得以稳定存在的条件。

系统论是研究系统的结构、特点、行为、动态、原则、规律以及系统间的联系，并对系统功能进行数学描述的新兴学科。系统论认为，系统中不存在与其他要素无关的孤立要素，所有要素都相互依存，彼此作用，形成制约。在内部，这些要素相互作用，形成一定的体系结构；在外部，这些要素所构成的整体与环境相互联系，表现出一定的功能。要素—结构—系统—功能—环境构成了系统五位一体的关系。[1] 基于此，将系统论应用到精准扶贫的具体分析中，就需要把精准扶贫工作作为一个整体，把握当前中国农村贫困状况，全面系统地分析造成贫困的因素，

1　范冬萍，张华夏．复杂系统的目的性与深层生态伦理 [J]. 学术研究，2003(7): 44-49.

并有针对性地提出具体的解决方案。把解决方案嵌入信息管理系统中，就要求在它的内部聚合扶贫主体、客体、资金、项目等要素，各要素之间形成有机联系的内部结构；同时，这些要素还应向外部开放，使内部和外部信息进行交互，形成一个有机的整体。

控制论是研究各类系统的调节和控制规律的科学。控制论把研究的事物或系统与其他事物的联系概括为“输入”和“输出”，即外界对系统的影响和系统对外界的影响。其中，整分合和反馈在整个控制系统中具有重要作用。[1]整分合原理是控制论的重要内容，是指开展管理活动时，首先，把管理对象置于环境之中，从整体上把握管理的对象、功能和目标；其次，将这个整体科学地分解为各个局部，实施合理分工，明确各个局部的功能；最后，从整体上进行协调和有效综合，以实现总的目标。把整分合原理应用到精准扶贫工作中，就要先确立扶贫的整体目标，然后进行系统分解，再系统综合。

信息反馈是控制论极其重要的内容。反馈原理是指开展管理活动时要注重管理对象对控制系统输出信息的响应，要及时地根据这些响应来调整控制方向，从而保持对象系统的稳定性及目标的一致性。[2]应用反馈原理，除了可以及时纠正工作中的偏差，还可以通过低成本的监督实现激励与约束。在实施精准扶贫工作中，采用信息管理系统，扶贫主管部门、扶贫工作人员、扶贫对象等主客体之间可以做到信息实时反馈，扶贫工作偏离预期的目标时，通过信息流的快速流动，迅速进行调整，

1 许国志 . 系统科学 [M]. 上海 : 上海科技教育出版社 , 2000.

2 魏宏森 , 曾国屏 . 系统论——系统科学哲学 [M]. 北京 : 清华大学出版社 , 1995: 302.

保证目标的一致性和有效性。通过信息管理系统的直达机制，监督的成本得以降低，资源配置效率和扶贫绩效得到有效提高。

信息论是将通信技术、概率论、随机过程、数理统计等学科结合起来，逐步发展而形成的一门新兴学科，是研究信息的产生、获取、变换、传输、存储、处理、识别及利用的科学。它的成果为人们广泛而有效地利用信息提供了基本技术方法和必要的理论基础。信息是信息论的核心支撑，是信息技术发挥价值的源泉。[1] 没有信息，再先进的系统也无法发挥作用。信息论认为，任何信息的产生都是主客体相互作用的结果，没有这种相互作用，信息就不可能生成，而所有的系统是一个进行信息变换和信息处理的机构。在精准扶贫工作中，信息是信息化管理的基石，信息论是重要的理论基础。政府作为提供扶贫资源的主体，需要围绕“六个精准”开展数据挖掘与智能应用，构建相关信息系统和平台，以实现对贫困地区、贫困户相关数据的全面采集、处理、集成、分析与应用，为精准扶贫提供大数据支持。在这个过程中，信息的价值得到了充分体现。

在实施精准扶贫方略的过程中，如仅仅从局部和微观层面来考虑问题，就会影响扶贫工作的整体进程。而系统论、控制论和信息论为管理者提供了系统化、整体化与最优化的科学方法，这对精准扶贫信息化管理具有重要的理论与实践意义。因此，将“三论”贯穿于扶贫工作的实践中，从系统和整体的角度，探讨出扶贫工作的复杂性质和演化规律，形成系统性的信息化管理模式，可以为精准扶贫信息化管理工作提供系

1 文庭孝，侯经川，汪全莉，刘晓英．论信息概念的演变及其对信息科学发展的影响——从本体论到信息论再到博弈论 [J]. 情报理论与实践，2009, 32(3): 10-15.

统科学的理论支撑。

（七）动力心理学理论

扶贫不扶志，扶贫的根本目的就难以实现，贫困群众仍可能再度返贫。习近平同志早在20世纪80年代就指出：“弱鸟可望先飞，至贫可能先富，但能否实现‘先飞’、‘先富’，首先要看我们头脑里有无这种意识。”[1]由此，扶贫要同扶志结合起来，培育和激发贫困群众脱贫内生动力。

动力心理学致力于从动力或动机的角度理解个体行为，从而获得对“意识”与“行为”及其相互关系的较为科学的解释，构建了关于个体心理活动和行为表现因果机制的心理学理论。动力心理学广义上涵盖多种涉及行为动机问题研究的心理学体系，包括威廉·麦独孤（William McDougall）的策动心理学、弗洛伊德（Sigmund Freud）的精神分析理论、勒温（Kurt Lewin）的拓扑心理学、马斯洛（Abraham Harold Maslow）的人本主义心理学以及伍德沃斯（Robert Sessions Woodworth）的动力心理学。麦独孤的策动心理学将本能视为人类活动最首要的直接或间接动力，[2]构建了一套以遗传本能、情绪以及后天情操为基础的人类社会行为学说体系。弗洛伊德精神分析理论认为行为动机源于内

---

1 习近平 . 摆脱贫困 [M]. 福州 : 福建人民出版社 , 1992.

2 郭永玉 . 麦独孤策动心理学的贡献 [J]. 华中师范大学学报 (人文社会科学版), 2002(5): 69-74.

在驱力和冲动，并将人类行为的根本原因归结为童年经历的长期影响。[1] 勒温的拓扑心理学采用拓扑学及向量学的表述形式，将行为表示为人和环境的函数。马斯洛人本主义心理学认为行为动机是由多种不同性质和层次的需要构成的，这些需要包括生理、安全、社交、尊重和自我实现五个层次，共同成为激励和指引个体行为的力量。[2]

狭义上，动力心理学一般专指伍德沃斯的动力心理学思想，他首次使用动力心理学这一名词，并于 1918 年出版专著《动力心理学》[3]，正式建立了动力心理学理论体系。伍德沃斯致力于阐释人类行为的发生机制，提出动力心理学的两个基本问题是“机制”（mechanism）问题和“驱力”（drive）问题，并以此解释个体的一切活动。其中，“机制问题涉及我们如何做一件事情，而驱力问题涉及诱导我们做这件事的是什么”[4]。驱力能够激发个体产生某种指向特定目标的行为，使个体行为维持一定的时间并调节行为的方向和强度。[5] 因此，伍德沃斯认为驱力是决定个体行为的内在动力。伍德沃斯的动力心理学理论可以概括为如下三个方面的内容。

第一，人类自身与生俱来包含驱力和有待被驱动的机制。“成年人的动机是由来自其本性中固有的原初动力通过连续遗传过程演化而

1 泰勒，佩普劳，希尔斯．社会心理学（第十版）[M]. 谢晓非，等译．北京：北京大学出版社，2004.

2 彭聃龄．普通心理学 [M]. 北京：北京师范大学出版集团，2003: 329-330.

3 Woodworth R S. Dynamic Psychology[M]. New York City: Columbia University Press, 1918.

4 罗伯特·伍德沃斯．动力心理学 [M]. 高申春，高冰莲，译．北京：中国人民大学出版社，2017: 37.

5 林崇德，杨治良，黄希庭．心理学大辞典 [M]. 上海：上海教育出版社，2003.

来。”[1]天生能力是驱力的来源之一，而天生的能力是由进化过程中逐渐形成并经过遗传机制固定下来的无须刻意学习的行为模式。

第二，驱力和机制能够通过后天的习得能力获得。个体行为并不总是由天生能力驱动。在伍德沃斯看来，人类的习得能力是一系列复合行为的集成，通过学习的过程而被整合起来并作为整体得到使用。伍德沃斯强调，人类在克服困难过程中所形成的获得新机制的能力，同时也是获得新驱力的能力。这里的新机制即指克服困难的有效方法和路径。“对于人类活动而言，一个基本的原则是，我们一方面有志于克服困难，另一方面又对取得成功的事情怀有兴趣。”[2]只要克服困难的方法和路径还未达到完全成熟，这种探求方法的艰难过程以及处理问题的兴趣就会一直成为驱动个人的力量。

第三，社会大众的行动趋势所形成的社会力量可以激发个体行为的驱力。“个体的某些行动趋势直接地与其他人相关，而他的这些行动趋势，如果不以其他人的行动作为刺激因素，则是不会被唤起的。”[3]这种个体驱力被大众群体行动趋势唤醒的效果，是可以通过模仿（imitation）和诱导（induction）来实现的。通过对某些方面取得成就而具有声望的个体的模仿，行为、信念、情绪、目的能够传播至整个群体并对个体成员产生影响。模仿并不总是即时的，还可能是经历一定时间间隔之后才发生的。此外，个人“包含朝着共同目标的一种驱力以及

1 罗伯特·伍德沃斯．动力心理学 [M]. 高申春，高冰莲，译．北京：中国人民大学出版社，2017: 62.

2 罗伯特·伍德沃斯．动力心理学 [M]. 高申春，高冰莲，译．北京：中国人民大学出版社，2017: 102.

3 罗伯特·伍德沃斯．动力心理学 [M]. 高申春，高冰莲，译．北京：中国人民大学出版社，2017: 161.

对联合行动的兴趣的觉醒”[1]，因此，个人也会主动受到大众群体压倒性力量的诱导，与其他人朝着共同的目标前行。

动力心理学提出的个体行为由强大内部力量驱使的观点，为激发贫困群众脱贫内生动力提供了坚实的理论基础。[2]中国扶贫语境下的“内生动力”，不等同于西方心理学语境中自我决定理论所指的“内在动机”。中国情境中的脱贫是由中央政府主导，基于集体力量和智慧的一种自上而下的减贫行为，故而脱贫内生动力是一个中国化的概念。中国扶贫情境中的“内生动力”是在核心价值观的指引下，自我通过个人奋斗追求脱贫目标的行为倾向。[3]借助信息化手段，探索具有中国特色的精准扶贫内生动力激发机制，为从深层次激发脱贫内生动力创造条件，这也是本书提出的“5+2”模式需要重点突破的领域。

1 罗伯特·伍德沃斯．动力心理学 [M]. 高申春，高冰莲，译．北京：中国人民大学出版社，2017: 172.

2 侯红霞．动力心理学视角下激发贫困群众内生动力研究 [J]. 学术探索，2020(12): 86-91.

3 傅若云，傅安国．脱贫内生动力：一个中国化的心理学概念 [N]. 中国社会科学报，2020-02-14(003).

三、点亮火花

可复制推广的减贫信息化管理模式

解决贫困问题，是世界各国致力研究的重要课题。国内外学者结合不同学科、运用不同方法进行研究，取得了一些成果。有学者还从不同角度阐释了减贫领域存在的问题，提出精准扶贫与信息化管理相结合的设想。总结分析国内外相关研究及经典理论，带来如下启示。

第一，需要提升精准扶贫信息化管理理论研究水平。2020 年，我国如期完成了新时代脱贫攻坚目标任务，走出了一条中国特色减贫道路。在打赢脱贫攻坚战的过程中，互联网、大数据等信息技术被应用于精准扶贫管理，并发挥了重要作用。在总结精准扶贫的成果时，学者多侧重于研究精准扶贫存在的问题及其原因、路径对策和个案分析等内容，视角也多以实证方法来分析微观的具体问题，而对精准扶贫的理论探索相对较少，尤其是将精准扶贫理论与信息化管理相结合的研究成果更不多见。

究其原因，与其他国家的减贫工作相比，我国精准扶贫信息化管理具有鲜明的中国特色。精准扶贫信息化管理作为一项新的实践探索，国内外并无先例可循。由于对精准扶贫信息化管理的理论研究不足，系统和平台内部的关联性和逻辑性不够严密甚至可能存在缺失，依据理论框架构建的系统和平台较少，相关学术研究成果也不多，存在理论研究与实践工作“两层皮”现象。在新兴信息技术快速发展和广泛应用的时代背景下，总结我国精准扶贫信息化管理经验，进行理论上的概括和提炼，并进一步探索其在减贫领域的应用和发展，具有重要意义。

第二，需要加强将精准扶贫信息化管理成果应用于乡村振兴领域。2020 年 3 月，习近平总书记在决战决胜脱贫攻坚座谈会上强调：“接续推进全面脱贫与乡村振兴有效衔接。脱贫摘帽不是终点，而是新生活、新奋斗的起点。”2021 年“三农”工作重心转向全面推进乡村振兴，这是否意味着精准扶贫信息管理系统失去了应用场景？其成果是否可以延伸应用到乡村振兴领域？已有学者敏锐地察觉到精准扶贫与乡村振兴战略之间的关联性，并且认为这是下一步的研究热点，但将精准扶贫信息化管理成果应用于乡村振兴的相关研究却鲜见。

“乡村兴则国家兴”，乡村振兴战略是中共十九大提出的一项重大战略，建设数字乡村是乡村振兴的重要内容。相对于脱贫攻坚，乡村振兴的发展要求更高、覆盖面更广、受益人口更多，这就要求更有效的组织与制度体系、更高效的信息传递机制，也更加需要先进的信息技术和信息化管理的支持。由于精准扶贫与乡村振兴有诸多共同点与连接点，因此，总结精准扶贫信息化管理的成果，拓展应用场景，并将其延伸应用于乡村振兴领域，有着积极的现实意义。

第三，需要探讨将精准扶贫信息化管理经验应用于国际减贫事业。当今世界信息化进程加快，信息化已深深融入减贫各领域，信息化管理为破解人类减贫的精准性问题提供了有效路径。我国在实施精准扶贫方略的过程中广泛应用了信息化管理，所发挥的作用已得到广泛认可。我国政府承诺向世界各国分享扶贫脱贫的经验。精准扶贫信息化管理就是其重要内容之一。

当前，一些发展中国家依然存在绝对贫困人口，在解决绝对贫困问题的过程中，也有借鉴他国减贫信息化管理经验的需求。但是，具有鲜明中国特色的精准扶贫信息管理系统和平台可能不具有普遍适用性，究其原因，发展中国家的经济发展水平、组织与制度保障、信息技术发展与应用等领域，与中国存在较大差异，难以直接复制中国的具体做法。因此，亟须对我国精准扶贫信息化管理所蕴含的科学方法进行梳理和提炼，进而提出具有创新性、可复制推广的减贫信息化管理模式，为全球减贫事业贡献智慧。

POVERTY REDUCTION

A "5+2" MODEL OF INFORMATION MANAGEMENT

第三章

“5+2”模式的内涵、机制和特征

“5+2”模式中五个基本要素和两个重点要素是“面”与“点”的关系，是普遍性与特殊性的有机统一，通过“面”与“点”的结合，诠释了减贫信息化管理的“纲”和“目”。

本书的核心内容——减贫信息化管理“5+2”模式，是以习近平总书记关于扶贫工作的重要论述为指导，在总结精准扶贫信息化管理实践经验和汲取有关理论成果的基础上提出的。“5+2”模式源于精准扶贫，是对精准扶贫信息化管理的理论创新。要理解“5+2”模式的内涵、机制和特征，就要将其置于精准扶贫的场景中进行剖析。

一、点面结合

“5+2”模式的内涵

“5+2”模式是为实现减贫效率最优化而提出的一种信息化管理方式。它是在总结精准扶贫信息化管理经验的基础上，将信息技术与贫困治理实践有机结合，以“创新、协调、绿色、开放、共享”新发展理念为引领，以消除贫困、促进共同富裕为目标构建的减贫信息化管理模式。

“5+2”模式将减贫信息化管理表述为五个基本要素和两个重点要素构成的过程，其中五个基本要素为内部信息管理、外部信息管理、执行信息管理、信息媒介管理、信息协同管理。内部信息管理主要面向政府内部，支持扶贫主管部门的决策与管理实践；外部信息管理主要面向社会公众，支持扶贫资源供求信息的有效匹配；执行信息管理主要面向执行层，对扶贫过程进行管理、监督和考核；信息媒介管理主要通过汇聚不同媒介、不同对象的信息，让信息提交从“被动”走向“主动”，扩大信息采集的覆盖面，便捷高效地获取、处理更多有价值的扶贫信息；信息协同管理主要是为了加强政府部门之间的信息协同，以实现多个信息源在规定的时间和空间内有序流转，推动信息资源的共建共享和高效利用。

两个重点要素为致贫主要因素信息管理和脱贫内生动力信息管理，主要针对精准扶贫的痛点和难点，强化源头分析、综合研判、分类治理，注重破解根源性问题，以实现可持续发展。五个基本要素和两个重点要素是“面”与“点”的关系，是普遍性与特殊性的有机统一，在整体把握的基础上进行重点突破。

从“5+2”模式的架构来看，七个要素构成了一个“减贫三角形”（如图 3-1 所示），其着眼点在于保持管理模式的稳定性和持续性。由

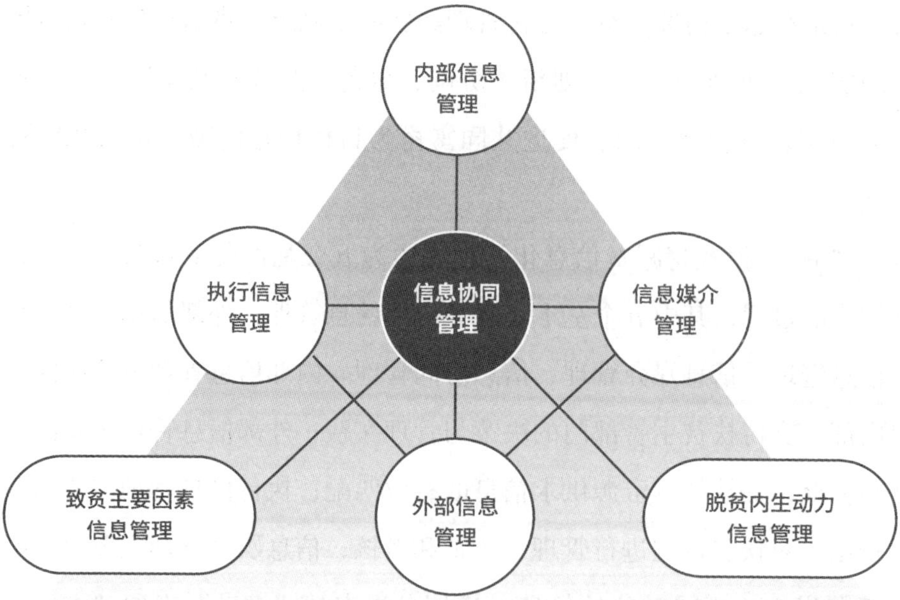

图 3-1 “5+2”模式“减贫三角形”模型架构图

于减贫是典型的政府主导的公共管理行为，政府减贫的公共管理模式只有保持相对的稳定性和持续性，才能为减贫可持续发展提供有效的支持。而三角形在各类图形中以其稳定性著称，有着稳固、坚定、耐压的特点，这在“5+2”模式的模型架构中得到了鲜明体现。在“5+2”模式中，七个要素分布在三角形的主要节点上，它以内部信息管理为顶点，以信息协同管理为中心，致贫主要因素信息管理、脱贫内生动力信息管理各自占据“减贫三角形”底部的一个角，犹如一左一右两个“驱动轮”，为“5+2”模式提供不竭的前行动力。这种架构契合了减贫管理对稳定性、可持续性的需求，形象地展示了减贫信息化管理的过程和方式，划分了管理维度，明确了关键点，同时还阐明了“5+2”模式的七个要素相互作用、协同配合的内在机制。

减贫信息化管理源于精准扶贫，因此本书把“5+2”模式置于精准扶贫的场景中，阐述其内涵、机制和特征，旨在为人们理解减贫信息化管理的过程和方式提供具体的出发点。

（一）内部信息管理

内部信息是指政府、企业、社会组织等各单位在公务活动和内部管理中，未对外披露的、为保持管理活动的一致性和有效性而在内部传输的信息，主要包括下行信息、上行信息、沟通信息等。鉴于政府在扶贫工作中的主导作用，本书从政府的角度来阐释内部信息管理的要义。

内部信息是政府信息工作的基石。政府内部信息包括国家秘密、内部事务信息、过程性信息、决策信息等。机密的政府内部信息直接关系到国家安全和社会稳定，只允许在一定的范围或特定的信息体系中传递，具有管理层次多、结构复杂、安全要求高等特点。政府内部信息管理，是以提升政府的内部信息管控能力为目标，通过信息集成与标准化，将信息纵向贯通上下各级，横向连接政府的有关部门，提高信息利用率的动态过程。由于数据壁垒等原因，政府各职能部门之间信息关联共享困难，即使部门之间存在信息接口，一般也仅限于数据的交换。因此，政府内部信息管理需要进行集成化安排，从信息治理现代化的全局出发进行顶层设计、合理架构，将所有业务单元视作内部子系统，依照业务流程，规划信息在各个子系统之间的流转，增强内部信息的集成性，避免出现“信息死角”。

政府部门是精准扶贫工作的决策和执行主体，也是内部信息管理的责任主体。由于扶贫工作跨行业、跨地区，涉及多个方面，信息错综复杂，如果没有统一、共享的内部信息管控机制，就无法让信息在政府的各部门之间有序流转，容易导致决策失误。因此，采取信息技术手段，加强政府内部信息的统一管理，已成为迫切需要。“5+2”模式的内部信息管理正是为解决这些问题而提出的。

“5+2”模式通过内部信息管理，构建了紧密联系、相互协调的内部管理体系，助力解决精准扶贫工作中面临的决策难、管理难、效率低等问题。基于此建设的“内网”，既是政府内部的“资料库”，又是信息处理的“流水线”，还是政府科学决策的“操作台”。

（二）外部信息管理

外部信息与内部信息相对应，是指政府内部信息以外，反映外部环境变化的信息，主要来源是“取之于民、用之于民”的社会信息。相对于政府内部信息的保密属性，外部信息主要面向社会公众，具有明显的开放、共享和互动特征。

在现代国家治理体系中，保持外部信息流动既是保障公民知情权、参与权、监督权的必然要求，也是政府提高公共服务质量的客观要求。随着多来源、多模态大数据的深度融合，信息的时空维度被极度压缩，政府与公众的信息互动得到极大促进，政府主导、公众参与、多元协同、高效治理的新格局日益凸显。政府信息开放（即将一部分政府内部信息依法依规向社会公开）既可以增强政府透明度，释放数据的社会和经济价值，使公民有更多机会参与公共事务，进一步帮助改善政府提供的公共服务质量，提升社会治理能力，也可以正确引导社会信息，形成良性互动。因此，政府信息资源的开放既是提升政务服务水平、优化营商环境的重要前提，也是推动国家治理走向现代化的必然趋势。

外部信息的产生是开放随机的过程，所收集到的外部信息质量良莠不齐，有的难以准确识别真实度，在互联网与自媒体的传播下，会对社会形成巨大的舆情，对社会大众的情绪产生明显影响。而这种由大量外部信息形成的舆情尤其是负面舆情，会对政府决策产生直接联动效应，使政府不得不作出回应。因此，在互联网条件下，政府如何有效管理外部信息变得更加重要而紧迫。

打赢脱贫攻坚战仅依靠政府投入还不够，需要广泛有效地动员和凝聚各方力量，整合社会、市场的多层次扶贫资源，形成跨地区、跨部门、全社会共同参与的社会扶贫体系。在这种情况下，扶贫供给和需求的信息往往是海量的，信息不对称极易造成需求和供给匹配不当，导致资源错配甚至浪费，挫伤资源供给者的积极性，不利于政府对外部资源的整合和利用。

“5+2”模式提出的外部信息管理，旨在提升扶贫资源配置的透明度和效率，通过搭建信息“外网”，运用信息技术实现帮扶需求与社会援助信息的高效对接，营造人人愿为、人人可为、人人能为的社会帮扶氛围。扶贫对象依托“外网”发布需求，社会力量利用“外网”提供支援，线上自助交互实现“需求”与“供给”的信息匹配，提升社会扶贫的参与度和贫困治理的开放度；政府通过“外网”对扶贫对象、扶贫资金和扶贫项目等进行动态监测和管理，让社会公众了解、参与、支持和监督扶贫工作，使扶贫资金在阳光下运行。

（三）执行信息管理

执行信息是为实现某种决策目标所产生的信息。执行信息管理是指借助信息化手段来提高执行力，对执行过程可控可管，对低效的业务流程进行优化处理，实现人员、流程、资源、技术的最佳整合，从而把决策目标转化为现实结果。

作为“国家行动”的扶贫，从公共管理的角度看，是一项典型的政府公共管理活动。政府要取得预期目标，离不开有效的执行管理。执行管理主要是对执行过程和结果进行客观评价和调整。正确评价执行的成效、过程，需要有客观的衡量标准和全面的执行信息。一般来说，获得准确、全面的执行信息并不容易。如果上级管理机关只拥有执行人提供的信息，就很难保证做出的评价客观公正。可见，科学的执行管理需要具有多维度的执行信息，尤其是执行信息的纵向与横向的无障碍流动与即时互动。在此方面，信息化管理可以提供有力支持。执行信息管理如图 3-2 所示。

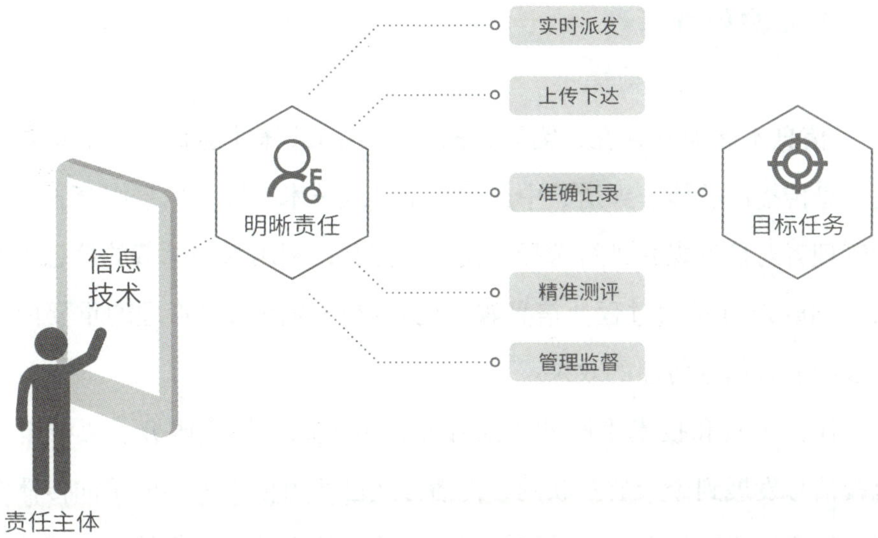

图 3-2 执行信息管理示意图

在脱贫攻坚战中，加强执行层的管理是实现战略目标的重要保障。基层干部和扶贫干部是扶贫决策的具体执行者，也是脱贫攻坚前沿阵地的第一责任主体。他们的执行力高低将直接影响精准扶贫成效，是打赢脱贫攻坚战的有力“武器”。敦促基层干部和扶贫干部提高执行效率，推进脱贫进程，需要借助信息化手段进行科学的执行管理，确保目标任务如期完成。“5+2”模式通过执行信息管理，将信息技术运用到精准扶贫的场景中，把主要的执行环节集成起来进行有效管理，实现任务实时派发、信息高效传达、过程准确记录、绩效精准测评，以减少对执行成效评价的人为干扰，优化执行管理，助力脱贫攻坚。

（四）信息媒介管理

信息不能独立存在，需要依附于一定的载体才能传播。信息媒介是信息传播的载体、渠道、中介物、工具或技术手段。信息媒介管理是指管理者对信息媒介进行选择、使用和控制，利用媒介承载的信息资源来达到既定目标的过程。信息媒介的选择作为信息化管理的重要内容，直接影响着信息传递的效果。

作为工具和技术手段的传播媒介，由早期的纸质媒介、无线电波、电视信号发展到今天的互联网，传播方式已经由依靠人力的单向传播发展为依靠互联网的多向互动传播。信息传播技术的发展直接影响着信息传递的效果。在移动互联网时代，互联网使媒介的时空重组功效发挥得更为充分，机器和人的界限日益模糊，改变了传播工具的传统意涵。信息传播的技术更加先进，方式更为多变，成本更加低廉，不断满足人们在不同传播场景中对信息的传递速度、密度及准确度等多方面的需要。媒介内容生产的自动化、互动通信的瞬时化皆延伸了社会互动，尤其是短视频传播平台出现后，社会大众对信息传播的参与度得到提高，公众生活更加丰富。

信息媒介的革新不仅丰富着公众的生活，而且推动着政府公共管理和服务模式的变革，促进了公共服务供给效率和质量的提升。移动智能终端，是互联网与通信技术相融合的产物，是用户在移动过程中使用的便携式设备，可以接入互联网，并使用各类配套开发的移动应用软件来进行信息的输入与输出。在多元化的传播媒介当中，移动智能终端及相关技术显示出了巨大的潜力。这一传播媒介具有移动性、便携性、准确性与个性化等特点，其技术及配套服务的成熟发展，使人们能够突破时间与空间的限制进行信息传递，也催生了更为方便快捷的移动政务。移动智能终端为移动政务“随时随地”提供公共服务、扩展政府职能、提高政府服务质量与效率创造了良好的技术基础。

在精准扶贫工作中，“精”和“准”是扶贫数据有效传递的前提。脱贫攻坚时间紧、任务重，需要及时公开扶贫政策、及时发布帮扶需求、及时配置扶贫资源。这对信息采集、反馈的速度提出了较高要求。贫困地区一般地处偏僻，山高路远，仅依靠基层干部和扶贫干部阶段性地走村入户、手工填写纸质报表的信息采集方式，已不能适应扶贫信息的动态变化，需要借助现代媒介工具进行信息采集和处理，以满足扶贫数据传递“精”“准”“快”的要求。基层干部和扶贫干部通过应用移动智能终端可以突破时间和空间限制，随时随地录入扶贫数据、查看扶贫对象信息、动态调整扶贫方案，提升数据处理与分析效率。同时，通过在扶贫对象中推广应用移动智能终端，可以进一步拓宽信息采集的渠道。

“5+2”模式信息媒介管理的要义，就是通过对不同传播媒介的综合运用来寻求和获取信息，让信息在管理者和被管理者之间进行有效交互，满足不同利益相关者对信息的需求，达到对信息媒介管理的最佳效果。在“5+2”模式下，扶贫信息的传播过程是双向性的，扶贫干部、扶贫对象、社会公众等多元角色既是信息的采集对象，也是信息的使用者，平等参与、共享、个性化成为主要特征，形成一种良性循环状态。

（五）信息协同管理

协同是指各主体为完成共同的目标而进行协作，且成果大于个体贡献总和的群体行为。协同过程中需要各要素协调与相互作用，其中信息协同是关键。信息协同管理是主体之间通过有序的分工与协作，共享与利用政府、社会、市场等各类信息资源，目标在于通过管理提高信息价值、获得协同最佳效应。

在信息协同管理的行为过程中，良好的信息共享可以有效提升信息利用价值，获取显著的协同效应。信息协同管理行为过程一般涵盖需求产生、查询与获取、共享和价值实现等。实践中，各主体通过对信息的需求、传递、交换、共享和利用等环节，将分散的信息资源进行集成、整合和管理，能进一步提高信息协同效率。随着互联网的快速发展，政府跨部门信息资源共享已成为社会发展的必然趋势，信息和信息产品在不同层级、不同部门间的交流与共享，有利于提高资源配置效率和信息使用价值，推动政府部门降本增效，提供更高质量的社会公共服务。

然而，精准扶贫涉及扶贫对象、基层干部和扶贫干部等多元主体，涵盖不同层级、多个部门和多种社会力量，由于“信息孤岛”、数据壁垒等问题的广泛存在，增加了扶贫部门对扶贫信息管理和应用的难度，不仅表现在管理内容复杂，而且表现在扶贫信息资源整合共享困难等方面。形成“信息孤岛”、数据壁垒的原因复杂，既有客观方面的技术性因素，也有各部门工作人员的主观因素。例如，缺少统一的信息采集和处理标准，数据格式不一，数据清洗方法多样，导致数据信息难以共享或对接。又如，缺乏完善的协同管理机制，政府各部门出于信息安全和隐私保护的考虑，对交换、共享数据持谨慎态度。实践中，信息共享、数据对接的困境成为影响精准扶贫精准性的重要因素。因此，信息协同管理是精准扶贫信息化管理中的重要一环。

“5+2”模式的信息协同管理旨在打破各部门之间的数据壁垒，推进数据信息集约化管理，实现扶贫数据多级统一、互联互通，促进相关部门的业务协同，满足多层级管理需求，实现“1+1>2”的效果。

（六）致贫主要因素信息管理

贫困问题具有多样性和复杂性，致贫因素也呈现差异化和多元化特征，准确分析致贫因素是精准扶贫的前提和基础。在对致贫因素的管理中，如果不分主次，胡子眉毛一把抓，必然会降低工作效率，增加扶贫成本。致贫主要因素信息管理是利用信息技术，分清扶贫工作中的重点与一般，有区别地进行分类管理，聚焦致贫主要因素，集中扶贫资源进行破解，以达到事半功倍的效果。

相关数据显示，疾病是致贫返贫的主要因素之一。世界银行和世界卫生组织发布的《全民健康覆盖情况追踪：2017 年全球监测报告》显示，世界上有一半左右的人口缺乏基本医疗服务，1 亿人因病致贫。[1] 国务院扶贫办摸底调查数据显示，我国因病致贫返贫人口占总贫困人口比例从 2013 年的 42.2% 增长至 2015 年的 44.1%。2017 年我国因病致贫返贫户为 388.2 万户。[2] 解决因病致贫返贫问题是打赢脱贫攻坚战的难中之难。因此，运用信息技术提升因病致贫返贫管理能力具有积极意义。

在精准扶贫的场景下，“5+2”模式将因病致贫返贫作为主要致贫因素进行信息管理，通过大数据技术对相关信息进行收集、分析和监测预警，帮助政府将有限的扶贫资源更精准地投向因病致贫返贫的贫困群体，靶向根治脱贫攻坚的重点和难点。相对于一般意义的医疗信息管理，致贫主要因素信息管理不仅是信息技术在人口健康、医疗扶贫中的具体运用，还强调对扶贫资源有区别地进行分类管理。

随着政治、经济、社会的发展，在不同的减贫场景下，致贫因素可能会发生变化，原有的致贫因素或许会消失，有的则由次要因素上升为主要因素，与此同时，新的致贫因素不断产生。因此，“5+2”模式的致贫主要因素信息管理强调的是一种管理理念，不固化于“因病致贫返贫”或某一致贫因素，信息管理的重点随着致贫主要因素的

1 World Health Organization, World Bank. Tracking Universal Health Coverage: First Global Monitoring Report[R]. Geneva: World Health Organization, 2017: 6-7.

2 国家统计局 . 中国农村贫困监测报告 [M]. 北京 : 中国统计出版社 , 2017.

变化而转变。

（七）脱贫内生动力信息管理

内生动力源于自我发展、自我完善、自我实现和自我超越的心理需求和内在力量。脱贫内生动力是指贫困人口在脱贫的过程中不依赖救济等外部因素而自身谋求发展的活力，包含一种积极、主动、创造的思想精神。脱贫内生动力信息管理是对激发贫困人口内生动力转化为脱贫行动进行的信息化介入，是推动贫困群众自身积极脱贫的一种信息管理方式。内生动力属于心理活动范畴，看不见摸不着，从信息管理的角度看难以量化。因此，相对于“5+2”模式的其他六个要素，脱贫内生动力信息管理情况更复杂，管理难度更大。

脱贫不仅要借助外力，更要激发内力，才能形成合力。政府与社会的帮扶是脱贫的重要外部条件，而贫困人口自身的内生发展动力是更关键的因素。少数贫困人口存在“等靠要”的依赖思想，缺乏脱贫内生动力，这是难以攻克的堡垒，也是巩固拓展脱贫攻坚成果面临的难点问题。少数贫困人口内生动力不足的主要症结点在于脱贫行动中积极性不足、外在帮扶与贫困群众最迫切需求不符、外在帮扶难以转化成自我发展能力等。

要激发贫困人口脱贫内生动力，就要提高就业能力。习近平总书记指出：“一人就业，全家脱贫，增加就业是最有效最直接的脱贫方式。长期坚持还可以有效解决贫困代际传递问题。”一般来说，贫困人口就业难有两类，一是外源型就业难，原因主要在于自然资源匮乏、信息渠道闭塞、交通运输不畅、公共服务不均衡等外部因素；二是内源型就业难，原因主要在于贫困群众受教育水平较低、缺乏劳动技能等内在因素。外源型就业难一般可以通过由政府与社会提供必要的就业条件来解决，而解决内源型就业难题的关键，是提升贫困人口的就业能力与就业脱贫的意愿。

"5+2"模式将提升贫困人口的就业能力作为脱贫内生动力信息管理的重点，针对具有劳动能力的贫困人口，以就业脱贫为应用场景，运用信息化手段，通过消除就业信息供给与需求之间的不对称，提高贫困人口与用工方的对接效率，为贫困人口创造就业发展的条件，为实现稳定脱贫发挥积极作用。脱贫内生动力信息管理还可以与外部信息管理有机结合，通过营造良好的外部环境来影响个体驱动力。

影响贫困人口脱贫内生动力的因素很多，就业能力是其中的关键因素。对于不同国家和地区来说，就业一般是贫困人口摆脱贫困最直接、最有效、最可持续的办法。因此，本书以提高贫困人口就业能力作为信息管理的重点进行论述，对其他因素则不一一枚举。

二、纲举目张

“5+2”模式的机制

机制是一种体制或体系，是在一定框架下形成的整体，重在揭示各要素之间的结构关系和运行方式。“5+2”模式的机制是为实现减贫信息管理的最优化，构建减贫事业内部各要素之间的机理即相互关系，是使各要素在一定的减贫环境条件下相互联系、相互作用、良性运行的规则和原理。

“5+2”模式是一个有机整体，七个要素各有专长，紧密联系，相互作用，构成一个完整的管理体系。其中，五个基本要素和两个重点要素是“纲”和“要”，强调信息化管理的主攻方向，帮助管理者把主要精力用在信息化管理的基本要素上，抓住重点和主要环节，通过工作理念、工作方式的改变，构建起科学有序的运行机制，集中力量解决主要矛盾，同时带动次要矛盾的解决，达到纲举目张之效。

（一）“5+2”模式管理的主要环节

管理活动是连续的有序运行的过程，由一系列环节构成。在精准扶贫实施的过程中，涉及的工作千头万绪，环节众多。依据“5+2”模式重点要素的管理理念，只有把握好精准扶贫的关键环节，才能建立、健全科学的管理机制。为此，“5+2”模式聚焦精准扶贫工作的主要环节，从决策、执行和监督进行信息化管理，使决策、执行和监督环环相扣，相互配合，良性运行，助力实现决策的科学化、执行的高效化、监督的民主化。

1. 决策环节

决策是科学管理的关键要素，信息是决策的基础。决策机关在制定贫困地区脱贫工作方案时，需要及时获得全面可靠的信息，以消除贫困地区扶贫开发主体和扶贫对象之间的信息不对称，提高决策的精准性、科学性和预见性。

精准的数据信息是科学决策的重要依据。使用传统的信息管理方式，信息采集和更新较为缓慢，汇总后的信息往往失去了时效性；应用过程中多是将收集到的数据直接进行统计，缺乏数据间的关联分析，没有充分挖掘数据的潜在价值。依据“5+2”模式理念，在精准扶贫决策过程中，制订扶贫方案、推进扶贫工作、协调扶贫事项等各个环节都需要信息化管理的支持。具体在实践应用中，一是对全部贫困户建档立卡，建立全国统一的数据库；二是通过数据比对、数据清洗等方式提高数据质量，构建全国精准扶贫信息资源共享体系；三是以扶贫数据库为基础，对大数据进行深度挖掘；四是通过民意调查、在线交流等，掌握社情民意。这些措施为科学、民主、及时、精准地决策提供了有力的技术支撑。

2. 执行环节

执行是把组织目标转化为结果的过程。如果扶贫政策不能严格有效地执行，政策再好，也是纸上谈兵，减贫目标也难以实现。由于可能存在的政策执行主体的有限理性、政策执行对象的复杂性和多样性、政策执行环节的监管低效等原因，使得扶贫政策的执行过程面临着挑战，陷入“一刀切”现象、府际关系难以协调等困境。

从治理的视角看，执行是围绕目标由相关各方共同参与和互动的过程。在扶贫干部、帮扶责任人、扶贫对象及有关社会组织或个人等多主体参与扶贫活动的过程中，“5+2”模式通过执行信息管理，对精准扶贫执行过程中产生的信息进行集中“管控”，为督促相关主体落实扶贫政策、执行扶贫决策、推进扶贫进程并取得扶贫绩效提供及时、准确、全面的执行信息，增强执行工作的透明度和公信力。

3. 监督环节

监督是根据确定的组织目标和相应的标准规范，建立信息反馈机制，敦促被监督主体根据反馈信息纠正行为偏差，确保管理目标实现的过程。

监督是精准扶贫精准脱贫工作中的重要环节。要判断扶贫工作人员是否不作为、乱作为，就必须将内部监督和外部监督有机结合起来。考核是内部监督的基本途径，是保障各级扶贫部门工作规范有序、科学高效的手段，也是实现脱贫目标的长效保障机制。其一般流程是对扶贫任务和目标进行分解，责任到人，并及时掌握任务完成情况，便于上级监督。除内部监督外，还需要加强外部监督，畅通民众沟通的渠道，建立完善的社会监督机制，提高民众的监督意识。

“5+2”模式具有协同、开放的特征，通过内部信息管理，对扶贫工作的主要环节进行实时监督，追踪扶贫项目进展，反馈工作状况，对异常情况及时预警；通过外部信息管理，促进政府扶贫信息公开，接受社会监督，以信息化汇聚群众参与监督的强大力量；通过协同信息管理，充分发挥信息共享机制，把分散在省市县乡村以及不同行业部门的信息汇聚起来，对不同类型数据进行综合比对，从而精准发现问题。总而言之，依据“5+2”模式构建的扶贫信息化管理监督机制，对扶贫工作进行多维度的精准监督，推动相关部门或人员履行主体责任，助力提高监督的科学化、民主化水平，为监管部门提供了有效的工作抓手。

综上，在精准扶贫管理过程中，决策是核心，执行是关键，监督是保障，“5+2”模式将三者有机结合起来，既相互制约又相互协调，形成管理闭环，体现了“系统治理、依法治理、综合治理、源头治理”的理念，形成科学完善的管理机制，提升管理的科学化水平 。

（二）“5+2”模式的协同机制

多中心治理理论的核心是在公共事务中尽可能让多元主体共同参与到治理中来，特别是加强政府、市场、社会之间的协同共治。多元主体协同机制发挥各治理主体的优势，利用多种资源，形成协同效应，实现有效治理。就精准扶贫信息化管理而言，政府内部信息管理是核心，是“元治理”，发挥主导作用；同时要加强外部信息管理，引导公民、非政府组织、市场等社会力量参与精准扶贫，形成多元主体协同推进的贫困治理局面。

1. 多元主体在精准扶贫中的功能定位

我国在实施精准扶贫方略中，形成了政府、社会、市场协同推进的大扶贫格局。要借助信息化管理更好地发挥多元主体在脱贫攻坚战中的积极作用，就需要深入分析政府、社会、市场三者的不同功能定位，明确其在大扶贫格局中承担的角色。

政府是精准扶贫的主导者

作为扶贫资源的供给主体，政府以其强大的政治动员能力和资源整合能力在精准扶贫中处于主导地位，对扶贫工作进行总体指导和综合协调，发挥着组织者、服务者、监督者的多元作用。政府通过行政命令、督查、考核及选派扶贫驻村工作队等方式，把扶贫任务落实到各级部门，对接各类要素资源，将扶贫人才、资金、项目配置到贫困地区、贫困人口，科学合理匹配资源。

社会力量是精准扶贫的有力补充

政府所赖以建立的资源是有限的。在政府主导、多元协同的贫困治理主体中，社会力量是区别于政府和市场的第三种力量，在生产发展、教育提质、社会保障等方面具有优势，是精准扶贫的一支重要生力军，是对政府扶贫职能的有力补充。社会组织、民营企业和爱心人士等汇聚成强大的社会力量，各自以其特有的方式参与到扶贫工作当中，发挥着不可替代的作用。

社会组织在政府和市场之外提供公益性服务，包括对口扶贫、技术扶贫、教育扶贫、健康扶贫等多种形式，从资金、人才、技术、产业等多方面投入，为贫困地区经济社会建设发挥积极作用。国务院印发的《“十三五”脱贫攻坚规划》明确提出“支持社会团体、基金会、社会服务机构等各类组织从事扶贫开发事业”。国务院扶贫办印发的《关于广泛引导和动员社会组织参与脱贫攻坚的通知》明确指出，参与脱贫攻坚是社会组织的重要责任，要引导全国性和省级社会组织发挥示范带头作用。扶贫领域有许多不同类型的社会组织发挥着不同的职能：一些具有品牌效应的大型社会组织筹款能力较强，通过大规模实施扶贫项目，覆盖了较多的贫困地区，成为精准扶贫的重要力量；一些规模较小的社会组织扎根基层，与农民保持密切的关系，在农村扎实开展工作，为打赢脱贫攻坚战作出了贡献；一些社会组织与国际扶贫机构保持密切联系，将国际扶贫的新理论和新做法，率先引入国内并收到了良好的扶贫效果，如在扶贫领域中的小额信贷和参与式扶贫。此外，国际红十字会、中国扶贫基金会、中国人口福利基金会、中国青少年发展基金会以及中国国际文化传播中心等社会组织，都以不同形式参与了农村扶贫，充当联系社会帮扶资源与农村贫困人口的纽带，用实际行动体现了社会组织在减贫实践中具有不可忽视的作用。

民营企业作为社会扶贫的重要力量，在脱贫攻坚中投入人力物力财力智力，凝聚起强大的攻坚合力。民营企业参与扶贫，具有市场反应灵敏、技术性强、注重效率、规模效应显著等优势，通过“企业 + 农户”“万企帮万村”等模式，将企业发展与贫困地区特色资源有机结合，积极推动产业扶贫，帮助有劳动能力的贫困人口转变发展观念，增强致富能力。民营企业还可以通过公益捐赠、建立公益基金等方式，积极参与扶贫事业。

爱心人士参与扶贫有个人捐赠、志愿服务、结对帮扶以及消费扶贫等形式，具有灵活高效、程序简单、适应性强等优势，可以弘扬社会正能量，有效弥补政府扶贫力量的不足。

市场在扶贫资源配置中具有决定作用

实施精准扶贫精准脱贫方略，除了发挥政府的核心主导作用之外，还应利用市场力量，把握市场需求，让市场在扶贫资源配置中发挥越来越重要的作用。

公共经济学的研究表明，在一些领域，市场机制对多元需求的回应和对各种资源的调动能力比政府更有优势。市场通过“看不见的手”进行资源配置，引导贫困地区经济发展，通过经济增长惠及贫困人口脱贫受益。市场在扶贫资源配置中拥有政府给予的合理的自主权，利用市场机制参与扶贫开发，意味着要不断释放市场配置扶贫资源的活力，拓宽扶贫开发的资源渠道，弥补当前政府在脱贫攻坚过程中可能出现的低效率和局部扶贫的缺陷。

在贫困地区，农副产品与市场脱节是导致贫困的重要诱因。因信息闭塞等因素，贫困地区的农副产品难以到达人口稠密地区的市场，小农户也难以对接好大市场。因此，引导市场力量参与产业扶贫，是实现脱贫攻坚从“输血”到“造血”转变的根本之策，其关键在于抓住市场这一核心，对接好市场环节，充分发挥市场机制在扶贫资源配置中的决定性作用。

综上，政府、社会、市场作为精准扶贫的主体，在扶贫资源配置中各有所长：政府能够最大限度整合扶贫资源，集中力量办大事；社会力量是推进精准扶贫的生力军，是对政府扶贫职能的有力补充；市场是扶贫资源优化配置的主导力量之一，可以在产业发展、项目推动等方面为脱贫攻坚打下“强力针”，为贫困地区注入内生发展的可持续动力。依据这一思路，“5+2”模式重视对扶贫多元主体的管理，对其进行精确的功能定位和合理划分，为更好地汇聚各方力量发挥信息化的作用。

2. 多元主体的有效交互机制

扶贫主体多元化是精准扶贫的特征之一。因此，在信息管理中需要建立协同和交互机制，以统筹利用政府、社会、市场三方主体的信息，协调三方共同完成精准扶贫目标任务。基于多元主体的多样化需求，“5+2”模式倡导协作互动、信息共享、有效交互，为此构建了各主体之间的利益联结机制、信息沟通反馈机制和资源整合机制，促进多元主体之间科学、有序的信息协同，为各主体充分发挥自身的独特优势提供了保障。多元主体的有效交互机制如图 3-3 所示。

图 3-3 多元主体的有效交互机制

构建多元主体的利益联结机制

如期完成新时代脱贫攻坚目标任务是扶贫多元主体的共同目标，但不同主体的利益诉求有差别。如果缺乏各方均认可的利益共享机制，不同的利益诉求往往导致各主体之间的机会主义博弈。

作为管理主体，政府承担着提供扶贫资源、建立和维护经济社会秩序的职责，在精准扶贫中还与其他社会主体构成协同合作关系。从政府的角度看，扶贫脱困既是政绩考核的要求，也是民生工程的需要，但政府又不能大包大揽，还需要发挥市场的作用。企业是市场活动的主体，扶贫需要企业积极参与，形成“政府搭台、企业唱戏、贫困户受益”的扶贫格局。企业以营利为目的从事生产经营活动，主要考虑经济效益。如果企业与其他主体（如贫困户）之间的利益分享机制不健全、资源配置不公平、话语权不平等，往往会导致利益分歧甚至冲突，直接影响扶贫工作的持续性和有效性。如果没有良好的合作机制和约束机制，就可能出现企业盲目投资或套取政府扶贫项目资金等行为。在共赢的利益联结机制下，企业积极响应政府的政策引导，通过产业投入，吸纳贫困地区人口就业、扶持产业发展，与贫困户共享项目成果。各类社会组织，依托自身优势，或出资或出力，对接扶贫的特定领域，在完成扶贫目标任务的同时实现自身价值，提高组织的美誉度。只有各主体之间建立起紧密的利益联结机制，实现利益共享，才能形成帮扶合力，保障扶贫工作有序展开、持续推进。

在“5+2”模式中，通过精准的信息化管理，构建了政府、社会、市场等多元主体的利益联结机制。同时，机制以各参与主体的资源相济、能力互补、话语权平衡为条件，以互利共赢为动力，力求合用、管用、有用。在“5+2”模式下，政府可以深度分析当地扶贫领域的各类需求，进行各种相关可行性分析，科学制定扶持政策，精准投放扶贫资源，引导各类市场主体和社会组织向贫困地区提供支持，从而更好地发挥政府的主导作用；企业可以通过开展电商扶贫等方式进行产销对接，为贫困地区带去一线的市场信息，为产业扶贫增添新动能，发挥市场在资源配置中的决定性作用；社会力量可以通过消费扶贫、慈善捐赠、在线求助等方式广泛参与扶贫，助力打赢脱贫攻坚战，发挥社会力量的有力补充作用。企业作为市场活动的主要参与者，可以通过开展电商扶贫、产业扶贫等方式进行产销对接，遵循市场规律，把握消费者需求，探索既能发挥产业优势，立足于市场潮头又能带动贫困地区发展的方式，从而发挥市场在扶贫资源配置中的作用。

构建多渠道融合的信息沟通反馈机制

加强信息的交流与共享，有利于提升执行效率。在多元主体协同的过程中，信息的沟通交流显得尤为重要，直接关系到扶贫工作的成效。但在既往的扶贫实践中，由于基础信息平台和技术手段不完善，导致各主体所掌握的信息存在不及时、不精准、不均衡、不对称等现象，不同程度地影响了扶贫资源配置、扶贫项目推进及扶贫主体协同效率。

政府掌握着扶贫政策的宏观信息和基层贫困的实际情况，可以针对问题进行政策调整，但未必能及时精准地了解扶贫项目的具体实施细节和参与企业遇到的困难等情况。社会组织、爱心人士参与扶贫的过程中，也可能因为信息不对称，出现目标偏移、供需错位等问题，引发信任危机。企业作为市场经济活动的主要参与者，了解市场动态，掌握市场信息，但对扶贫政策的变化和扶贫资源的配置了解不足，不能及时地进行产业项目的调整。因此，在构建大扶贫格局中，需要建立高效的互动沟通机制，来化解贫困治理中的各种矛盾与分歧。

对此，“5+2”模式构建了多渠道、多维度、多形式的信息沟通反馈机制，通过新一代信息技术，打造立体式融合信息共享服务体系，拓宽了信息的来源和反馈渠道，各参与主体可以对扶贫信息进行迅速反馈，实现信息共享、协调联动，为各主体协同创造条件，在动态的管理过程中实现最佳效益。

构建多层次的信息资源整合机制

政府信息资源的价值是通过系统整合、共享来实现的，整合和共享的范围越大，价值就越大。然而，我国政府部门的信息资源种类繁多、标准不一，且分散性较强，此特征给政府公共信息资源共享设置了很大的障碍。此外，来自社会、市场等渠道的外部信息来源繁杂，鱼目混珠，甄别成本高，共享困难。精准扶贫中的信息资源，来自政府、社会、市场等渠道，主要是在扶贫开发实践活动中积累的政策、服务等方面的信息。在过往的扶贫实践中，由于信息的不对称造成扶贫资源匹配失衡，成为影响扶贫成效的重要因素。解决扶贫资源匹配失衡问题，基础在于构建常态化的信息资源整合机制，这就要突出精准性和系统性，创新管理理念和方式方法。

为排除信息资源的共享障碍，实现信息资源的整合共享，“5+2”模式依托减贫信息化管理中的七个信息管理要素，针对扶贫资源匹配失衡问题，着眼于精准扶贫的良性运行、可持续发展，将来自政府、社会、市场的信息进行整合，并构建多层次信息整合机制，促进信息共享，打破“信息孤岛”。如通过内部信息管理，将信息集成与标准化，整合政府上下级和不同部门之间的信息，促使内部信息纵向贯通上下各级，横向连接政府各有关部门，实现跨部门、跨区域的政府工作协调联动，从而提升政府的内部信息管控能力。通过外部信息管理，将来自社会、市场的信息与贫困户信息精准对接，搭建帮扶主体与帮扶对象双向沟通的有效渠道。另外，“5+2”模式还为政府信息公开提供便捷途径，增强政府工作的透明度，便于公民参与公共事务管理。

可见，“5+2”模式不单是从技术层面解决信息资源整合的难题，而是重点强调一种信息共享的管理理念，依托作为信息化管理主攻方向的七个信息管理要素，建立横向到边、纵向到底的信息共享与资源汇聚的工作机制，形成系统的信息整合共享体系，实现信息资源整合机制的常态化，使各主体更加协同、高效地开展扶贫工作。

三、标本兼治

“5+2”模式的特征

在“5+2”模式中，各要素分工不同。在发挥自身作用的同时，要素之间构成互相协同、互相促进的体系。七个要素有机联系、共同作用，可以有效提升减贫信息化管理的效率。

“5+2”模式汲取了我国部分精准扶贫信息管理系统的实践经验，同时融入了笔者的理论创新和技术创新成果，与传统扶贫信息管理方式相比，具有以下七个特征，如图 3-4 所示。

（一）从封闭到开放

由于扶贫资源有限，对象众多，在传统的扶贫信息管理中，政府往往将有关信息统一收集、内部流转，信息处于封闭状态，流速慢、效率低。“5+2”模式通过构建多元主体的有效交互机制，进行开放式管理，明确信息共享的边界和条件，能够在保障信息安全的同时推进精准扶贫管

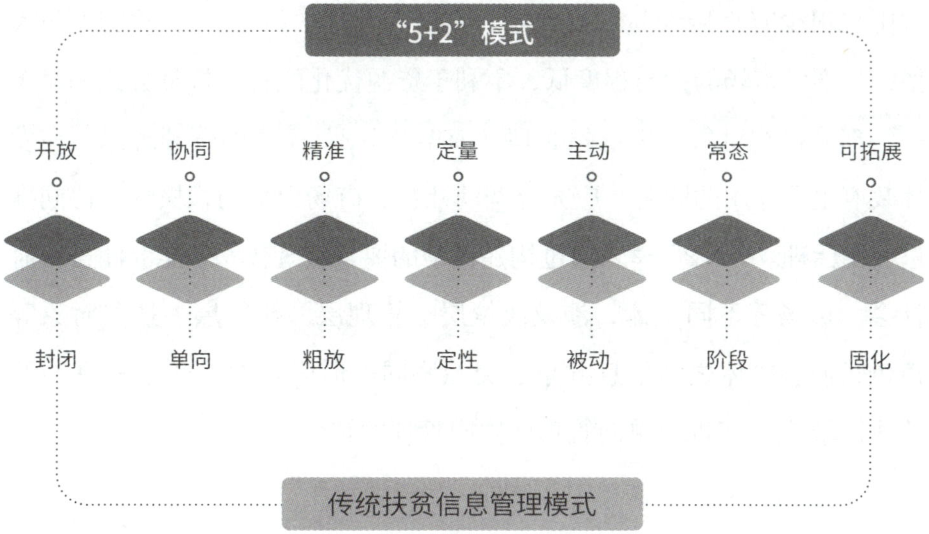

图 3-4 “5+2”模式的七个特征

理公开透明，如扶贫对象的识别、扶贫项目的确定、扶贫资源的分配、贫困人口的脱贫、贫困村的出列、贫困县的摘帽等信息都能公开呈现。这不仅有助于实现扶贫信息管理由封闭向开放转变，有利于提高精准扶贫管理的透明度和民主化水平，更有利于解决扶贫信息覆盖面不足、时效性不强、各主体间信息不对称等问题。

（二）从单向到协同

传统的扶贫信息管理是各级政府自上至下的单向管理，“贫困村和贫困户很少有直接参与项目计划、实施和管理的机会”[1]。政府大包大揽，社会与市场的参与程度低，不利于资源优化配置，扶贫方式相对单一，部分扶贫对象产生依赖心理。依据“5+2”模式的管理理念，在发挥政府主导作用的同时，应充分调动社会、市场力量的积极性，协同推进贫困治理。“5+2”模式通过构建科学的要素管理体系，能够涵盖政府、社会、市场等不同主体，涉及决策层、管理层、执行层、扶贫对象等角色，使多主体之间信息共享、交互协同、形成合力，产生“1+1>2”的协同效应，实现由单向管理向协同管理的转变。

（三）从粗放到精准

信息管理是人类为了有效地开发和利用信息资源，以现代信息技术为手段，对信息资源进行计划、组织、领导和控制的社会活动。但是，传统的扶贫信息管理比较粗放，具有粗线条、松散性和随意性等特点，未能将信息技术充分应用到扶贫工作中，贫困人口数据主要来自抽样调查后的逐级名额分配，扶贫过程中普遍存在信息可信度低、利用效率不高等问题，如贫困人口底数不清、扶贫对象识别不准、扶贫资金投入产出效率较低、脱贫成效难以评价等，不能充分利用和挖掘信息的价值，导致扶贫工作效率低下。

---

1 吴国宝 . 创新扶贫治理体系　推动精准扶贫迈上新台阶 [EB/OL]. [2016-09-18]. http://www.jswmw.com.cn/portal.php?mod=view&aid=8131.

相对于粗放式信息管理，精细化信息管理的核心是管理过程的精确性、系统性和规范性，其不仅关心结果的可测量性和可计算性，而且要求运行过程的规范化和可视化。“5+2”模式通过构建多元主体的有效交互机制，将政府、社会、市场作为信息主要来源进行统筹和利用，把信息转换成可分析的数据，并对这些数据进行多维分析，从扶贫对象精准、措施到户精准、项目安排精准、资金使用精准、因村派人精准和脱贫成效精准六个方面，对脱贫攻坚关键环节进行精准管理，以解决指向不准、针对性不强、措施不力等问题，实现对信息从粗放管理向精准管理的转变。

（四）从定性到定量

定性管理是定量管理的基础、前提和先导，定量管理是定性管理的延伸、拓展和升华。长期以来，我国部分贫困地区依靠财政扶贫资金的大规模投入，进行大水漫灌式的扶贫，容易陷入“年年扶年年贫、年年贫年年扶”的怪圈。部分原因在于，对扶贫信息的利用主要基于样本数据的分析，缺乏全数据的量化分析，没有挖掘出扶贫对象个性化的致贫原因，无法因地因户制定帮扶措施。“5+2”模式旨在将过去的样本数据定性管理转变为精准扶贫下的全数据定量管理，运用信息技术工具，收集和分析数据信息，将“大水漫灌”转变为“精准滴灌”，为精准扶贫工作插上数据的“翅膀”。在“5+2”模式的具体应用中，除了基础统计信息外，还将扶贫主体和客体的身份数据化，从定性模糊排查到定量精准甄别，实现对身份的精准识别和确认；将扶贫行为和扶贫工作中的各种阶段性成果数据化。在此基础上，应用大数据技术，分析数据之间的关联，为精准扶贫决策的动态调整提供支撑。

（五）从被动到主动

被动管理缺乏先期规划、过程监控和风险防范，管理者始终处于被动的地位，被问题牵着走；主动管理以积极主动的态度实施管理，避免头痛医头、脚痛医脚，管理者始终处于主动的地位。

主动管理是“5+2”模式的重要特征之一。“5+2”模式改变“事后应对”的被动管理方式，依据其“主动”理念构建的信息管理系统，将物联网、云技术、区块链等技术融入贫困治理之中，利用实时动态数据信息，把执行环节集成起来，进行有效控制和管理，变被动为主动；对扶贫项目运行、资金流转实时监控；对返贫风险进行密切监测，提高对风险因素的感知、预测、防范能力；利用对信息媒介的管理，突破时空限制进行即时信息传递；把经过提炼的就业信息智能匹配、精准推送给有需求的贫困户，帮助贫困群众由被动脱贫变为主动脱贫。通过上述方式，管理者可以加强贫困治理的过程管理，突出信息传递的即时性，强化大数据处理能力、事先预警能力，推动信息服务从“被动响应”向“主动预见”转化，从而提高决策的科学化、管理的精细化水平。

（六）从阶段到常态

阶段性治理是指在短期内运用行政手段集中人、财、物等资源，动员各种力量，实现“中心工作”目标[1]，具有“运动式”、超常规的特征。阶段性扶贫方式声势浩大却难以解决深层矛盾，快速见效却无法持续，治标有余而治本不足。常态化治理是在常规状态下，管理主体制定统一的政策和目标，引导市场主体和社会力量，整合各类社会资源，发挥协同效应，具有系统性、稳定性、可预期的特征。在国家治理体系和治理能力迈向现代化的背景下，“5+2”模式致力于构建常态化的贫困治理机制，通过内生动力信息管理和外部信息管理，增强贫困地区的“造血”功能，发挥市场力量对长效扶贫的持续性作用，以实现稳定可持续的脱贫。

（七）从固化到可拓展

固化管理适应程式化、规范化的需要，固化阶段是管理发展成熟的必经环节。固化的管理模式往往将工作流程转化为管理者熟悉的工作规范，有利于实现较为稳定的可预期的管理成效。然而，贫困具有多样性和动态性，决策者面临的场景和问题变化多端，如果采用固化的管理模式，可能难以适应外部环境变化对各要素进行动态调整的需要。

1 蒋永甫．贫困户发展：精准扶贫的价值目标与现实依归 [J]. 云南大学学报（社会科学版）, 2018, 17(5): 112-121.

“5+2”模式是一种可变通的信息化管理基础模式，具有较强的可拓展性和适用性。在人类减贫实践中，各国国情不同、社会发展阶段不同，减贫的标准、途径、手段也不同，“5+2”模式可以根据实际情况的变化，调整各减贫要素与结构的合理性，在不同阶段的减贫进程中，发挥理论和实践之间的“中介”作用，兼顾一般性与特殊性需要。因此，“5+2”模式不苛求一劳永逸地解决贫困问题，其具有的可拓展性和可适用性使其在保持结构稳定的基础上，与经济社会环境保持良性互动，进而适应不同的减贫场景，在不同的阶段助力减贫。

综上，“5+2”模式从影响减贫信息管理成效的七个要素入手，把各要素划分为基本要素和重点要素。基本要素是减贫信息化管理的“面”，着眼于减贫的全局，体现了管理的宽度。重点要素是减贫信息化管理的“点”，体现了管理的深度，瞄准致贫的根源，聚焦重点难点，进行靶向根治。对重点要素的聚焦和突破，是“5+2”模式取得减贫整体合力的关键。

POVERTY REDUCTION

A “5+2” MODEL OF INFORMATION MANAGEMENT

第四章

“5+2”模式在精准扶贫信息化管理中的应用

精准扶贫多功能“5+2”信息管理系统是基于“5+2”模式首次研发的应用系统。该系统对国务院扶贫办（现国家乡村振兴局）指导建设、主管的中国社会扶贫网（现中国社会帮扶网）系统升级优化起到了重要作用，本章将集中阐述此项研究成果。

理论来源于实践，又高于实践，并指导实践。在中国减贫进入脱贫攻坚历史新阶段的背景下，笔者将减贫信息化管理“5+2”模式置于精准扶贫的应用场景中，研发了精准扶贫多功能“5+2”信息管理系统。该系统经国务院扶贫办领导和专家评审，获得了肯定。2018年5月18日，笔者将此项研发成果无偿捐赠给国务院扶贫办指导建设、主管的中国社会扶贫网，对该网系统主体功能的升级优化起到了重要作用。该系统是首个基于“5+2”模式研发的应用系统。需要指出的是，由于信息技术的发展日新月异，新需求不断产生，笔者在本书写作过程中结合减贫的新实践、新问题，对系统功能进行了优化，将其拓展为精准扶贫信息化管理“5+2”平台（以下简称“精准扶贫‘5+2’平台”），以验证“5+2”模式在精准扶贫阶段的适用性，为减贫实践提供借鉴。

一、开放共享

精准扶贫“5+2”平台的总体设计

精准扶贫“5+2”平台以“创新、协调、绿色、开放、共享”新发展理念为引领，以落实中央关于信息化促进脱贫攻坚工作相关政策要求为目标，以做到“六个精准”为核心任务，以数字化、可视化、模型化、智能化为特征，综合运用地理信息系统（GIS）、北斗卫星导航系统（BDS）、全球定位系统（GPS）、大数据、云计算、人工智能等技术，对精准扶贫信息化管理的业务进行综合考量和设计，实现对多源异构、跨模态扶贫数据的获取、融合、存储、分析与推送，为构建全国统一、视角多维的精准扶贫信息管理系统提供可行思路。

（一）设计理念

平台以着力攻克信息不对称问题和实现“六个精准”为出发点，一端连接扶贫部门和工作人员，另一端连接贫困户，并向社会公众和其他参与主体开放。在平台各系统的共同作用下，来自扶贫部门、贫困户、社会公众等多方面的信息，在一定的时间和空间范围内有序流转，促进扶贫信息资源的共建共享和协同配置。精准扶贫“5+2”平台主要用户如图 4-1 所示。

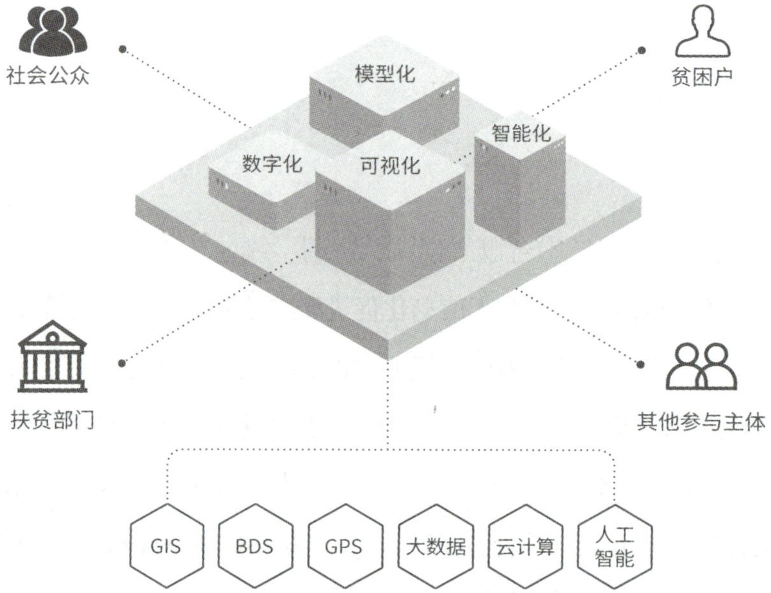

图 4-1　精准扶贫“5+2”平台主要用户

平台遵循中央统筹、省负总责、市县抓落实的工作机制，通过在全国范围内多维度的数据采集、统计、清洗和共享，解决精准扶贫中出现的信息缺失、失真及“信息不对称”等问题，确保精准扶贫的有效信息在政府、干部、贫困户和社会公众之间充分流通，形成覆盖全国、统筹利用、统一接入的数据共享大平台，构建全社会共同参与的精准扶贫信息服务体系，实现跨层级、跨地域、跨系统、跨部门、跨业务的协同管理和服务。平台设计理念主要有以下六方面。

第一，“面”与“点”有机结合。平台按照“5+2”模式对精准扶贫工作关联的信息进行多维度管理，围绕基本要素搭建的五个系统进行扶贫工作“面”的覆盖；围绕重点要素搭建的两个系统聚焦扶贫工作痛点和难点，进行靶向根治，七个信息系统有机结合、协调运转、发挥合力。

第二，夯实数据基础。借助移动智能终端的应用，可以实时采集、核准贫困对象数据，精准掌握贫困户的致贫原因、家庭情况、子女教育、医疗保障和享受政策等信息，以实现对扶贫对象的动态管理，从根源上解决扶贫工作中信息失真和信息缺失等问题。

第三，确保数据标准化。根据扶贫工作相关要求，按照统一的标准格式采集、录入数据，建立基础数据库，并将可能存在的非标准数据进行标准化处理，确保数据充分统筹和融合。

第四，强化过程管理。平台可以实时、准确、直观地记录扶贫工作过程，生成“工作台账”，作为基层干部和扶贫干部绩效考核的主要依据。

第五，协同共享数据。立足扶贫工作数据一体化，破解层级和地域壁垒，实现数据上下联动和互通共享，提高精准扶贫效率，节约扶贫成本，为扶贫决策者提供专业化、科学化的数据支撑。

第六，瞄准致贫主要因素。运用ABC分类法，将致贫因素分为内因和外因，以信息化管理手段，靶向解决扶贫工作的痛点、难点问题，为提升扶贫资源投入产出效率提供保障。

（二）设计原则

平台在符合国家规范的前提下，从用户需求出发，以科学化、合理化、经济化、智能化、可扩展为总体要求，遵循以下原则进行设计。

第一，实用性原则。平台以满足工作任务为要点，兼顾各角色的工作特点，可实现数据的采集、交换、传输和上下联动，并依据规则生成报表，减轻基层干部和扶贫干部填表报数负担，达到精准到户、精准到人的效果。

第二，适时性原则。平台通过外部信息交互、执行信息上传、信息媒介采集和信息协同共享等多维度获取数据，适时处理和发布，并从信息的来源、处理机制和处理能力三方面来保障平台信息的适时性。

第三，可扩展性原则。平台的柔性设计、开放标准、开放技术架构和开放系统接口组件，为平台的扩展和集成留有扩充余量，使其拥有充分的开放性、可扩展性和可配置性，有利于实现业务流程的灵活重组与调整，在适应业务需求变化的同时，具有更新与升级的空间。

第四，安全性原则。平台建立了完善的安全保障体系，既能防止外部的蓄意攻击，也能阻断来自内部的非法破坏。平台访问基于角色的权限控制机制，对远程访问的数据进行加密传输，对关键数据在运行中消除冗余和热备份。

第五，经济性原则。在保证功能、性能指标的前提下，最小化平台成本，充分使用和复用已有资源。

（三）架构设计

平台主要分为基础设施层、数据处理层、应用层和用户层四个层次。基础设施层主要包括信息化网络、软硬件基础设施等。数据处理层用来收集、处理、存储来自一线扶贫工作中产生的数据。应用层包括七个应用系统。用户层可以为各级扶贫部门、贫困户、参与扶贫的社会力量等访问底层系统提供访问界面和数据。平台架构还包括两个重要组件，即运维保障体系和安全保障体系，如图 4-2 所示。

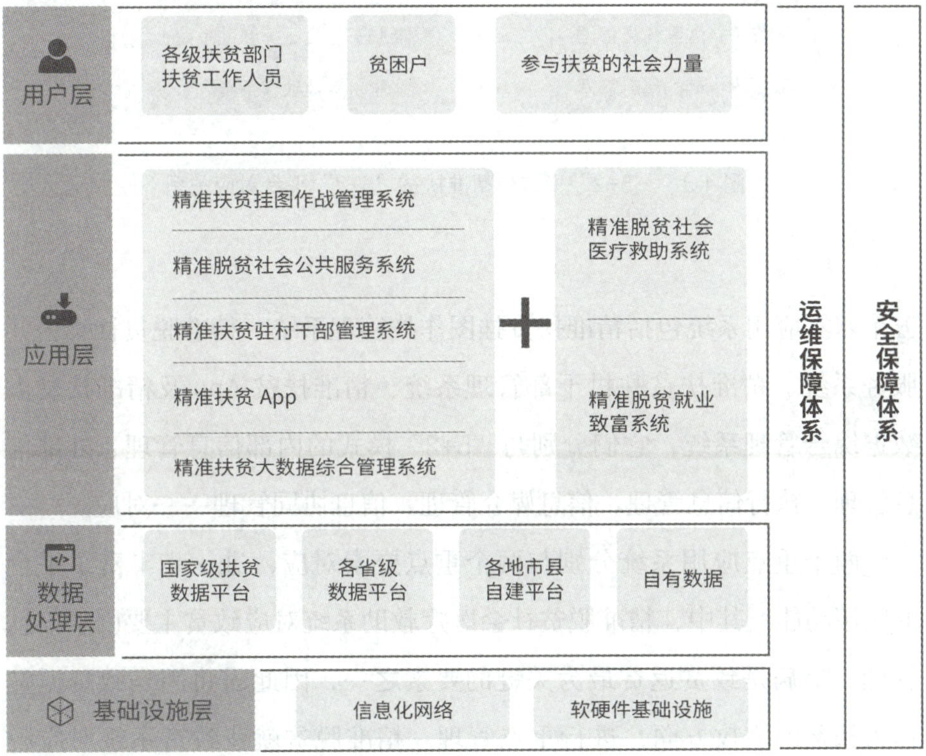

图 4-2 精准扶贫“5+2”平台架构

其中，在应用层方面，以“5+2”模式为基础，围绕七个维度进行总体架构，设计了五个基本应用系统和两个重点应用系统，分别与“5+2”模式的基本要素和重点要素一脉相承，逐一对应，如图 4-3 所示。

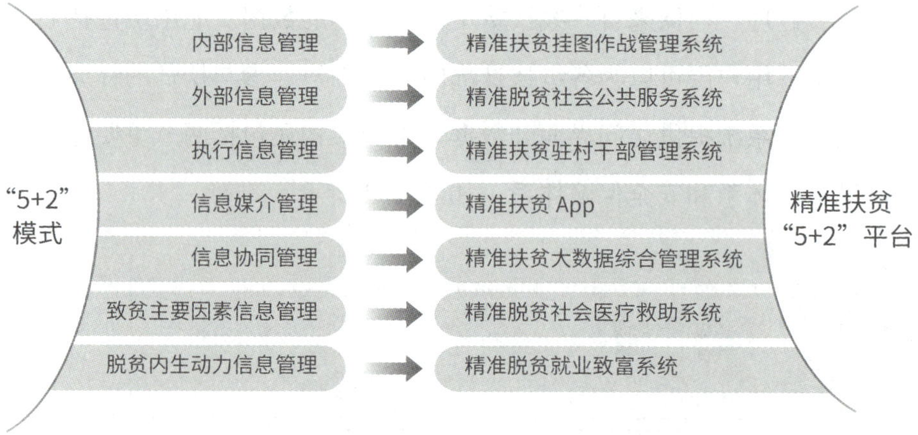

图 4-3 “5+2”模式与精准扶贫“5+2”平台对应关系

五个基本应用系统包括精准扶贫挂图作战管理系统、精准脱贫社会公共服务系统、精准扶贫驻村干部管理系统、精准扶贫 App 及精准扶贫大数据综合管理系统，它们分别与“5+2”模式的内部信息管理、外部信息管理、执行信息管理、信息媒介管理、信息协同管理一一对应。

两个重点应用系统分别与两个重点要素对应，进一步丰富了平台的应用功能。其中，精准脱贫社会医疗救助系统对应致贫主要因素信息管理。疾病是致贫返贫最为关键的要素之一，因此需将因病致贫返贫作为扶贫的主攻方向，进行重点管理。精准脱贫就业致富系统对应脱贫内生动力信息管理。就业是贫困人口摆脱贫困的核心路径，通过信息技术的广泛应用，精准脱贫就业致富系统能够实现资源汇聚、供需对接、职业技能培训等功能，为持续脱贫提供内生动力。基于此，精准扶贫“5+2”平台在实现基本功能的同时，突出了重点功能，力求达到最佳的管理效果。

二、好用实用

精准扶贫“5+2”平台的主体功能

精准扶贫“5+2”平台的五个基本应用系统，紧扣国家精准扶贫方略与地方重点扶贫举措，突出扶贫数据的多元统一、互联互通、信息共享、动态管理，以充分满足精准扶贫工作需要。两个重点应用系统深度挖掘扶贫数据，精准进行供需对接，对因病致贫、内生动力不足等难点问题进行“靶向治疗”。

（一）精准扶贫挂图作战管理系统

精准扶贫挂图作战管理系统以地理信息系统（GIS），多模态、交互式可视分析技术为依托，全面整合省、市、县、乡、村的综合信息，通过对扶贫数据的深度挖掘和解析研判，实现扶贫对象动态管理、扶贫项目科学安排、扶贫资金有效监管、帮扶措施合理制定、因村派人选派得当及脱贫成效考核评估，为各级扶贫部门决策者和管理者“线上”高效指挥、“线下”精准作战提供数据支撑。

系统由一个精准扶贫作战地图模块、“六个精准”管理模块和三个辅助管理模块组成，如图 4-4 所示。

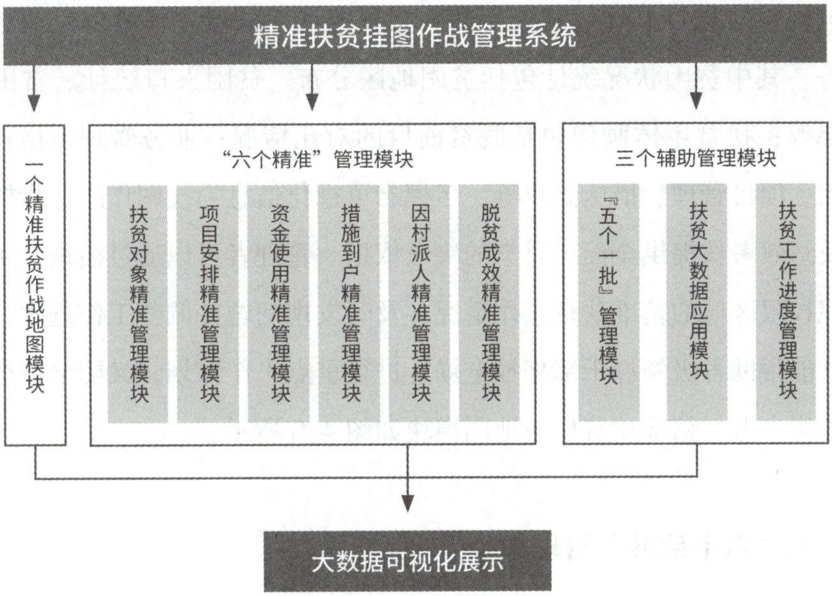

图 4-4 精准扶贫挂图作战管理系统主要模块

1. 精准扶贫作战地图模块

作为精准扶贫挂图作战管理系统的核心功能，精准扶贫作战地图模块运用北斗卫星导航系统（BDS）、全球定位系统（GPS）、地理信息系统（GIS）等技术，实现贫困地区的地形、景观和建筑三维建模和可视化。同时，围绕“六个精准”要求进行多层次、多维度的信息处理，形成一张精准扶贫作战地图，直观展示分析结果。用户可依据权限查看辖区内贫困人口规模、贫困户基本情况、脱贫工作进度及绩效考核等信息。

扶贫工作人员可通过 PC 端或移动端查询文本、图片、视频等多模态可视化信息。上述信息包括贫困状况统计、扶贫主体画像及业务管理等，其中贫困状况统计包括贫困地区分布、贫困人口统计、贫困发生率等；扶贫主体画像包括脱贫前后的对比情况；业务管理包括资金使用、项目管理、措施到户等。多模态可视化信息为挂图作战、指挥管理及绩效考核提供全面、科学的决策依据。管理者可以通过模块，实时掌握权限区域的精准扶贫工作情况，及时发现问题并调整工作进度。模块既能帮助各级领导干部把控全局、进行重点工作谋划，又能给督查巡查提供参考。精准扶贫作战地图模块如图 4–5 所示。

2.“六个精准”管理模块

精准扶贫是复杂的系统工程，工作涉及方方面面。为提升管理效率，把握工作重点，“六个精准”管理模块聚焦扶贫工作涉及的人、财、物、事等要素，将扶贫对象、项目安排、资金使用、措施到户、因村派人、脱贫成效六个方面的信息进行精准化与实时化管理。

扶贫对象精准管理模块。扶贫对象精准是扶贫工作的基础。由于贫困具有多维度、复杂性、动态性的特点，扶贫对象辨识起来难度大、费时费力。扶贫对象精准管理模块运用图表、视频等方式将扶贫对象的信息直观地呈现出来，便于决策者快速、精准地查询到每一个建档立卡贫

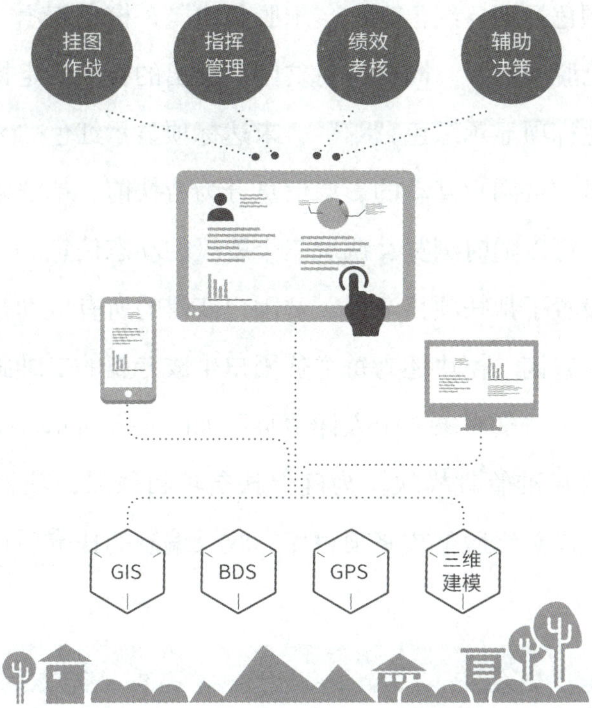

图 4-5 精准扶贫作战地图模块示意图

困户的翔实信息，作出精准的帮扶决策。

在功能实现方面，模块以“两不愁三保障”作为识别贫困人口的主要指标，所有符合指标者的“云档案”都被包含在模块中，并配有影像资料。影像资料由扶贫工作人员采集上传、分类标签，系统自动进行筛选过滤。数据集成后，在系统的电子地图上进行可视化呈现，各级政府和扶贫部门可据此进行动态管理。

为实现精准管理，模块给每个扶贫对象设置了“个人详情页”，涵盖贫困户状态、退出认定指标、帮扶情况、帮扶清单等信息。贫困户状态可由不同颜色标识，红色表示“未脱贫户”，橙色表示“预脱贫户”，绿色表示“已脱贫户”。同样，对贫困户退出的各项认定指标也用不同颜色标识，达标项显示绿色“√”，未达标项显示红色“×”。模块将扶贫工作人员与贫困户互动的影像信息分为帮扶前、帮扶中、帮扶后三个阶段展示，可以随时浏览、调取三个阶段的动态信息。

模块还设置了帮扶项目清单。贫困户获得的所有援助款物均可在帮扶清单中实时查询。模块还为每个贫困户生成专属的二维码，方便有关人员快速查看。扶贫对象“个人详情页”如图 4–6 所示。

项目安排精准管理模块。为确保扶贫项目效果，项目安排精准管理模块通过建立县级脱贫攻坚项目库，收录编制的扶贫项目，围绕立项、

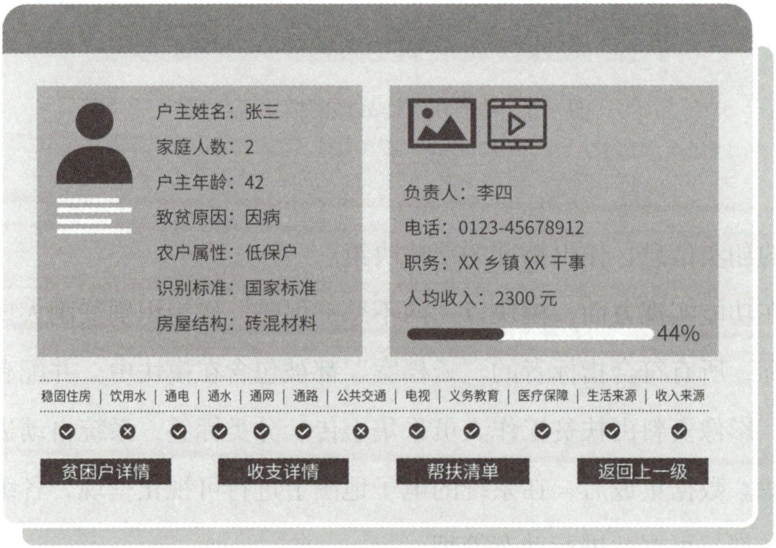

图 4-6　扶贫对象“个人详情页”

施工、竣工和验收等重点环节，对建设前期、中期和后期三个阶段进行全链条管理，多维度可视化呈现，实现对扶贫项目多频次、全覆盖检查，强化考核督导。

通过模块，扶贫决策者可以在扶贫项目的申报、审批、实施、验收等环节进行追踪查看和分析，如图 4-7 所示。

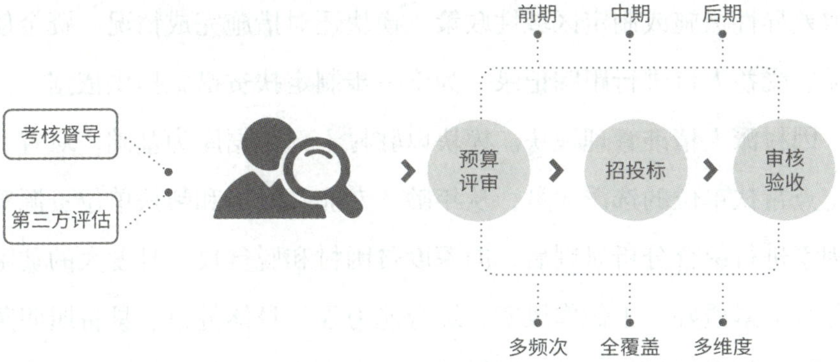

图 4-7 项目安排精准管理模块

资金使用精准管理模块。扶贫资金的有效使用对如期实现脱贫目标至关重要。扶贫资金从中央逐级拨付地方，点多面广、使用分散，需要运用信息化技术对流转过程进行精细化管理。该模块针对扶贫资金的使用进行过程监控、统计分析和可视化展示，做到监管无死角、全程可追溯，为政府部门和扶贫工作人员提供全面直观的资金使用信息，实现扶贫资金“人在干、云在算”动态化监管。

模块主要功能包括资金对比、流向、预算、存量及分析报告生成等。功能实现方面，将资金按照来源进行分类。在电子地图上进行地域选择，会即时显示选定区域的扶贫资金来源，特色产业、转移就业等项目资金投向情况，以及资金所覆盖的贫困户、贫困人口信息。管理者能直观了解扶贫资金“从哪里来，到哪里去”，使之在“阳光”下运行。

措施到户精准管理模块。模块利用多维可视化技术，分类呈现致贫原因，在电子地图上显示选定区域的致贫原因占比图，直观展示不同致贫因素的贫困人口信息，帮助管理者发现潜在问题，针对不同致贫原因采取差异性措施或制定区域性政策。模块还对措施完成情况、资金使用效益、受益人口进行跟踪记录，为下一步制定扶贫措施提供依据。

因村派人精准管理模块。模块以驻村干部数据库为基础，对省、市、县定点帮扶单位的选派人员，从年龄、专业、经历和帮扶单位资源等方面因素进行综合分析研判后，向深度贫困村和脱贫攻坚难度大的贫困村推荐政治素质好、工作作风实、综合能力强、身体健康、具备履职条件的人员参加驻村帮扶，做到因村派人、因人择村，精准匹配、人岗相适。扶贫管理者可随时查看驻村工作人员情况并发放工作任务，对驻村第一书记或驻村工作队进行科学选派、管理、考核和调整，为管理者进行“因村派人”决策提供支撑。

脱贫成效精准管理模块。模块设置了帮扶前后比对和脱贫成效评分功能。在帮扶前后比对方面，模块运用地理遥感技术采集贫困村、贫困户在帮扶前、帮扶中、帮扶后的种种特征信息，经过精细处理，提取有用资料，供扶贫管理者调阅、比对，实现扶贫成效的全面跟踪，做到有据可查，避免数据造假、篡改等情况发生。在脱贫成效评分方面，模块围绕贫困地区和贫困户脱贫工作考核标准建立考评指标体系，由帮扶对象、上级部门、扶贫工作者等多方进行评分，系统对考核评分进行综合分析和可视化呈现。通过以上功能，直观反映脱贫成果，方便决策者及时精准掌握各地脱贫情况，确保脱贫成果真实有效。

3. 三个辅助管理模块

为更好地帮助扶贫决策者和管理者开展工作，结合精准扶贫的重点工作，系统设置了三个辅助管理模块。

“五个一批”管理模块。模块从精准脱贫的主要途径“五个一批”出发，运用柱状图和折线图，对已脱贫的贫困户、贫困人口等信息进行可视化展示和分析。模块可以展示实施精准扶贫“五个一批”工程的受益户数、人口及占比，并自动计算出每项工程对脱贫攻坚的综合贡献值。模块的分析结果，可帮助扶贫管理者掌握各项工程的落实情况及帮扶效果，为精准施策和精准管理提供科学决策支持，如图 4–8 所示。

扶贫大数据应用模块。为更好地利用和深度挖掘扶贫数据的价值，扶贫大数据应用模块依托大数据分析和统计推断技术，将贫困群体的年龄、性别、地域、健康状况、收支情况汇集起来，为贫困群体精准“画像”，方便扶贫管理者据此提供个性化服务。同时，通过多维大数据分析技术将不同地区和部门的碎片化信息进行关联和融合，准确界定出符合帮扶标准的贫困人口数量、分布、资产、教育和健康等脱贫状况，以及脱贫不稳定户、边缘易致贫户或其他原因收入骤减户等信息，为脱贫预测、返贫预警提供数据支持。

模块通过大数据分析模型，帮助决策者制定科学的帮扶措施。例如，在评估生态扶贫的帮扶效益方面，将贫困地区的气候、地形、土壤、植

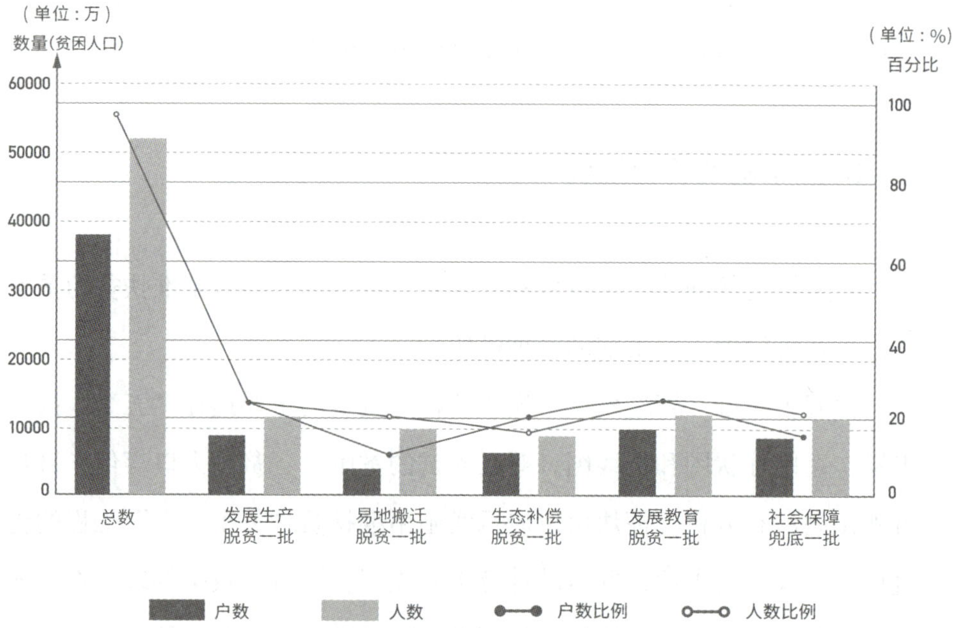

图 4-8　“五个一批”精准管理模块可视化图

被、耕地面积和劳动力资源等因素，与扶贫产业的市场前景、需求群体、发展趋势、价格行情和潜在风险等因素相结合，进行研究分析。

模块还可以通过数据统计、分析功能，对区域内“两不愁三保障”、贫困人口比例、脱贫达标率等各指标以图表等方式实时呈现，便于评估成效，作为下一阶段工作的决策依据。

扶贫工作进度管理模块。对扶贫工作进度的有效控制是保证扶贫任务如期完成的关键。为避免信息不畅通、效率低、协作不到位、数据失真等弊端，扶贫工作进度管理模块应用多维成效统计技术，利用实时数据处理功能，将扶贫工作总目标、阶段性计划、进度分工、工作流程、脱贫完成率和返贫人口下降率等信息以图表形式呈现，便于管理者和决策者实时、直观地了解和掌握扶贫工作进展，随时督查各地工作进度及目标达成情况。

（二）精准脱贫社会公共服务系统

精准脱贫社会公共服务系统是面向公众、凝聚社会力量广泛参与扶贫的门户系统。系统搭建了一个政府部门、扶贫对象、慈善组织和爱心人士等相互沟通的公益平台，打造爱心帮扶、电商扶贫、扶贫众筹、金融扶贫等全社会参与的扶贫模式。

系统支持建档立卡的贫困户发布需求；慈善组织和社会团体、爱心人士等在线帮扶；贫困地区发展电商扶贫，销售农副产品；在线技能培训，帮助贫困户掌握计算机操作及种植、养殖等职业技能。同时，还支持扶贫部门发布国家扶贫动态与政策、通知、公告等信息，解决精准扶贫中政府与社会各界、贫困群体之间的信息不对称问题，提高扶贫工作的透明度。

系统各功能之间相互支撑，为用户提供线上的个性化服务。精准脱贫社会公共服务系统主要功能模块，如图 4-9 所示。

1. 帮扶对接管理模块

由于文化水平不高、交通不便和信息闭塞等原因，一些贫困户的

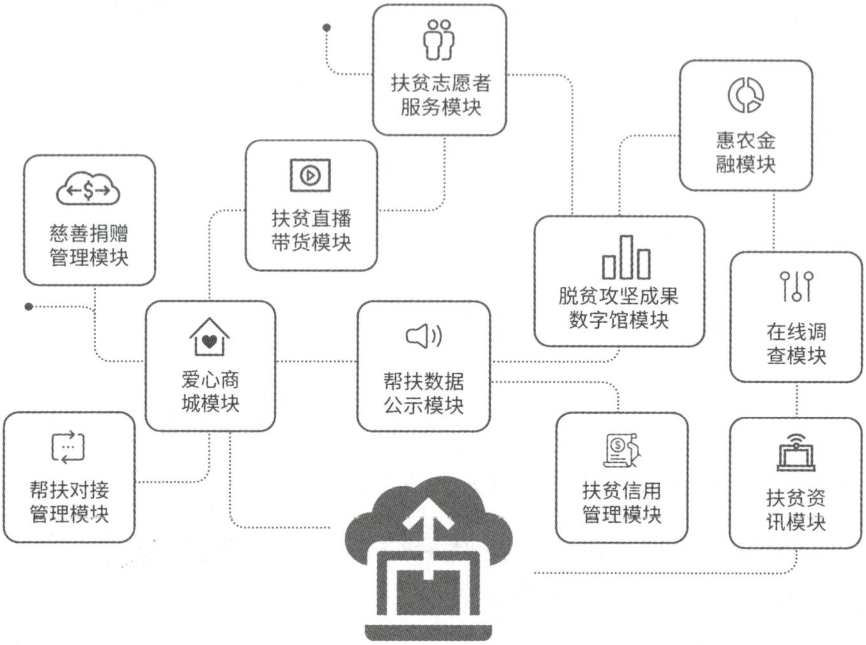

图 4-9　精准脱贫社会公共服务系统主要功能模块

实际困难不易为外界所知，如体弱多病丧失劳动能力、农副产品销售不畅、缺乏生存技能等。借助帮扶对接管理模块，贫困户可在线发布需求信息，爱心人士可以在线对接援助，实现贫困户的需求和社会帮扶资源有效匹配。

贫困户可在系统中自行发布帮扶需求，或委托扶贫工作人员代为发布。为确保发布者身份的真实性，模块依托 OCR 证件识别、人脸识别、活体检测等技术，设置了资格审核功能。贫困户或扶贫工作人员只需上传身份信息和本人影像，即可进行身份验证，无须出具其他材料，既方便又快捷。

模块还可以通过大数据的比对技术对发布的需求合理性进行智能筛查和审核，对“超标”需求进行自动拦截。

爱心人士登录系统后，可搜索了解贫困户的需求，也可在“帮扶大厅”浏览所有提交的贫困户需求，当帮扶意向与贫困户的需求契合时，只需点击“我要帮扶”，即可在线实现帮扶。帮扶完成后，帮扶者与贫困户可进行线上双向评价。

2. 慈善捐赠管理模块

为精准地帮扶贫困群体，慈善捐赠管理模块以“应需而助，按需而捐”为理念，为公益组织、爱心人士等社会力量和贫困户搭建了便捷、高效的捐赠渠道。

贫困户如遭遇重大疾病、意外事故及自然灾害等突发事件导致家庭生活困难，可通过模块发出申请，向社会求助。后台对求助信息进行审核，自动生成需求订单，与社会的公益力量对接。为保障捐赠款物落到实处，消除捐赠者疑虑，模块通过多维度互证，对捐赠款物全程跟踪，透明公开，捐赠者可随时在线了解款物去向；贫困户求助、筹款均可通过模块在移动端自行操作，起到“救急难”的作用。慈善捐赠管理流程如图 4-10 所示。

3. 爱心商城模块

为拓展贫困地区农副产品销售渠道，提升贫困户自我“造血”能力，

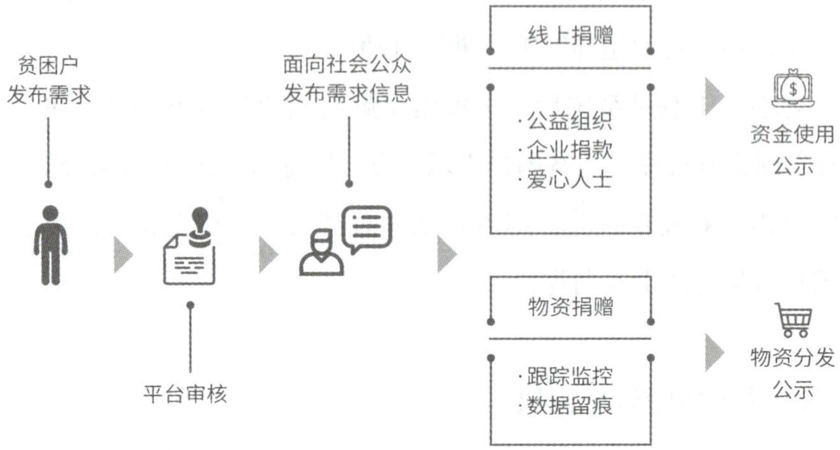

图 4-10　慈善捐赠管理流程图

爱心商城模块结合国家消费扶贫理念，通过扶贫电商模式提供“爱心商城”功能，将来自国家级贫困县、建档立卡贫困户参与生产加工的农副产品在系统上销售。销售的商品由扶贫主管部门认可并推荐，打上统一的标识，同时将产品生产、加工、销售等环节纳入可追溯体系，确保消费者买到特色优质的扶贫产品。同时，模块可对接批量采购渠道，如职工食堂、大型商超、餐饮连锁等，通过规模化订单促进贫困地区商品生产标准化，带动贫困地区线下生产、运输、仓储、加工等全产业链发展。

模块搭建起公开、透明、便捷的交易服务平台，消费者既能买到特色优质的农副产品，又能为贫困户献爱心，同时缓解了贫困户因所在地区交通不便、知名度低等因素导致的产品滞销问题。模块除提供 PC 端访问形式外，还提供微信小程序商城、微信公众号和手机 App 等多种访问形式。爱心商城业务模式流程如图 4-11 所示。

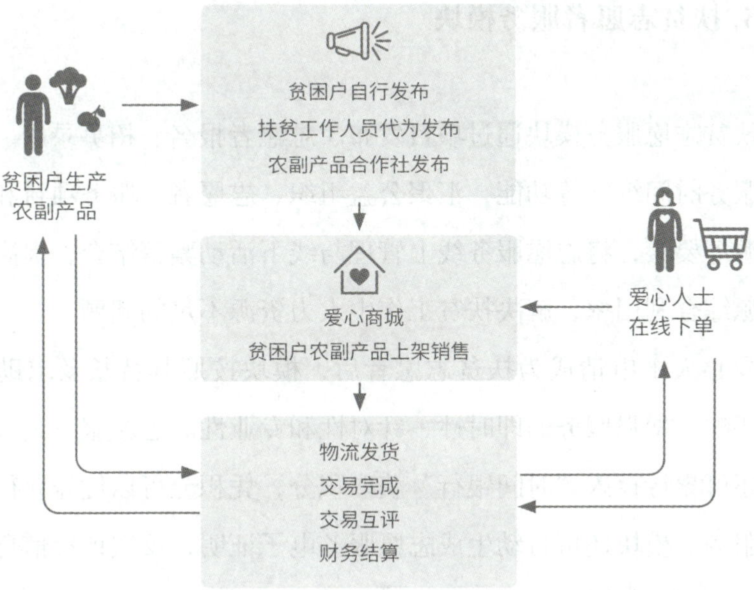

图 4-11　爱心商城业务模式流程图

4. 扶贫直播带货模块

扶贫直播带货模块引入网络直播带货模式，贫困户、扶贫工作人员、明星等以主播角色宣传和推介贫困地区的农副产品和旅游资源。模块与抖音、淘宝、京东、拼多多等平台建立接口，可跳转到这些平台，还能点赞、分享和转发到微信。模块将政府推介、网红粉丝群体、明星流量效应三者有机整合，充分发挥流量池效应，既让消费者购买到物美价廉的农副产品，又能促进当地的农副产品销售和经济发展，带动贫困户实现增收。

5. 扶贫志愿者服务模块

扶贫志愿服务模块通过项目发布、志愿者报名、招募录用、在线培训及服务时间统计等功能，汇聚公益组织、志愿者、服务项目和社会爱心资源等要素，将志愿服务线上管理与线下活动紧密结合，提高志愿服务资源综合利用率，解决扶贫工作中人力资源不足的问题。

爱心人士申请成为扶贫志愿者后，模块按照其特长及求助者需求智能匹配，增强服务的即时性、针对性和专业性。志愿服务记录可查询，时长还可累计存入“时间银行”获取积分，凭积分可以优先获得他人的志愿服务。模块还可自动生成志愿服务电子证明，反馈评价信息。通过建立志愿服务的激励回馈机制，实现爱心双向循环，促进志愿资源互惠互通。扶贫志愿服务模块功能如图 4-12 所示。

图 4-12　扶贫志愿服务模块功能

6. 帮扶数据公示模块

为提高扶贫工作的透明度，强化社会监督的作用，协助管理部门高效地对帮扶信息公示环节进行管理，帮扶数据公示模块对扶贫对象、扶贫项目、扶贫资金和扶贫物资的使用进行公示，并提供在线评价和反馈功能。通过模块，用户可以依权限浏览帮扶数据信息，包含扶贫款物来源及去向、扶贫项目安排等，也可以向有关部门提交意见、建议等。

7. 扶贫信用管理模块

为解决扶贫领域的信用信息不对称、信用信息获取不及时、信用信息失真等风险问题，扶贫信用管理模块采取“大数据 + 信用”的手段和方法，引入保险机构、担保和保理类机构，形成风控维度的业务链，建立起面向贫困户、扶贫工作人员、志愿者、爱心企业和爱心人士的扶贫领域信用体系，将不履行赡养义务、虚报冒领扶贫资金、严重违反公序良俗等行为人筛查出来，列入失信人员名单，保障贫困群体的切身利益，实现国家扶贫政策的全面落实。

8. 扶贫资讯模块

将扶贫信息充分公开，是提升政府公信力、动员和凝聚全社会力量广泛参与脱贫攻坚的重要途径。扶贫资讯模块发布公开的扶贫信息，包括扶贫动态、扶贫政策、扶贫资金披露、项目信息公开以及系统自动汇总分析出的可供公众使用的数据等，社会公众可通过该模块进行信息查询、数据调用以及对扶贫过程开展民主监督。扶贫资讯模块业务流程如图 4–13 所示。

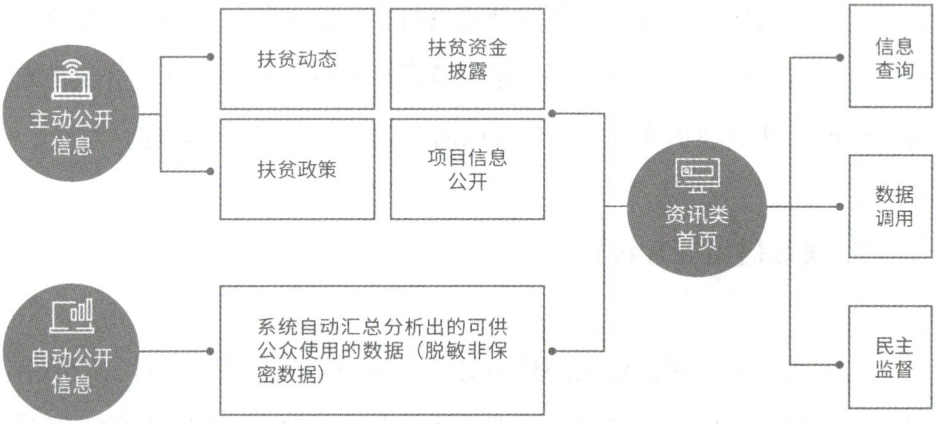

图 4-13　扶贫资讯模块业务流程图

9. 惠农金融模块

惠农金融模块运用大数据技术，根据贫困地区产业发展现状、贫困户情况等进行统计和分析，筛选出有劳动能力、有致富愿望和致富项目且未被列入全国征信黑名单的贫困户，设计信贷模型匹配授信额度，推荐给政府部门和金融机构。政府可以据此为贫困户提供贴息贷款，由当地县级财政机构按照同期贷款基准利率给予贫困户全额贴息，用于生产或创业。

模块通过与银行、保险公司等金融机构建立信息共享机制，联合推出面向贫困户的惠农金融产品。符合贷款条件的贫困户无须提供抵押担保，即可获得与授信匹配的贷款。贷款可自动审批、随借随还、快速到账。在申请过程中，贫困户只需提交基本信息，在模块上简单操作就可办理。贷款到期时，也可自行操作偿还。

为避免“撒胡椒面”式的低效金融扶贫，模块聚焦龙头企业的产业化、组织化优势，把能带动贫困户就业增收的龙头企业、农村合作经济组织等推荐给金融机构，符合条件的优先获得金融支持，以推动扶贫信贷资金流向最需要帮扶的人群、最有潜力的扶贫产业。

10. 在线调查模块

为了使扶贫措施更加精准，提高群众满意度，在线调查模块根据扶贫工作实际需求，面向贫困户、驻村工作队、帮扶企业及社会大众等不同用户，按不同的群体进行分类统计，灵活配置网络调查问卷，多层次多时点开展调查，并实时收集数据。网络调查问卷设定一个或多个自变量和因变量，通过社交软件转发。模块通过大数据统计分析技术对问卷数据进行处理，直观呈现分析结果，为扶贫工作人员、帮扶单位及政府部门提供全面、真实的调查结果。

11. 脱贫攻坚成果数字馆模块

在脱贫攻坚胜利收官后，成果总结、经验分享和数字资料储存至关重要。脱贫攻坚成果数字馆模块包括扶贫足迹、扶贫档案、扶贫榜样等，可为人类减贫的中国实践历程留存翔实、宝贵的资料，也为精准扶贫与乡村振兴有效衔接提供了重要数据库，同时，它作为一份鲜活的“中国减贫方案”，还具有重要的国际减贫研究价值。如图 4–14 所示。

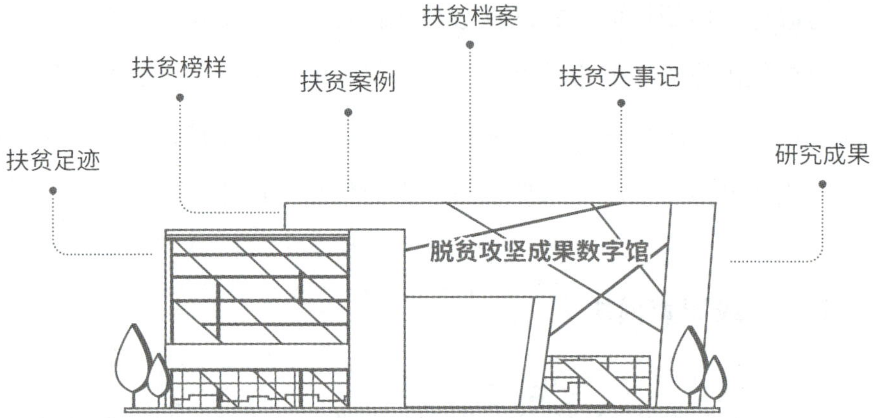

图 4-14　脱贫攻坚成果数字馆示意图

扶贫足迹。主要以图片和视频的形式，记录党和国家领导人深入扶贫一线视察调研、立足实际推进减贫进程的生动故事和画面。

扶贫档案。对精准扶贫“5+2”平台采集和累积的海量数据资源进行汇总、分析和处理，真实、全面展示扶贫成果，形成对国家、社会有历史价值的扶贫档案，以供搜索、查询和下载。

扶贫榜样。通过文字、图片、视频、融媒体等形式，集中介绍全国和地方在脱贫攻坚战中获得表彰的先进个人和先进单位，展现脱贫攻坚战线广大干部群众的精神风貌，发挥榜样的示范引领作用。

扶贫案例。介绍脱贫攻坚战中全国各地干部和群众因地制宜的好做法、好措施，选取典型的成功案例，鲜活生动地讲述中国扶贫故事。

扶贫大事记。以数字化的形式存储扶贫领域重要事件或重大活动，客观准确地记录扶贫开发、精准扶贫工作中的重要历程，反映所取得的重要成就。

研究成果。收录我国精准扶贫领域的研究成果，为脱贫攻坚与乡村振兴的有效衔接提供理论指导，为国际减贫合作与成果分享提供智力支持和数据储备。

（三）精准扶贫驻村干部管理系统

精准扶贫驻村干部管理系统是扶贫干部开展日常工作的办公平台，可帮助驻村第一书记、驻村工作队、帮扶责任人等扶贫主体便捷地开展工作，提高精准扶贫管理的质量和效率。系统根据扶贫干部分工，设置了省级管理、市级管理、县级管理、乡级管理、村级管理五种权限，进行实名认证、条块管理。

系统一方面通过收集信息、提供查询、分派任务，解决“不知帮啥”的问题；另一方面，扶贫干部下乡走访贫困户，可在线提交帮扶工作纪实、驻村工作日志、随拍照片等信息。帮扶信息上传后，系统自动统计，对照帮扶目标、分析落实情况，展示驻村帮扶成效，解决“帮扶不扎实”的问题；上级领导能实时监测、及时指导帮扶工作，并进行绩效考核，解决“帮扶难考核”的问题。精准扶贫驻村干部管理系统主要模块如图 4-15 所示。

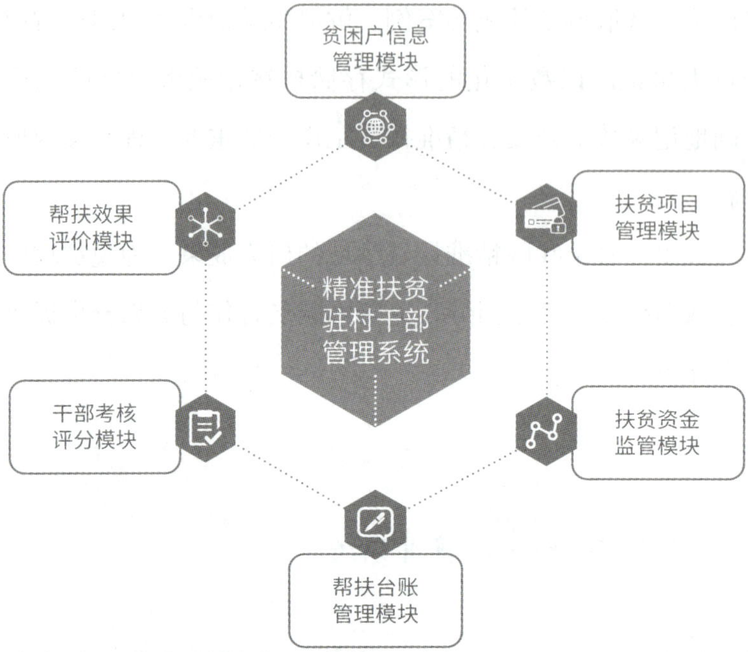

图 4-15　精准扶贫驻村干部管理系统主要模块

1. 贫困户信息管理模块

对贫困户精准识别，建档立卡是关键。贫困户信息管理模块承担贫困户信息的采集、录入、提交、审核、维护及共享任务。模块通过移动端采集、PC 端录入和后台技术管理等跨终端互联的方式，建立贫困户电子档案，实施动态管理，形成基础数据库。上级部门根据数据库中贫困户的数量和所在村的地理位置信息，把帮扶工作任务分配给相关责任人，形成工作任务动态列表。相关责任人根据贫困户动态数据，有针对性地开展工作，通过移动端以数字、图片、视频、定位等方式完善建档立卡信息，并对致贫原因、脱贫进展等情况进行实时更新。跨终端采集的异构数据经系统处理后，形成贫困户标准数据信息，呈现在本人建档立卡详情页上，同时自动生成个人专属二维码，用户扫码即能轻松获取详细信息。

针对脱贫不稳定户、低收入家庭、低保户和特困户等帮扶对象，模块设置了返贫预警功能，将上述帮扶对象纳入防返贫监测范围，对包括因病、因灾等导致的返贫现象发出预警，以便有效干预，做到“防患于未然”，最大限度防止“边脱贫、边返贫”及“边脱贫、边增贫”等现象发生。贫困户信息管理业务流程如图 4–16 所示。

2. 扶贫项目管理模块

扶贫项目的精准安排，事关扶贫政策的落实，但在一些贫困地区，还存在扶贫项目识别偏离、执行效率低、监管不严格等突出问题。对此，扶贫项目管理模块将全周期信息追踪溯源技术运用到扶贫项目管理中，对扶贫项目的主要环节进行监督，对项目的负责人进行管理和考核，以促进扶贫项目管理的科学化、制度化和规范化。模块主要从六个环节对扶贫项目进行管理。

项目申报阶段。发起项目申请，提报申请材料，向县级管理部门提交项目意向书。

项目审批阶段。通过模块申报的项目，需接受严格的“线上 + 线下”评审，评审人由具有相应管理权限的人员担任，通过审核的项目进入县级扶贫项目数据库备案。

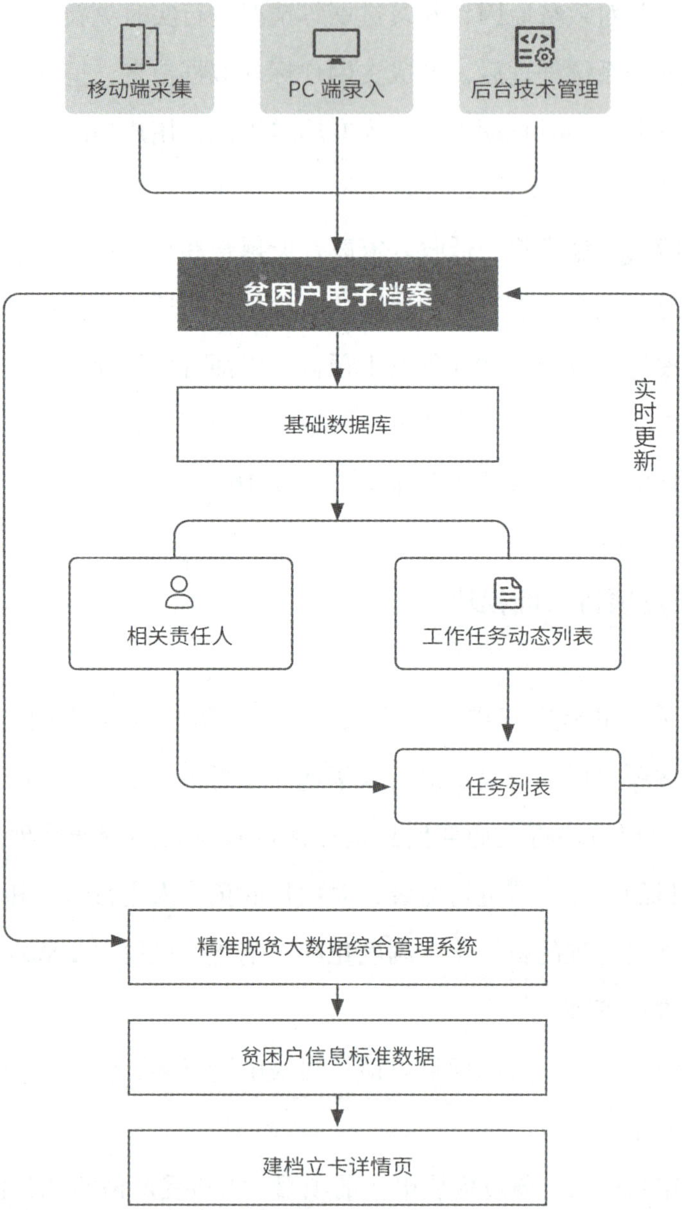

图 4-16　贫困户信息管理业务流程图

项目实施阶段。获审批的扶贫项目，经过在线签发后，即进入实施落地环节，主要过程包括风险分析、部署规划及资源匹配等。各环节都有数据留痕，做到事前有规划、事中有痕迹、事后可评估。

项目检查阶段。对扶贫项目的实施过程及贫困户受益情况等进行详细记录和数据分析，方便扶贫管理层逐级查看扶贫项目的分布和进度，了解扶贫项目对贫困群体的覆盖率等情况。

项目验收阶段。项目执行期满，可组织相关领域的技术和业务专家进行项目验收。项目执行期间的过程文档和项目成效，均可在模块中调取和查阅。专家组可以在线对项目验收给出评审意见，作出“通过”或“不通过”的决定。通过的项目予以标识；不通过的项目，系统退回并提出整改意见，待整改后再组织验收。

项目评估阶段。模块提供多维综合评估体系，从建设单位自我评价、项目所属行业（地区）主管部门评价、主要投资主体评价、第三方评价和受益对象评价等维度加权打分，为管理者后续项目部署提供决策依据。

模块运用了基于分布式架构的数据查询技术，用户只需输入项目的文号、名称或关键词，即可在扶贫项目管理数据库中搜索查询到。每个扶贫项目都有“项目详情页”，包含项目审批单位、立项规划、建设周期等多项信息。为了确保可查询、可监控、可追溯，“项目详情页”以可视化方式呈现项目的申报、审批、实施、检查、验收和评估等关键环节进度，同时自动生成项目专属二维码，通过移动端扫码即能获取项目的详细信息，以便管理者及时督导。

模块对项目的建设内容、工程概算、资金来源等信息进行公示，以便接受社会监督。扶贫项目管理流程如图 4-17 所示。

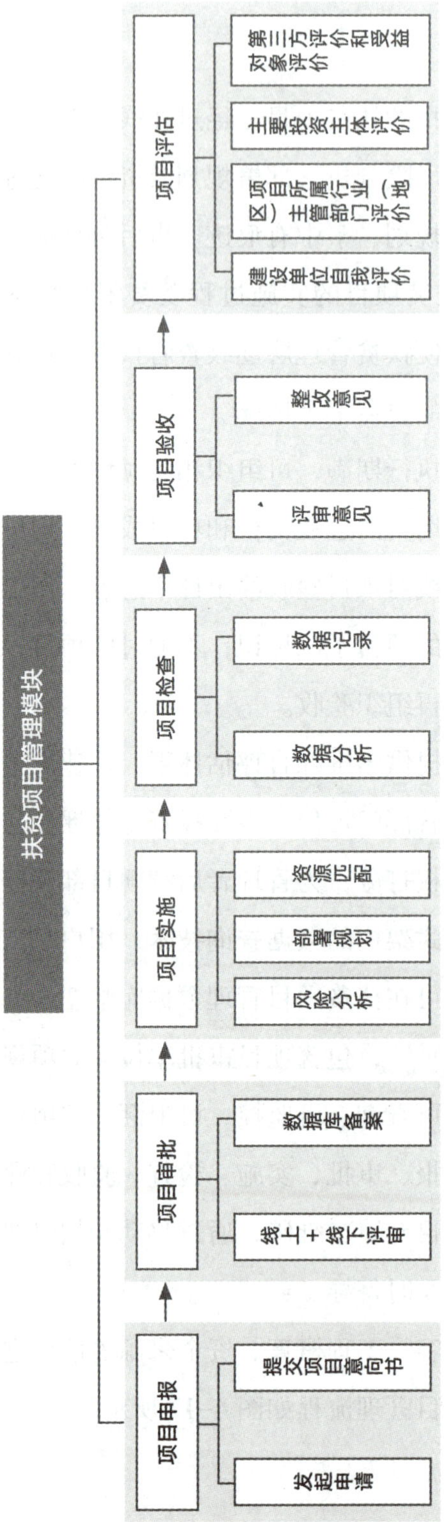

图 4-17　扶贫项目管理流程图

3. 扶贫资金监管模块

在精准扶贫工作中，扶贫资金的监管既是重点也是难点。为确保扶贫资金安全高效使用，扶贫资金监管模块通过财务电算化模式，对扶贫资金的申报、审核、下达及使用在线监管。通过检索扶贫资金，可以查看资金数量、来源、投向、拨付进度、报账进度、余额等信息。还可以按资金名称、资金文号或行政区域等属性，查询资金的使用情况。例如，按“扶贫补助资金”查询，可以查看系统中共有多少人领取等信息。扶贫到户资金采取实名制管理，在线输入受益人身份证号码即可查询。

在监管预警方面，模块采取纵向覆盖省、市、县、乡四级扶贫部门，横向覆盖同级扶贫资金主管部门的模式，将财务监督功能嵌入扶贫资金运行的主要环节中，实时记录、追溯和监控扶贫资金的流向。通过智能数据分析功能，对不符合政策的扶贫资金发出预警。预警分为警告、异常和违规三个状态，并通过状态栏分颜色显示。管理人员可以及时对相关资金进行查看，从源头上防止资金违规行为的发生。模块中的资金统计列表和数据分析结果，同时在精准扶贫挂图作战管理系统中展示。扶贫资金监管模块如图 4-18 所示。

4. 帮扶台账管理模块

帮扶台账是扶贫工作人员日常帮扶的信息记录，也是改进工作的重要依据。记好帮扶台账是实现脱贫攻坚目标的基础性工作。帮扶台账管

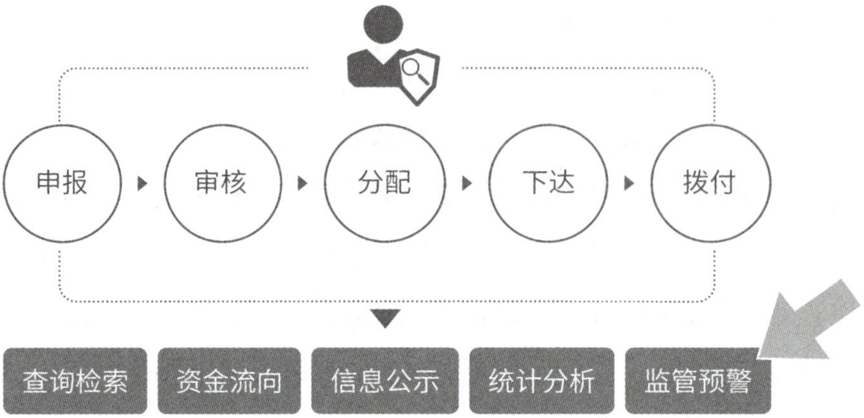

图 4-18　扶贫资金监管模块

理模块可以实现工作留痕、结果生成和数据追溯等功能，让各项工作有迹可循，促进帮扶工作规范化、精细化、过程可控化。上级部门可以通过模块在线查阅工作台账，从而掌握扶贫工作人员情况，为决策与考核积累第一手资料。

5. 干部考核评分模块

精准扶贫精准脱贫要取得实际成效，离不开科学的考核机制。干部考核评分模块通过数据分析对扶贫工作效能进行考核评估，让上级部门准确、直观地掌握扶贫干部的工作情况，实现对工作成效的量化考核。

模块建立多维工作考核指标体系，以“底数清、措施明、群众满意”等为主要权重指标，确定各指标对扶贫工作的影响大小，自动打分，同时结合人脸识别、高精度定位等技术，解决考核评估过程中弄虚作假的问题，实现准确量化考核。考核结果分别呈现在精准扶贫挂图作战管理系统、精准扶贫驻村干部管理系统上，为选人用人和奖惩提供参考依据。

6. 帮扶效果评价模块

帮扶效果评价模块设置了贫困户对帮扶工作的在线评价和意见反馈功能，以发挥贫困户对扶贫工作的监督作用。在帮扶中、帮扶后，贫困户可以通过模块进行在线评价和反馈意见，一是贫困户脱贫情况和满意度；二是扶贫工作人员深入贫困村、贫困户进行联络及帮扶的频次和内容；三是贫困户应得的扶贫款项是否及时、足额拨付到位。帮扶效果评价模块如图 4-19 所示。

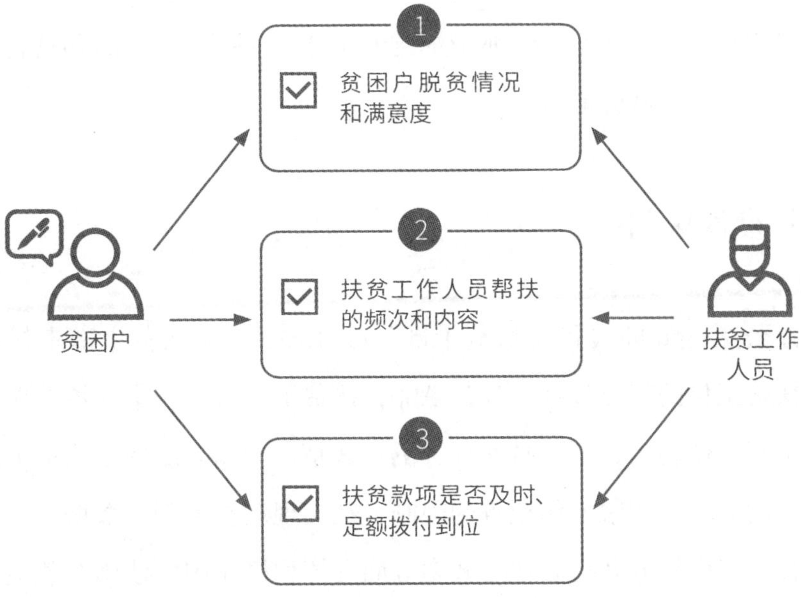

图 4-19　帮扶效果评价模块

（四）精准扶贫 App

随着智能手机的普及和5G技术的广泛应用，移动互联网以更便捷的信息获取、更高效的信息处理、更实时的信息沟通等优势，成为各级党政机关发布政务信息、提高社会治理水平的重要途径。精准扶贫 App 是将移动设备的通话、视频、拍照、定位等功能与扶贫工作充分结合而开发的手机软件。依托智能手机便携性特点，用户可以通过 App 及时了解精准扶贫政策和工作动态，进行扶贫信息管理，提高精准性和实效性。精准扶贫 App 功能构成如图 4-20 所示。

精准扶贫 App 针对扶贫干部、贫困户和爱心人士设置了两种版本：一是办公版 App，即精准扶贫驻村干部管理系统 PC 端的移动化，主要用户为扶贫干部；二是公众版 App，即精准扶贫社会公共服务系统、精准脱贫就业致富系统和精准脱贫社会医疗救助系统 PC 端的移动化，主要用户为贫困户和爱心人士。

1. 办公版 App

办公版 App 即“我是扶贫干部”版 App，针对扶贫干部走村入户开展扶贫工作的特点设计。通过 App，扶贫干部可以采集、核准扶贫数据，了解工作动态，掌握扶贫任务的完成情况。App 能满足扶贫干部移动办公的需求，摆脱工作地点的限制，在实现动态管理、数据高效采集、及时督办工作任务和提升扶贫效率方面发挥积极作用。使用对象主要为各级党政领导和扶贫工作人员。

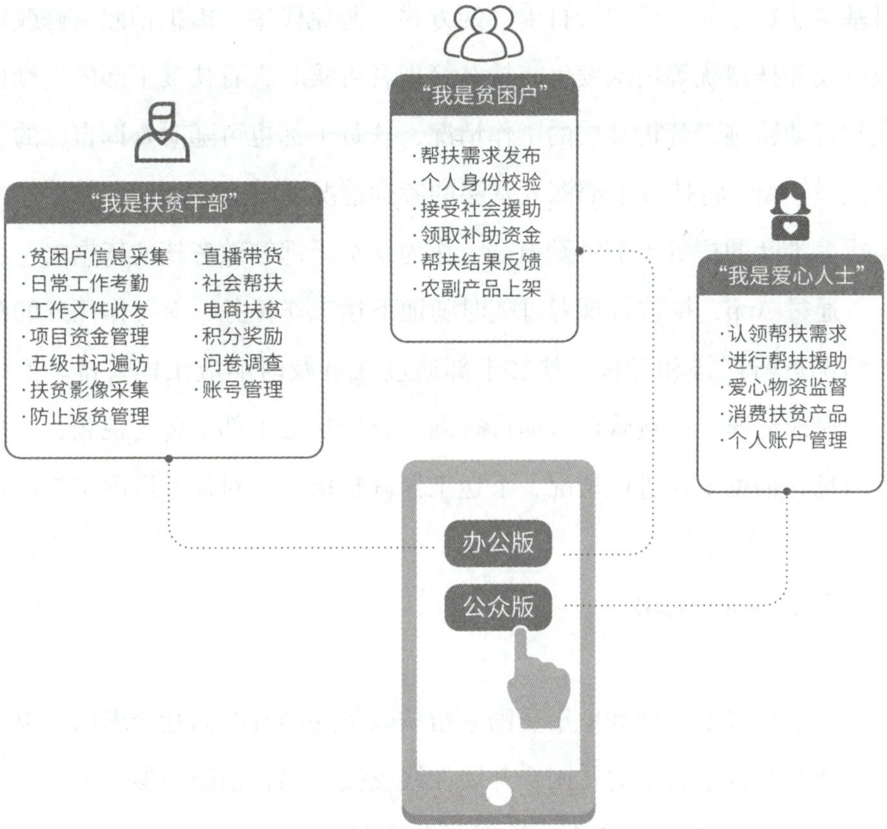

图 4-20　精准扶贫 App 功能构成

App 根据不同职责，分配不同权限。扶贫干部按权限采集和维护贫困户基本信息、上传贫困户图片、提交帮扶日志等，实现随时随地开展扶贫工作。通过 App，扶贫干部在入户调研、开展帮扶过程中，可以现场采集与贫困户相关的照片、视频实时上传，还可以随时查询和更新贫困户信息，全程电子化操作。

App 结合人脸识别、LBS（基于位置的服务）、安全检测等技术，对基层扶贫干部采用“云打卡”的方式，避免代签、虚拟拍照、修改定位以及外挂侵扰等情况发生。扶贫管理者可实时查看扶贫干部的考勤情况和行动轨迹，分析基层的工作情况，扶贫干部也可随时查询自己的考勤记录。App 将扶贫干部深入基层的考勤情况随时上传到后台数据库中，生成多维度的扶贫干部考勤报表，作为扶贫干部绩效考核的依据之一。

通过 App，扶贫管理者可随时随地下达工作任务，对工作任务的执行情况进行监督和考核。扶贫干部通过 App 及时响应工作安排，汇报工作完成情况。扶贫管理者通过查阅、分析扶贫干部上传的视频、照片等信息，根据工作进度情况，下达工作调整指令，对任务进度实施监督。

2. 公众版 App

为了让贫困户便利地享受国家帮扶政策并能及时向社会求助，也为了支持社会爱心力量对贫困户开展在线支援、捐款捐物及参与扶贫义卖等公益活动，精准扶贫 App 设置了公众版 App，供贫困户和爱心人士登录使用。

在主要功能设计上，App 与精准扶贫社会公共服务系统相似。为避免他人假借贫困户身份冒领捐赠款项，模块运用 OCR 证件识别、人脸识别、活体检测等技术对贫困户进行实名认证，从源头确保贫困户身份的真实性。App 能自动为贫困户建档立卡，生成贫困户“电子身份证明”，贫困户无须出具户口簿、村委会纸质证明等即可完成身份校验，享受国家对贫困户的优惠政策。贫困户可以自主发布求助信息，求助信息经系统审核和智能处理后，推送给爱心人士；还可以进入扶贫产品直播间销售自己的农副产品。直播间仅对建档立卡贫困户开放，上架产品均是扶贫部门认定的扶贫产品。

爱心人士通过 App 可以广泛参与扶贫工作，借助移动支付等方式，对贫困户开展捐款捐物及参与消费扶贫等公益活动。爱心人士可以浏览和认领帮扶对象及项目，在线填写捐赠单，对接和支援贫困户。对于捐赠物品，App 运用现代物流管理技术，自动匹配快递员上门取件，送达公益组织或帮扶对象；记录爱心物资流转的主要环节、时间及经手人。爱心人士可随时了解所捐赠物资的详细状态，使捐赠物资得到精细化管理和广泛的社会监督，爱心捐赠更便捷、透明。

爱心人士还可通过 App 购买贫困户销售的农副产品，当消费金额累积到一定额度时，App 给爱心人士发送“消费扶贫证书”，既是对其献爱心行动的鼓励，也便于其在朋友圈等社交平台分享，邀约更多好友参与扶贫、共献爱心。

（五）精准扶贫大数据综合管理系统

精准扶贫离不开数据精准。精准扶贫“5+2”平台各系统中的数据源形式繁多，无论是来自内部数据库的结构化数据，还是来自互联网的非结构化数据，都可能给系统管理带来数据融合的障碍。因此，需要在扶贫工作中进行高效的数据汇聚融合处理，构建完善的数据管理中枢，实现数据的标准化、协同化和共享化。精准扶贫大数据综合管理系统数据流转关系如图 4-21 所示。

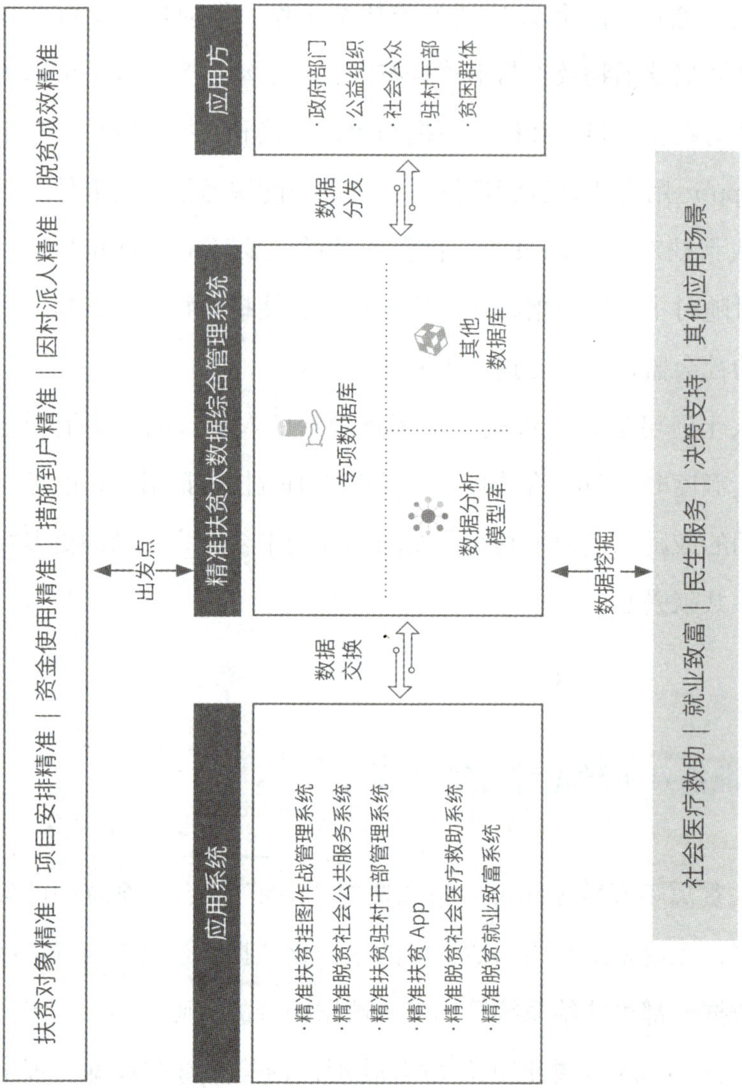

图 4-21　精准扶贫大数据综合管理系统数据流转关系图

作为精准扶贫“5+2”平台的数据中枢，精准扶贫大数据综合管理系统不仅是各系统高效运行、汇聚融合及数据交换的“保驾者”，还是数据智能处理的“中枢大脑”。它从底层扶贫数据统一采集、录入着手，搭建一套完整的数据分析模型库和智能数据处理中间件，统筹各系统不同类型的数据库，对平台所有业务、数据进行统一存储、清洗及加工，形成可应用的数据信息流，并在相应子系统中展示和应用。精准扶贫大数据综合管理系统由五个功能模块构成，如图 4-22 所示。

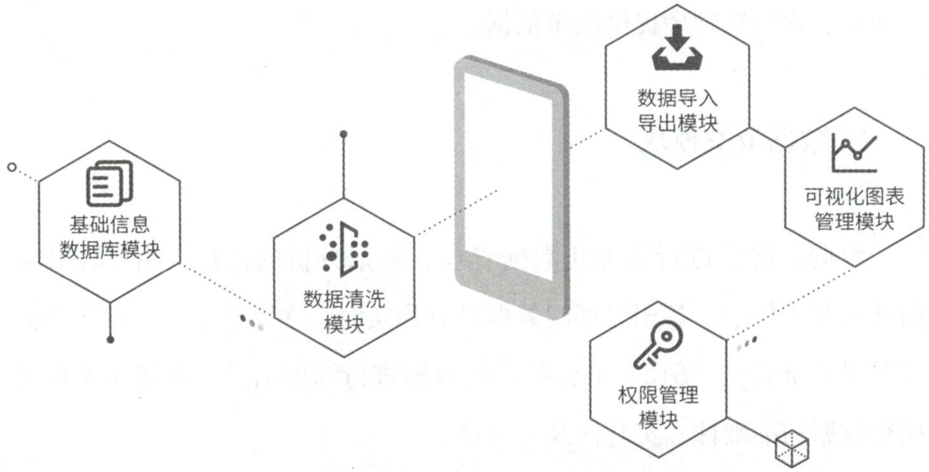

图 4-22 精准扶贫大数据综合管理系统主要模块

1. 基础信息数据库模块

基础信息数据库模块使用多种人工智能算法，自动构建基础信息数据库。主要技术及流程包括：依据扶贫对象识别指标体系，精准识别扶贫对象；识别的扶贫对象经审核和校验后进入贫困户数据库，被智能推送到各子系统；借助多维画像引擎，对扶贫对象数据进行深度建模和多维挖掘，并基于影响力模型分析致贫因素对各类贫困人口的影响；运用贫困程度动态监测模型，实时记录扶贫对象的动态变化情况；基于预测解析技术，来预测不同的自变量变动情况下的贫困人口返贫概率。

基于构建的基础信息数据库，模块利用大数据分析技术对建档立卡贫困户信息进行汇总和整合，根据数据的增长变化、分布特征等情况来挖掘其变化规律，并将信息处理结果呈现在精准扶贫挂图作战管理系统的前端，为扶贫管理提供决策依据。

2. 数据清洗模块

数据清洗是进行精准化数据管理、数据分析的前提。由于在开展精准扶贫工作中，各相关部门数据具有强实时、多噪声、不一致等特点，需要对精准扶贫“5+2”平台各系统数据进行深度清洗，从源头上保障扶贫数据的准确性、实时性及有效性。

数据清洗模块的主要功能是清洗“脏数据”，对不一致数据进行核查，对缺失数据进行填补，对重复数据进行消重。模块运用大数据清洗技术，通过多部门数据对接，对建档立卡信息及系统的其他数据进行清洗、加工、审核和校验，自动进行异常数据去重，并以人机协同方式对异常数据进行修正，截断错误数据，降低人为误差，使扶贫数据更加准确完整，避免因数据失真而影响统计分析结果的可信度。模块根据数据清洗规则对异常数据进行清洗，精准扶贫数据清洗流程如图 4-23 所示。

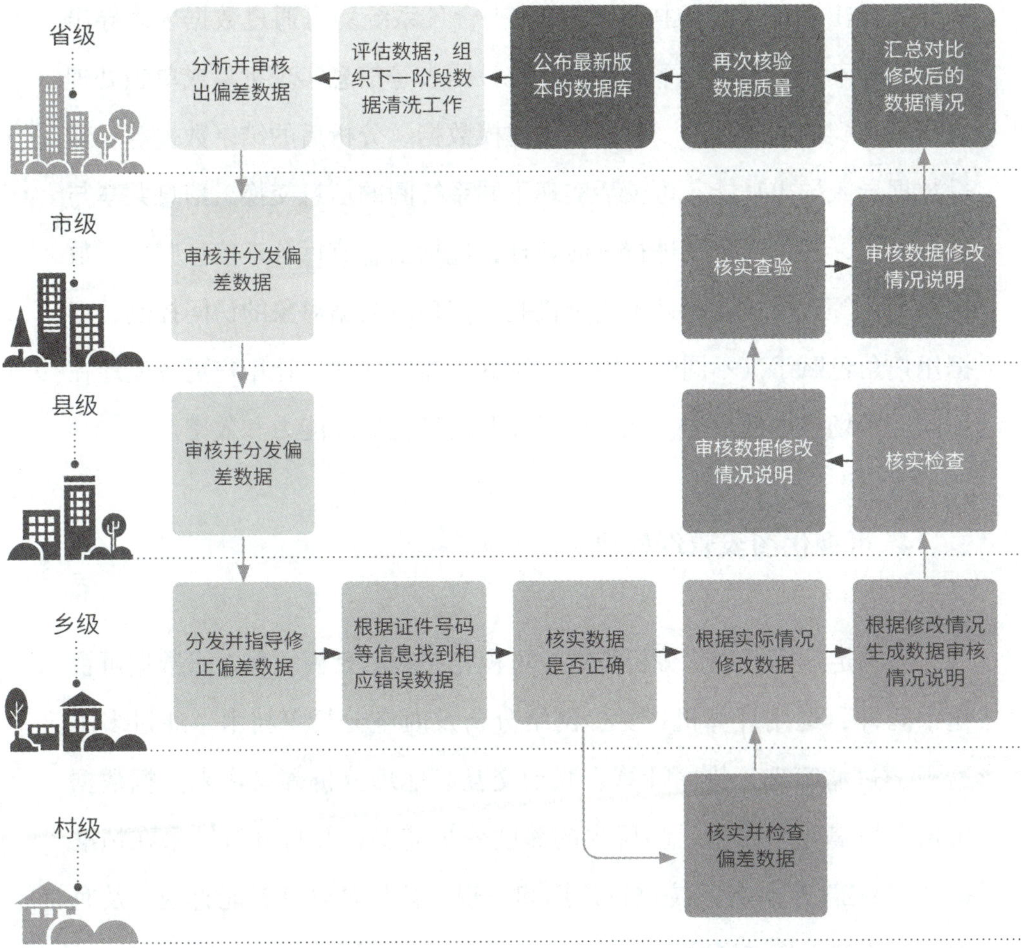

图 4-23 精准扶贫数据清洗流程图

3. 数据导入导出模块

数据导入导出模块提供了多种数据接口，可以实现不同类型数据源的导入导出功能。精准扶贫“5+2”平台各系统均可通过数据导入导出接口，对不同检索条件下的数据、统计图表等信息实现批量或单独处理，包括采集到的基础数据、存储后的建模数据、分析后的结果数据等。通过数据导入导出功能，可灵活实现不同系统间的信息交换、信息共享与业务协同，并可对数据进行灵活处理，包括信息流拆分、信息归并、数据序列化等。模块还设计了安全机制，实现对数据对象的访问控制，根据用户角色赋予其不同的权限，定制其所需的数据，让用户更方便地在不同应用场景中使用个性化数据，提升信息化处理能力和效率。

4. 可视化图表管理模块

为满足数据可视化分析需求，可视化图表管理模块建立了数据可视化中间件，运用计算机视觉、网络分析及时空分析等技术，通过多维透视、过滤筛选、排序计算、联动交互、地理分析等操作来挖掘数据价值，以满足多维度、多层次的深度分析需要，并将分析结果在精准扶贫“5+2”平台各系统进行调用和呈现，让扶贫管理者能直观、及时地掌握扶贫工作进展情况。

5. 权限管理模块

为了确保各系统的数据安全，系统根据扶贫工作人员的级别及分工进行权限设置。模块设置的管理权限主要分为省级、市级、县级、乡镇和村级五级。用户仅可查看或管理相应权限的扶贫信息，这样既可避免数据泄密，也能从源头上避免各种操作风险。

（六）精准脱贫社会医疗救助系统

精准脱贫社会医疗救助系统旨在打通定点医疗卫生机构和相关部门之间的数据壁垒，使贫困户就医信息互联互通，通过建立便捷的看病、报销一体化管理流程，让贫困户享受到“先诊疗后付费”、规范治疗、家庭随访等服务，促进医疗扶贫的精准化、高效化。

系统通过专用的数据接口，可与医疗卫生机构和政府部门建立数据共享，自动记录贫困户的就医情况，形成专属医疗档案；通过公立医院、志愿者医生和爱心药企等医疗资源的有机汇聚，为贫困户提供精准的医疗救助，缓解贫困户“看病难”“吃药贵”问题；针对深度贫困地区医疗资源匮乏、贫困户外出求医问药难等情况，为贫困户提供远程医疗服务。系统还能分析处理海量的贫困户医疗数据，挖掘有价值的信息，提供有针对性的医疗救助服务。

1.“一站式”结算模块

为了解决贫困户就医结算手续烦琐的问题，一站式结算模块力图整合民政、医保、商业保险、医院等资源，通过连接基本医保、大病保险、民政医疗救助和医疗兜底救助等信息管理系统，采用人脸识别、电子处方记录等技术，为贫困户提供医疗手续的一站式结算，实现贫困户医疗资金结算便捷化、管理透明化和监管智能化，简化结算流程，减轻贫困户的负担。通过模块，贫困户在生病住院时，可以“先诊疗后付费”。在出院时，无须提供除身份证外的其他凭证就能享受到医疗扶贫的特惠政策，完成出院结算手续。同时，贫困户医疗结算数据会实时更新，智能化抓取自付医疗费用较高、病情反复发作的贫困户数据，当医疗支出超过临界值时，模块会生成“因病返贫”风险预警，提供给扶贫部门作为巩固扶贫成果、防止返贫的数据参考。

2. 贫困户医疗信息管理模块

贫困户医疗信息管理模块可以实现与医院信息系统互联互通，收录贫困户患者在不同医院的诊疗信息，为贫困户患者建立个人健康电子档案。不同医院的医生都可实时查询档案，充分掌握患者的身体状况和病情，以便更好地诊断与治疗，还可为贫困户减少不必要的重复检查，降低医疗成本。

由于经济原因，一些贫困户很少体检，疾病预防意识淡薄。对此，当地政府或慈善组织可通过系统，组织贫困户免费体检或提供体检补贴。

贫困户可通过模块查询个人健康档案，还可在线预约体检，体检结果自动录入模块数据库。

3. 爱心医生模块

针对贫困地区医生匮乏、贫困户看病难的情况，爱心医生模块可为贫困户提供远程医疗服务。我国三甲医院及贫困地区县级以上医院的医生可通过模块注册成为爱心医生，为贫困户提供在线义诊和医疗健康咨询服务。贫困户登录系统填写病情描述、上传相关检查报告，爱心医生在线接诊后，即可进入“贫困户医疗信息化管理模块”调阅相关病情资料，通过语音、视频等方式问诊，让贫困户享受到便捷、优质的远程医疗服务。贫困地区医生在接诊患者的过程中如遇到疑难杂症，三甲医院的医生可通过模块为他们提供线上辅导、视频会诊，帮助贫困地区医生提高医疗服务水平。

4. 爱心医疗物资管理模块

针对贫困地区医疗物资匮乏和贫困户“吃药贵”问题，爱心医疗物资管理模块通过挖掘医院和贫困户有关数据，精准对接公益慈善组织、爱心药企，获得相应的爱心医疗物资，从而减少贫困户的医疗支出和贫困地区医院的诊疗成本，缓解贫困户经济压力。模块可以将贫困户患病情况、常用药及贫困地区医院医疗器械需求信息与社会捐赠药品和医疗器械信息进行对接，形成“爱心医疗物资捐赠通道”。贫困户患者及贫困地区医院可以在模块上接受捐赠，经过专业人员审核后，各类爱心医疗物资精准分配和投放。模块支持医疗物资全流程动态监管和溯源，提供详细的物资状态明细，记录药品和医疗器械来自哪里、流向哪个医院或贫困户患者、哪些人员经手以及库存情况等。

5. 疾病防控管理模块

疾病防控管理模块主要为贫困地区政府提供疾病防控方面的数据支持。模块可以将贫困户医疗信息与当地饮食习惯、生活环境和气候条件等因素相结合，通过医疗大数据的综合分析，对贫困人群慢性病、传染病、地方病的发病率和致病原因进行监测，进而分析出贫困人群的健康状况、疾病隐患、发展趋势及影响健康的因素，帮助政府相关部门对辖区贫困人群的疾病情况制订干预方案，做好贫困地区生态环境治理、食品卫生安全监管、健康生活习惯养成等工作，减少地方性疾病的发生。

为增强贫困户的科学防病能力，医学专家可通过模块上传视频讲座、课件和医学科普文章，供贫困地区的医生和贫困户学习；贫困户也可在线向医学专家咨询。

（七）精准脱贫就业致富系统

贫困户一般文化程度不高，缺乏专业知识和职业技能，就业信息闭塞，存在就业困难问题。基于“授人以鱼，不如授人以渔”的理念，精准脱贫就业致富系统依托国家推动就业帮扶及东西部对口帮扶等政策，以缓解贫困户“就业难”、企业“用工荒”、激发内生动力为出发点，为贫困户和用工单位搭建高效的信息化就业对接平台，为贫困人口持续稳定增收和有效防止返贫提供技术支撑。

1. 就业供需管理模块

就业供需管理模块可实现贫困户“就业需求”与企事业单位“用工需求”的高效对接。有就业意向的贫困户自主或委托扶贫干部，通过模块进行线上就业意向登记，形成贫困劳动力“就业需求”数据库。同时，模块通过与劳务中介合作，汇总了保洁、家政、保安、餐饮、城乡协管等多项用工需求信息，形成“用工需求”数据库。

两个数据库信息实时更新，并通过数据筛选比对、人岗信息匹配等，实现就业供需的精准智能匹配和双向推送。通过模块，贫困户可自主发布就业需求，获得合适的岗位，增加家庭收入，实现“一人就业、全家脱贫”；企业可降低用工成本，缓解“招工难、用工贵”的困境。

2. 就业大数据展示模块

就业大数据展示模块运用数据挖掘和智能数据分析技术，通过构建数据显示模型，对贫困户就业信息进行统计汇总，以可视化的形式呈现贫困户在不同时间、区域、行业的就业情况，让政府部门可以全面掌握贫困户的就业信息和就业形势，做到底数清、情况明，为制定决策提供数据支持。

3. 贫困户创业帮扶管理模块

贫困户创业帮扶管理模块针对有创业愿望的贫困户，为他们提供在线培训和小微金融融资渠道，以缓解贫困户创业能力弱、创业资金匮乏等困难。模块主要以线上教学等方式，为贫困户提供创业指导；借助网络众筹、慈善捐助，为贫困户提供创业资金支持；接入第三方金融机构，为贫困户提供无抵押、无担保的小额贷款支持。模块还可接入第三方电商平台，帮助贫困户扩大创业产品的销路。

模块通过贫困户创业成长跟踪模型，一方面为贫困户及时推送创业优惠政策，另一方面让扶贫部门和其他扶贫主体及时了解贫困户创业成长历程，从中获取有价值的信息，对有创业潜力的贫困户进行重点帮扶，帮助他们创业致富。

4. 东西部劳务协作模块

将西部贫困地区的贫困劳动力有组织地转移到东部发达地区务工，是帮助贫困户脱贫致富的重要途径之一。东西部劳务协作模块依托国家东西部扶贫协作机制，融合线上线下劳务协作方式，汇集西部地区贫困劳动力求职信息及东部发达地区用工需求信息，筛选出与贫困劳动力文化程度、职业技能相匹配的岗位，进行精准对接，帮助建档立卡的贫困劳动力赴东部地区务工，促进转移就业、脱贫增收。

5. 贫困残疾人就业模块

残疾人是贫困户中的特殊群体，身体功能的局限、信息的闭塞是他们就业的障碍。贫困残疾人就业模块将信息化技术与残疾人就业意愿相结合，提升他们的自主就业能力，帮助他们更好地就业，实现有尊严的脱贫。

有就业意向和工作能力的贫困残疾人，可以通过模块提交个人电子简历，包括个人信息、就业意向和需求，模块自动生成“贫困残疾人就业信息数据库”，同时汇集政府、爱心企业、社会团体等提供的适合残疾人就业的岗位信息，生成“就业用工数据库”，并对这两个数据库进行供需智能匹配、双向推荐。求职成功后，部分贫困残疾人还能通过模块实现远程交流与团队协作，居家完成工作。

三、初见成效

精准扶贫“5+2”平台的应用实践

针对精准扶贫工作中面临的实际问题，精准扶贫“5+2”平台将信息技术与精准扶贫工作有机融合，从七个信息管理维度解决“六个精准”中存在的难点问题，“点面结合”“标本兼治”，使扶贫工作更加透明、高效、精准。自2018年5月以来，精准扶贫多功能“5+2”信息管理系统在国务院扶贫办指导建设、主管的中国社会扶贫网的优化升级中起到了重要作用[1]。

（一）平台特色

平台从七个信息管理维度进行信息化管理，从根源上确保数据精准，打破数据壁垒，契合扶贫工作实际。

1　国务院扶贫开发领导小组办公室社会扶贫司致民建中央办公厅的佐证材料及感谢信（纸质），2020-01-09.

1. 以实现“六个精准”为出发点

平台以“扶贫对象精准、项目安排精准、资金使用精准、措施到户精准、因村派人精准、脱贫成效精准”为出发点，进行主体功能搭建，覆盖了精准扶贫关键环节和重点工作，多维度、多层次实现扶贫信息的交流与共享。

2. 从七个维度进行信息管理

平台通过内部信息管理，从挂图作战的一张图“看真贫、扶真贫、真扶贫”；通过外部信息管理，汇聚多方扶贫资源，助力构建政府、社会、市场协同推进的大扶贫格局；强化执行信息管理，加强对扶贫责任主体的监管，实现科学决策的各项目标；借助信息媒介管理，实时实地采集信息，实现更便捷高效的信息获取；注重协同信息管理，实现高效的数据融合；聚焦致贫主要因素信息管理和脱贫内生动力信息管理，解决精准扶贫的痛点、难点问题。

3. 聚焦致贫主要因素

平台聚焦“看病难”“就业难”“内生动力不足”等致贫主要因素，以信息化手段开展精准帮扶。通过“互联网 + 医疗”的方式，将公立医院、爱心药企等医疗资源有机汇聚，促进医疗资源集约化，缓解“看病难”“吃药贵”问题；运用消费扶贫和扶贫直播带货等方式，牵起贫困地区和消费市场之间供需对接的纽带；通过深度挖掘贫困地区就业供需数据，为贫困户搭建促进就业的信息化桥梁，激发贫困户脱贫致富的内生动力，对就业致富、防止返贫发挥积极作用。

4. 从根源上确保数据精准性

数据精准是精准扶贫的基础。一方面，平台通过移动端对数据高效、便捷地进行采集；另一方面，平台专门设置数据清洗系统，对数据进行清洗、加工、审核和校验，对缺失数据自动填补、对异常数据去重和纠错，从源头上截住错误数据，确保扶贫数据的准确性、实时性和一致性。

5. 打破数据壁垒

平台利用数据采集、清洗和加工技术，构建完善的数据管理中枢和共享机制。通过数据交换接口，纵向覆盖中央、省、市、县、乡各级扶贫部门，横向连通医疗、社保等政府相关部门，进行数据互联互通、协同共享。

6. 契合扶贫工作实际需求

在数据获取方面，平台支持文本、图片、视频等信息采集，并提供多维大数据统计分析功能。基层干部和扶贫干部不仅可以通过平台上报数据，用信息化的方式提高办公效率，还可以实现帮扶台账、帮扶成效自动生成。在帮扶模式方面，平台支持“一对一”“一对多”“多对一”的帮扶方式。贫困户和帮扶责任人可通过平台发布求助信息，获得社会帮扶。爱心人士捐赠款物可直接通过平台对接贫困户，免去中间环节。在快捷应用方面，平台支持海量数据存储和智能检索功能，让数据的储存和检索更加高效；平台的“一键导出”功能可以将各类分析报表、工作台账、贫困户个人详情资料等数据快速导出和打印，提升精准扶贫工作效率。

平台的信息管理方式，让基层干部和扶贫干部可以随时随地高效、便捷地完成工作。另外，平台采用中间件技术，可面向多种扶贫场景灵活地搭建新的应用，具有良好的可扩展性。

（二）实践成效

2018 年 3 月 28 日，国务院扶贫办邀请笔者到国务院扶贫办参加精准扶贫多功能“5+2”信息管理系统专题座谈会，与会领导及专家综合评估后一致认为“该系统具有重要价值，有诸多可取之处可以吸收借鉴”[1]。同年 5 月 18 日，在国务院扶贫办的安排下，中国社会扶贫网举行了捐赠仪式，笔者将该系统无偿捐赠给中国社会扶贫网（如图 4-24

1　中国社会扶贫网致笔者所在单位民建中央的感谢信（纸质），2019-12-11.

所示），“善举得到国务院扶贫办领导的肯定”[1]。2019 年 12 月，国务院扶贫办社会扶贫司对该系统的使用效果给予充分肯定，“自 2018 年 5 月底以来，精准扶贫多功能‘5+2’信息管理系统在中国社会扶贫网的优化升级中发挥重要作用”[2]。截至 2019 年 12 月 31 日，中国社会扶贫网累计注册用户 5681 万名，发布需求信息 588 万条，对接成功率 78.77%，接受捐赠款物价值达 8.58 亿元。相关领导表示，“这些成绩的取得包含着杜萍同志的奉献”[3]。

中国社会扶贫网

“互联网+”社会扶贫

捐赠证书

民建中央杜萍同志：

感谢您对“互联网+”社会扶贫工作的大力支持，您捐赠的精准扶贫多功能“5+2”信息管理系统（共七项系统组成）的软件著作权，我们将此系统应用于中国社会扶贫网的建设与开发。

特颁此证，谨致谢忱。

NO.201800001

中国社会扶贫网
社会扶贫网科技有限公司（代章）
二〇一八年五月十八日

图 4-24　2018 年 5 月 18 日，中国社会扶贫网为笔者颁发的捐赠证书

2019 年 12 月 11 日，中国社会扶贫网给笔者复函称：“自 2018 年 5 月 18 日，在国务院扶贫办的安排下，您无偿捐赠给我网的精准扶贫多

1　国务院扶贫开发领导小组办公室社会扶贫司致民建中央办公厅的感谢信（纸质）, 2020-01-09.

2　国务院扶贫开发领导小组办公室社会扶贫司致民建中央办公厅的感谢信（纸质）, 2020-01-09.

3　国务院扶贫开发领导小组办公室社会扶贫司致民建中央办公厅的感谢信（纸质）, 2020-01-09.

功能‘5+2’信息管理系统，对我网系统主体功能的升级优化起到了重要作用，我网平台活跃度显著增加，截至 2019 年 12 月 11 日，累计用户 5542.40 万名；发布爱心需求 587.76 万个，对接成功 457.47 万个，爱心捐款 43560.06 万元，较 2018 年 5 月系统升级前用户数增长 51.36%、需求发布数增长 64.03%、需求对接成功数增长 59.45%。这些成绩的取得，也蕴含着您的心血。”[1]（如图 4-25 所示）

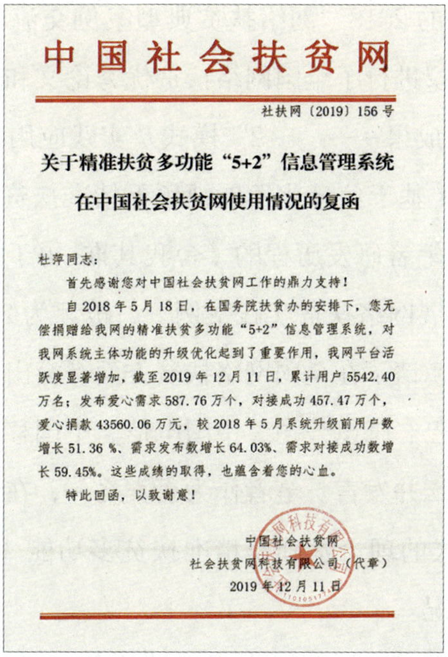

中国社会扶贫网

社扶网〔2019〕156 号

关于精准扶贫多功能“5+2”信息管理系统在中国社会扶贫网使用情况的复函

杜萍同志：

首先感谢您对中国社会扶贫网工作的鼎力支持！

自 2018 年 5 月 18 日，在国务院扶贫办的安排下，您无偿捐赠给我网的精准扶贫多功能“5+2”信息管理系统，对我网系统主体功能的升级优化起到了重要作用，我网平台活跃度显著增加，截至 2019 年 12 月 11 日，累计用户 5542.40 万名；发布爱心需求 587.76 万个，对接成功 457.47 万个，爱心捐款 43560.06 万元，较 2018 年 5 月系统升级前用户数增长 51.36 %、需求发布数增长 64.03%、需求对接成功数增长 59.45%。这些成绩的取得，也蕴含着您的心血。

特此回函，以致谢意！

中国社会扶贫网

社会扶贫网科技有限公司（代章）

2019 年 12 月 11 日

图 4-25　2019 年 12 月 11 日，中国社会扶贫网给笔者的复函

1　中国社会扶贫网给笔者的《关于精准扶贫多功能“5+2”信息管理系统在中国社会扶贫网使用情况的复函》（纸质），2019-12-11.

2018年8月，笔者应广西壮族自治区桂林市扶贫开发领导小组的邀请，现场分享了“5+2”模式及精准扶贫多功能“5+2”信息管理系统建设经验。桂林市有关负责同志观摩后认为，“5+2”模式及其系统对桂林市脱贫攻坚信息化的完善具有重要借鉴作用，希望将“5+2”模式应用到桂林市的脱贫攻坚信息化管理工作中。

2018年10月25日，在工业和信息化部与四川省人民政府的指导下，由中国通信学会联合四川省经济和信息化委员会、四川省通信管理局等单位共同主办的2018“网络扶贫典型案例交流会”在四川省凉山州西昌市举行。会议进行了全国网络扶贫优秀论文和全国最佳实践案例评选。笔者的研究成果——“5+2”模式及实践应用案例获得与会专家认可；笔者撰写的《基于信息化发展视角下精准扶贫的策略研究》论文，获得一等奖。介绍笔者研发历程的《舍我其谁 勇于担当——杜萍同志运用信息化技术开展网络扶贫实践案例》，被评为2018网络扶贫最佳实践案例。主办方邀请了在全国网络扶贫方面有突出贡献的中国信息通信研究院、阿里巴巴、腾讯公司、中国电信、中国移动等单位和企业代表作为嘉宾出席论坛并发言。笔者作为嘉宾之一，在论坛上做主旨演讲，介绍了“5+2”模式的理论基础及精准扶贫多功能“5+2”信息管理系统的实践应用等情况。

2019年10月17日是第27个国际消除贫困日，也是第6个中国国家扶贫日。国务院扶贫办等部门在北京举办“扶贫日”系列论坛。国务院副总理、国务院扶贫开发领导小组组长胡春华出席论坛开幕式并致辞。“榜样的力量：致敬扶贫人论坛”是2019年中国扶贫日系列论坛之一，邀请了多位“2019年全国脱贫攻坚奖”获奖者到会进行演讲。笔者也应邀出席论坛，在论坛上做了题为《争做优秀的扶贫人》主旨演讲，分享了“5+2”模式及精准扶贫多功能“5+2”信息管理系统的研发历程、心得体会等，引起多方关注。

笔者是武汉大学社会保障研究中心培养的博士。该中心是教育部人文社会科学重点研究基地，也是全国唯一的国家级社会保障研究创新平台，拥有全国唯一的社会保障国家级重点学科。2021 年 1 月，在教育部五年一度的高校人文社会科学重点研究基地测评中，笔者的研究成果——精准扶贫多功能“5+2”信息管理系统被该中心选为最有影响力的两项标志性成果之一（项目名称：教育部人文社会科学重点研究基地重大项目“中国扶贫战略研究”；项目批准号：16JJD840007）参与测评，取得良好效果。这是近年来该中心博士生研究成果中唯一入选的标志性成果。

POVERTY REDUCTION

A “5+2” MODEL OF INFORMATION MANAGEMENT

第五章

“5+2”模式在乡村振兴信息化管理中的应用构想

与精准扶贫相比，乡村振兴涉及的领域更广、受众更多、目标更高，对信息化管理提出了更全面、更深层次的要求。如何让信息化管理更有效地服务于乡村振兴，笔者依据“5+2”模式给出了应用构想。

打赢脱贫攻坚战，解决了中国的绝对贫困问题，但这并不意味着贫困治理的终结，相对贫困将长期存在。在乡村振兴阶段，减贫的重点由绝对贫困转为相对贫困。在此背景下，再将减贫信息化管理“5+2”模式置于乡村振兴的应用场景中，探讨其如何助力乡村振兴，实现共同富裕，进一步验证其在解决相对贫困问题中的价值。为此，梳理脱贫攻坚与乡村振兴的关系、乡村振兴与精准扶贫信息化管理的契合点，以提出“5+2”模式在乡村振兴信息化管理中的应用构想。

一、接力前行

脱贫攻坚与乡村振兴

打赢脱贫攻坚战之后，中国正在持续巩固拓展脱贫攻坚成果，做好同乡村振兴的有效衔接。脱贫攻坚和乡村振兴相互关联，密不可分，互为促进。梳理脱贫攻坚与乡村振兴的契合点，将在脱贫攻坚战中发挥过重要作用的精准扶贫信息化管理成果转化应用于乡村振兴，具有重要意义。

（一）两者紧密联系

脱贫攻坚与乡村振兴都是促进农业农村现代化发展的重大战略部署，虽然工作对象、范围、目标要求等有所不同，但内在联系密切，相辅相成，相得益彰。脱贫攻坚与乡村振兴的关系如图 5-1 所示。

第一，从时间节点看，两者交汇接力、接续转换。以 2020 年为分界线，可以将中共十八大以来中国减贫历程大致划分为消除绝

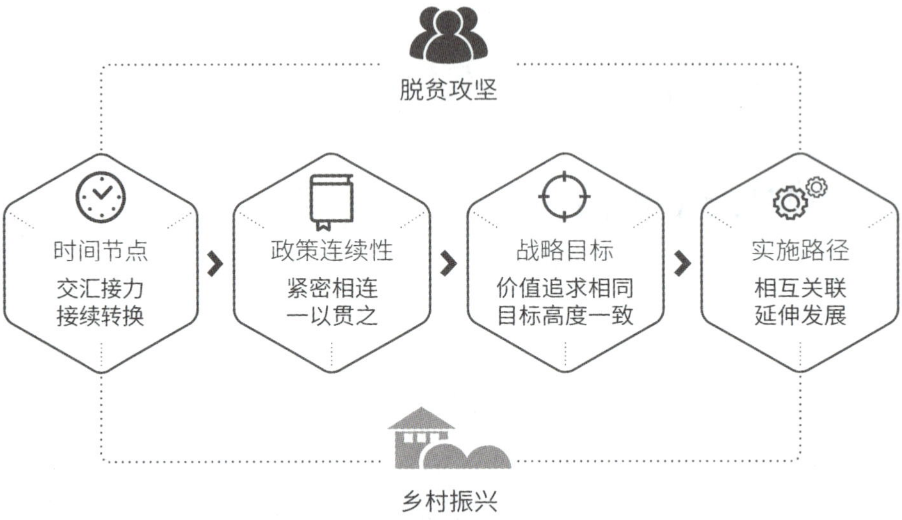

图 5-1　脱贫攻坚与乡村振兴的关系

对贫困（2012—2020 年）与缓解相对贫困（2020 年以后）两个阶段。2020 年，我国取得了打赢脱贫攻坚战的全面胜利，绝对贫困基本消除，但脱贫摘帽不是终点，而是新生活、新奋斗的起点，我国农村反贫困进入了一个新的历史阶段。国家从脱贫之日起为脱贫县设立了 5 年过渡期，巩固脱贫攻坚成果并与乡村振兴有效衔接成为新的历史任务。可以说，打赢脱贫攻坚战不仅为乡村振兴奠定了坚实基础，也为乡村振兴制度框架和政策体系的构建积累了经验。

按照 2017 年中央农村工作会议的具体部署，到 2020 年，乡村振兴取得重要进展，制度框架和政策体系基本形成。目前，这一阶段性目标已经实现。2020 年以后，站在乡村振兴的新起点，我国农村反贫困的主要任务转向缓解相对贫困，并纳入乡村振兴战略框架，任务是到

2035年，相对贫困进一步缓解，共同富裕取得更为明显的实质性进展，这为农村缓解相对贫困明确了路线图和时间表。

第二，从政策连续性看，两者紧密相连、一以贯之。2017年10月，中共十九大报告首次提出“乡村振兴战略”。2018年1月，中央一号文件即《中共中央 国务院关于实施乡村振兴战略的意见》出台，正式提出“做好实施乡村振兴战略与打好精准脱贫攻坚战有机衔接”的任务。2018年9月，《乡村振兴战略规划（2018—2022年）》进一步提出了“推动脱贫攻坚与乡村振兴有机结合相互促进”的要求。2020年10月，中共十九届五中全会通过的《中共中央关于制定国民经济和社会发展第十四个五年规划和二〇三五年远景目标的建议》，进一步明确了两大战略的衔接问题，提出实现巩固拓展脱贫攻坚成果同乡村振兴有效衔接的战略任务。由此可见，二者在政策的顶层设计上一脉相承，已成为各级党委和政府必须落实好的重大政治任务。

脱贫攻坚从致贫的因素入手，针对不同情况采取不同扶贫措施，帮助每个贫困户脱贫，侧重于微观政策；乡村振兴战略是站在全面建成小康社会和社会主义现代化强国的视角下，聚焦新时代所面临的城乡发展不平衡、农村发展不充分的现实问题，提出新时代“三农”问题的“系统解决方案”，从顶层设计上为农村发展指明方向，意在促进农业全面升级、农村全面进步、农民全面发展，侧重于宏观政策。因此，实施乡村振兴战略既不是从零起步，也不是从头再来，而是与脱贫攻坚有效衔接，充分汲取其成功经验，在全面建成小康社会的新起点上接续前行。

第三，从战略目标看，两者价值追求相同、目标高度一致。脱贫攻坚致力于解决农村绝对贫困问题，实现“两不愁三保障”的基本目标；乡村振兴则以农业农村现代化为总目标，充分体现了农民摆脱绝对贫困之后对农业农村长远发展的期盼，核心是要满足农民美好生活需要，让城乡居民共享经济社会发展成果。两者都深度聚焦了新时代我国社会主要矛盾，抓住了人民最关心、最直接、最现实的利益问题，具有鲜明的问题导向和目标导向，富有历史前瞻性和现实针对性；都坚持以人民为中心的发展思想，追求的都是人民群众的美好生活，都具有先进性。

脱贫攻坚是全面建成小康社会、实现第一个百年奋斗目标最艰巨的任务。全面建成小康社会最艰巨、最繁重的任务在农村特别是在贫困地区。在现行标准下，贫困人口全部脱贫、贫困县全部摘帽是全面建成小康社会的底线任务。摆脱绝对贫困为贫困地区农村加快现代化发展步伐奠定了基础。乡村振兴接续推进农村现代化进程，主要着眼于第二个百年奋斗目标。按照 2017 年中央农村工作会议的安排部署，到 2035 年，乡村振兴取得决定性进展，农业农村现代化基本实现；到 2050 年，乡村全面振兴，农业强、农村美、农民富全面实现。脱贫攻坚与乡村振兴战略依靠的主体力量和受益的主要群体相同，而且两者目标的实现均需要广泛、充分地调动农民的积极性、主动性和创造性，增强其自我发展能力；主阵地均在乡村，均着眼于产业、教育、生态、基础设施等方面的提升和农村生产生活条件的改善。

第四，从实施路径看，两者相互关联，不断延伸发展。打赢脱贫攻坚战是实施乡村振兴战略的前提和基础，乡村振兴战略则是脱贫攻坚成果的巩固和提升。脱贫攻坚为乡村振兴战略的实施探索了道路，提供了精准思维、系统思维、辩证思维等方法论指导，并进行了有效的社会动员，打下了坚实的思想和群众基础；脱贫攻坚战中形成的“五级书记”抓扶贫的工作体制和行业协调、区域协作、社会参与、协商共建的工作格局均可直接融入乡村振兴战略实施进程中。“六个精准”的基本要求、“五个一批”的帮扶方式以及“四个不摘”的巩固拓展脱贫攻坚成果过渡期政策，为乡村振兴战略实施过程中防止返贫和建立解决相对贫困的长效机制提供了有益借鉴。

从总体上看，脱贫攻坚是基础，乡村振兴是延伸，没有脱贫攻坚的胜利，就没有乡村的全面振兴。只有解决乡村的绝对贫困问题，才能为实现乡村振兴提供坚实的物质基础。只有胜利完成脱贫攻坚任务、巩固脱贫成果，向乡村振兴再出发，才能真正实现乡村由脱贫到振兴的全方位跨越。

（二）需要解决的共同问题

脱贫攻坚、乡村振兴都着眼解决“三农”问题，终极追求都是促进农村地区全面发展，消除贫困实现共同富裕。两者在公共管理方面需要解决的难点问题也相近（如图 5-2 所示），具体包括以下几点。

第一，同样需要解决信息不对称问题。无论是脱贫攻坚还是乡村振兴，都存在政府上下级之间、政府和社会之间、社会各界之间的信息不对称。在以“精准”为主要特征的脱贫攻坚工作中，及时准确地进行信息传递是实现“精准”的重要手段，但是在农村贫困识别过程中，乡镇政府与村干部、村干部与村民之间存在的信息不对称，为一些“暗

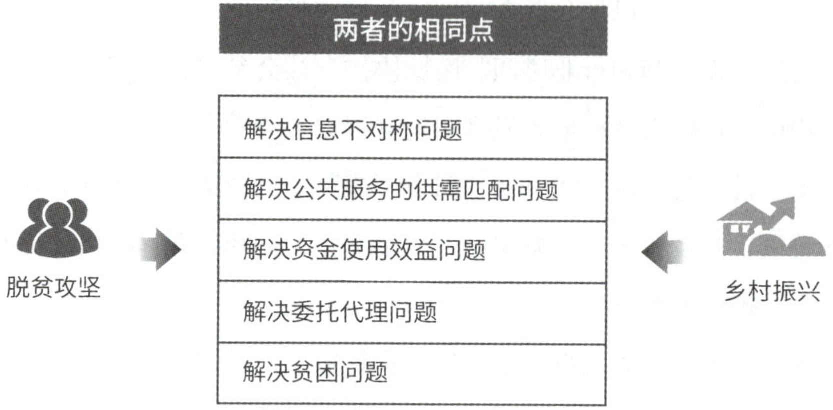

图 5-2　脱贫攻坚与乡村振兴需要解决的共同问题

箱操作”提供了可乘之机，导致贫困识别扭曲；扶贫政策的传达和执行，需要经过中央、省、市、县、乡五级政府，在漫长的行政链条中，存在信息传递失真造成的政策执行偏差的风险。此外，由于下级政府往往比上级政府拥有更丰富、准确的地方扶贫信息，导致上级政府对扶贫执行的管理可能存在模糊性，相关的举措也可能缺乏科学性。信息不对称问题成为脱贫攻坚面临的难点之一。

与脱贫攻坚相比，乡村振兴涉及的内容更广泛，需要解决的信息不对称问题更多、更复杂。以实现产业振兴为例，本质上和产业扶贫相似，一方面，上级政府需要实时了解地方产业发展现状、成效和问题，而基层政府由于各种原因难以将当地产业发展的相关信息准确、及时报送，可能会影响上级政府的精准决策；另一方面，因产业生态链涉及的信息繁杂，外界很难清楚地了解当地产业的发展状况，在投资决策中可能会非常谨慎。有旅游、文化和土特产等资源优势的乡村，往往因信息传递不畅而“待字闺中人未识”。因此，要实现产业兴旺，就需要借助信息化手段解决信息不对称问题，及时、准确掌握相关信息，高效对接销售市场、社会资本等。

第二，同样需要解决公共服务的供需匹配问题。扶贫资源具有公共产品属性，分配权由政府主导。脱贫攻坚旨在消除绝对贫困，政府需要为建档立卡的贫困户提供必要的公共服务。但致贫原因的多元化，导致政府提供的公共服务与贫困户的需求可能会出现不匹配情况。作为脱贫攻坚的制胜法宝——精准扶贫，正是针对扶贫对象的具体情况量身打造的方略。精准扶贫条件下的公共服务供给，主要按照“六个精准”的要求，重点针对建档立卡对象，实行“到村到户”“点对点”供给，技术要求相对单一。只要借助信息化技术，构建个性化、精准化的公共服务供需匹配机制，就能基本满足贫困户、贫困村的合理需求。

进入全面实施乡村振兴战略阶段，农民解决了“两不愁三保障”问题，生产生活条件与自我发展能力得到了提高，对公共服务需求的多样化、多变性特征也更加显著。与脱贫攻坚中兜底式、“点对点”的精准帮扶不同，乡村振兴涉及的范围更广、用户更多，需要政府提供更大范围、更多数量、更高质量的公共服务。面对各地差异化、动态化的需求，如何把有限的财政资金用到刀刃上，充分满足农村经济社会发展的需要，是政府部门面对的课题。这就需要借助信息化管理手段，发挥信息技术创新的扩散效应、信息和知识的溢出效应、数字技术释放的普惠效应，进一步挖掘信息化管理的巨大潜力，架起供需双方的桥梁，为公共服务的科学配置提供信息支撑。

第三，同样需要妥善解决资金使用效益问题。在脱贫攻坚战中，

“资金使用精准”是“六个精准”中的重要内容。财政专项资金是最主要的扶贫资金来源，涉及资金整合、分配、使用和监管等环节。自精准扶贫实施以来，我国扶贫工作力度不断加大，扶贫资金总量逐年增加，对资金使用效益的要求也越来越高。实施乡村振兴战略需要人力、物力、资金、科技等各种资源的投入，其中资金是关键。而资金问题又与财政管理体制的约束能力息息相关。钱从哪里来、用到哪里去、效果怎么样，同样是乡村振兴面临的问题。这需要通过信息化管理，增强资金使用的透明度，接受社会监督，为提高资金使用效益创造条件。

第四，同样需要解决委托代理问题。委托代理的核心问题是在委托人与代理人之间利益相冲突和信息不对称的环境下，政府如何进行制度设计，以激励和制约代理人。在打赢脱贫攻坚战的过程中，驻村干部与派出单位存在委托代理关系，为有效避免“道德风险”和“逆向选择”问题，政府构建了强有力的监督机制，以实现效用最大化。实践中，我国一些地方在开发精准扶贫信息管理平台时，注重运用信息技术加强监管，在一定程度上缓解了委托代理关系中所衍生的问题。

在乡村振兴战略实施中，同样面临项目、资金的分配问题，委托代理问题依然存在。扎根农村基层的乡镇人民政府，与上级政府以及农民之间存在着委托代理关系。因此，结合乡村振兴战略提出的新要求，需要对乡镇人民政府的角色进行重新定位，同时加强对农村基层组织的监督。与脱贫攻坚相比，乡村振兴涉及的范围更广、历时将更长，监管压力将更大。如果监督薄弱或缺席，会在无形中导致农村基层干部的权力任性，再加上基层治理中存在的信息不透明、政策“中梗阻”、自由裁量权过大等情况，就会增加“权力寻租”的风险，这些可能成为乡村振兴路上的“绊脚石”。因此，乡村振兴更加需要利用信息化技术来解决委托代理关系中所衍生的问题。

第五，同样需要解决贫困问题。脱贫攻坚解决的是绝对贫困问题，重点是消除绝对贫困和区域性整体贫困，实现“两不愁三保障”，满足贫困地区农民的基本生存与发展需求。2020 年，我国完成了消除绝对贫困的艰巨任务，进入全面实施乡村振兴战略阶段，贫困治理格局也发生了历史性的变化，工作重心逐步由集中资源支持脱贫攻坚向全面推进乡村振兴平稳过渡。绝对贫困的消除并不意味着贫困治理的终结，相对贫困问题将长期存在，并将成为贫困治理的重点，相对贫困对象将成为社会救助的新目标群体。

与绝对贫困相比，相对贫困的影响因素更多、更复杂，既有市场波动等经济性因素，又有自然灾害、意外事故等非经济性因素；既有产业生命周期更替等周期性因素，又有技术进步等结构性因素。因此，相对贫困治理要求更高。解决相对贫困是一场持久战，需要以实施乡村振兴战略为契机，建立解决相对贫困的长效机制，不断提高内生动力，在新形势下做好巩固脱贫、防止返贫的工作。

综上，脱贫攻坚与乡村振兴具有内在统一性，两者紧密联系，无论是面临的问题还是政策措施都高度一致。脱贫攻坚的全面胜利充分反映了精准扶贫信息化管理的重要性，乡村振兴信息化离不开精准扶贫信息化所奠定的基础。这需要深刻总结、凝练精准扶贫信息化管理实践中形成的宝贵经验，并延伸应用于乡村振兴战略，推进农业农村现代化发展进程。

二、有效衔接

乡村振兴与信息化管理

精准扶贫方略的落实离不开信息化管理的支持，乡村振兴工作亦然。精准扶贫信息化管理的理念与乡村振兴信息化管理需求高度契合。将精准扶贫信息管理系统进行改造升级，可以满足乡村振兴信息化管理的需求，实现系统应用、人才使用等方面的有效衔接，充分发挥信息化对乡村振兴的驱动赋能作用。

（一）乡村振兴离不开信息化管理的支持

信息技术是新的生产力，是新一轮科技革命和产业革命的标志。信息化管理是现代管理变革的重要引擎，可以促进相关要素快速流动，优化配置，推动社会各领域的现代化发展。就农村而言，信息化已成为驱动农业现代化发展的先导力量，也能够为贫困地区农村经济社会发展提供重要支持。

中共十八大以来，我国信息化建设成果丰硕，农村地区特别是欠发达地区信息基础设施进一步完善。在推进精准扶贫、完成脱贫攻坚目标的过程中，精准扶贫信息化管理从中央到地方的应用，加速了农村地区的信息化进程。截至 2020 年底，全国农村宽带用户总数达 1.42 亿户，全年净增 712 万户，比上年末增长 5.3%。全国行政村通光纤和 4G 比例均超过 98%，电信普遍服务试点地区平均下载速率超过 70M，农村和城市实现“同网同速”。[1] 这些设施为乡村振兴信息化管理奠定了坚实基础，创造了有利条件。

然而，当前我国农业农村信息化发展水平还不能完全满足“产业兴旺、生态宜居、治理有效、乡风文明、生活富裕”的乡村振兴战略 20 字总要求，还需要进一步加强农业农村信息化发展顶层设计、强化农业农村信息化数据采集与应用、大力培育农业农村信息化人才，为提升农业农村现代化发展水平赋能。

乡村振兴涉及的领域更广、受众更多、目标更高，对信息化管理提出了更全面、更深层次的要求。习近平总书记在 2020 年底的中央农村工作会议上指出：“全面实施乡村振兴战略的深度、广度、难度都不亚于脱贫攻坚，必须加强顶层设计，以更有力的举措、汇聚更强大的力量来推进。”而信息化正是要汇聚的力量之一。如何让信息化的发展成果更有效地惠及农业、农村、农民，已成为需要认真思考的时代命题。中共中央办公厅、国务院办公厅 2019 年 5 月印发的《数字乡村发展战略纲要》指出，“数字乡村是伴随网络化、信息化和数字化在农业农村经

1 2020 年通信业统计公报 [EB/OL]. 运行监测协调局，https://www.miit.gov.cn/gxsj/tjfx/txy/art/2021/art_057a331667154aaaa6767018dfd79a4f.html, 2021-01-22.

济社会发展中的应用，以及农民现代信息技能的提高而内生的农业农村现代化发展和转型进程”，为此应“加强顶层设计和整体规划，加快弥合城乡‘数字鸿沟’，推动数字乡村建设发展，形成乡村振兴新动能”[1]。2020年中央一号文件强调，要“依托现有资源建设农业农村大数据中心，加快物联网、大数据、区块链、人工智能、第五代移动通信网络、智慧气象等现代信息技术在农业领域的应用”。这一重要部署，为信息技术与信息化管理在乡村振兴战略中的进一步应用指明了方向。中央网信办、农业农村部、国家发展改革委、工业和信息化部、国家乡村振兴局联合印发的《2022年数字乡村发展工作要点》明确提出：到2022年底，5G网络实现重点乡镇和部分重点行政村覆盖，农村地区互联网普及率超过60%。从要点中可知，身处数字经济时代，5G网络、互联网等数字基础设施将成为农村居民发展必不可少的基本条件。

因此，在“后扶贫时代”的乡村振兴实践中，信息化思维是重要的工作导向，信息化管理是推进“三农”工作的有力抓手。乡村要全面振兴，必须加大信息化建设的力度和应用的广度、深度，以满足乡村现代化发展和农民日益增长的美好生活需要。乡村振兴的信息化建设，需要聚焦核心任务，并打破城乡之间、层级之间、帮扶主体与对象之间的数据壁垒。

1 推动数字乡村建设发展 形成乡村振兴新动能——中央网信办有关负责人就《数字乡村发展战略纲要》答记者问 [EB/OL]. 新华网 , http://media.people.com.cn/n1/2019/0517/c40606-31091260.html, 2019-05-17.

（二）精准扶贫信息管理系统可应用于乡村振兴

精准扶贫信息管理系统建设与应用，为我国的减贫实践发挥了重要作用。在脱贫攻坚与乡村振兴战略的有效衔接中，由于两者存在紧密的内在联系，精准扶贫信息管理系统可以经过优化和迭代升级，延伸应用于乡村振兴战略的实施中。

1. 信息化管理将在乡村振兴中大显身手

乡村振兴是中共中央着眼“两个一百年”奋斗目标和解决农业农村短腿短板问题作出的战略安排。科学实施乡村振兴战略规划，要依托“互联网 +”，促进农村一二三产业融合发展。同时，国家对于信息化建设在推动农村经济社会发展中的明确定位以及在政策、人力、资金等方面的倾斜性支持，为乡村振兴信息管理系统建设和应用带来了难得的机遇。随着我国进入新发展阶段，脱贫攻坚政策和工作体系正向乡村振兴转型发展，信息化管理在提升效率、开放协作、创新管理、优化配置等方面将进一步发挥积极作用，助推乡村振兴战略的全面实施。

2. 精准扶贫信息管理系统可以在乡村振兴中“物尽其用”

在脱贫攻坚战中广泛使用的精准扶贫信息管理系统，通过建档立卡对贫困人口进行了全覆盖，用数字化方式收集和记录相关信息，成效显著、积累丰厚，为乡村振兴信息化建设提供了基础资料和实践经验。从信息范围看，系统纵向联通中央、省、市、县、乡、村，横向打通政府各部门和关心扶贫的社会各界，信息覆盖医保、教育、住建等部门，涉及经济、政治、社会诸多方面，用户群体之多、涉及面之广，此前少有。从信息共享看，基层干部和扶贫干部、贫困户以及关心扶贫的社会各界都可以通过系统获取信息并进行互动，尤其是移动App的应用提高了数据采集和数据处理的便捷性。经过几年的推广、应用和优化，一些基层干部和扶贫干部从不接受、不适应信息化，到离不开信息化。自精准扶贫实施以来，基层干部和扶贫干部的思维转变、工作方法的改进和经验的积累都弥足珍贵。脱贫攻坚全面胜利之后，其政策体系、管理体系、工作体系等将继续应用于乡村振兴战略，实现与乡村振兴有效衔接。乡村振兴信息化管理可以对已有的精准扶贫信息管理系统进行功能迭代升级，拓展应用场景，进一步挖掘和利用数据潜力。这样不仅可以满足乡村振兴信息化管理工作的实际需要，还可以降低系统的建设、维护成本，提升效能，可谓一举多得。

3. 精准扶贫信息化人才可以在乡村振兴中“人尽其才”

精准扶贫信息管理系统的主要用户群体为政府扶贫部门的基层干部和扶贫干部、贫困群众、社会公众，而乡村振兴信息化主要用户群体包括乡村全体居民和参与乡村发展的各类主体，覆盖面更广、要求更高。

乡村振兴信息管理系统的建设和应用需要大批懂农业、爱农村、爱农民、善用互联网的乡村干部和群众。广大乡村干部需要具备“互联网 +”的思维和理念，自觉将信息技术应用于工作实践，需要掌握一定的信息技能，而在精准扶贫信息管理系统的建设和应用中已经培养了一批这样的人才。其中，部分基层干部和扶贫干部还直接参与了精准扶贫信息管理系统的部署和推广，或承担了系统使用、维护、培训工作。他们与系统开发人员长期协同工作，耳濡目染，逐渐熟悉和掌握了一些信息化技能，是既懂“三农”又善于使用信息系统的骨干力量。在脱贫攻坚战顺利收官后，因为工作重心发生变化，这些干部的工作岗位也可能发生变化，他们积累的知识和经验可能闲置甚至浪费，面临“无用武之地”的尴尬，而乡村振兴信息化建设的应用可以为这些人才提供新的舞台，让他们“人尽其才”。

从另外角度来看，即使把一枚信息化的“金钥匙”交给农民，而作为系统应用的主力军的农民如果不了解、不熟悉信息化，乡村振兴信息化也就无法顺利开展。我国贫困地区许多建档立卡贫困户在精准扶贫过程中已熟悉并接受了信息管理系统，享受了系统带来的便利。在乡村振兴进程中，只要措施得力、引导得法，他们也能自觉成为信息管理系统应用的积极力量，成为乡村振兴信息化建设的示范者、传播者。

此外，第三方软件开发单位的技术人员在系统开发中，与扶贫工作人员、贫困户密切接触，对他们的实际情况和各层级的工作需求比较了解，积累了有关开发“三农”软件的丰富经验，可以直接转化、应用到乡村振兴信息化建设中。因此，在乡村振兴信息管理系统建设中，可以优先考虑使用这部分技术人员，给他们再次大显身手的机会。

三、拓展应用

助力乡村振兴促进共同富裕

乡村振兴蕴含着广泛的信息化管理需求，乡村全面振兴需要加大信息化建设的力度。如前文所述，精准扶贫与乡村振兴在信息化管理方面高度契合。在乡村振兴的场景下，将“5+2”模式应用于乡村振兴，提出乡村振兴“5+2”信息管理平台（以下简称“乡村振兴‘5+2’平台”）构想，以期满足乡村振兴信息化管理的需求。

（一）乡村振兴“5+2”平台总体架构

基于“5+2”模式的理念，乡村振兴“5+2”平台以落实乡村振兴战略20字总要求为核心任务，以促进农业全面升级、农村全面进步、农民全面发展为目标，依托5G、物联网、云计算等新一代信息技术，聚焦乡村振兴信息化管理的重点领域和关键环节，集成各种分布式系统、多渠道信息资源，以缓解各方之间的信息不对称问题。乡村振兴“5+2”

平台是“5+2”模式从精准扶贫向乡村振兴的拓展和应用，可以看作精准扶贫“5+2”平台的“升级版”。“5+2”模式下的精准扶贫信息化管理向乡村振兴信息化管理演变如图 5-3 所示。

乡村振兴“5+2”平台涵盖决策、执行和监督等环节，从七个管理维度进行搭建：通过内部信息管理，构建评价指标体系，为管理者科学决策提供依据；通过外部信息管理，汇聚多方资源，协同推进乡村振兴；强化执行管理，通过量化考核，提高乡村干部的办事效能；利用媒介赋能，突破地域数据壁垒，消弭城乡信息鸿沟；聚焦重点因素管理，发挥互联网在医疗资源配置中的作用；关注内生动力管理，促进农民“家门口”就业与创业，破解乡村振兴战略中人才匮乏的瓶颈。

平台设计为四层架构：第一层用户层，为用户访问底层系统提供访问界面和数据表示；第二层是应用层，主要包括乡村振兴信息化管理的七个子系统；第三层是支持层，包括数据接口、支撑平台、数据服务、数据处理和数据交换等；底层是基础设施层，主要包括信息化网络、软硬件基础设施等。乡村振兴“5+2”平台的总体架构如图 5-4 所示。

（二）乡村振兴“5+2”平台构成

乡村振兴“5+2”平台与精准扶贫“5+2”平台相似，在应用层均由七个系统构成，它们分工不同，各有侧重，通过设置不同的功能模块和权限范围，协同工作，形成合力。

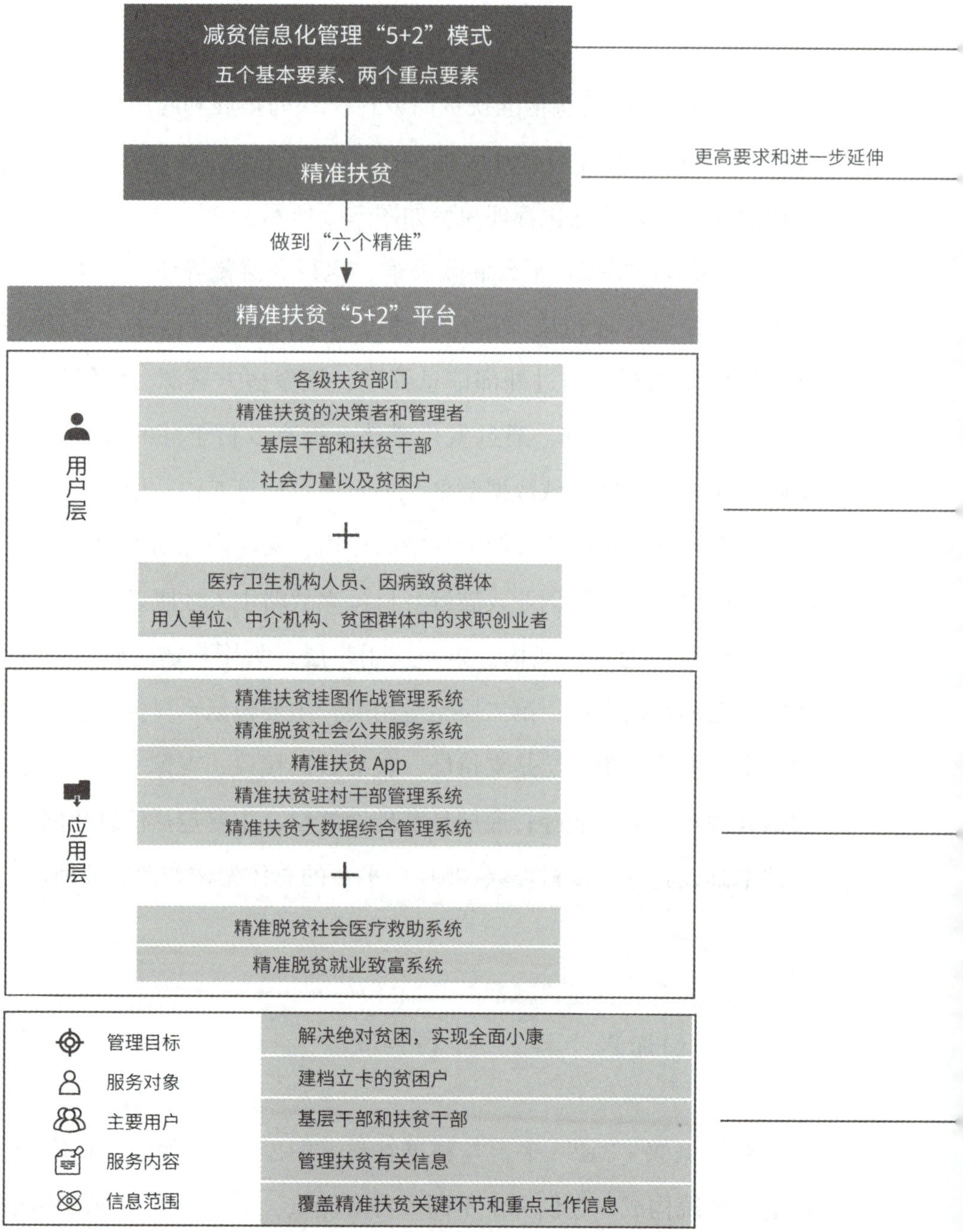

图 5-3　“5+2”模式下的精准扶贫信息化管理向乡村振兴信息化管理演变示意图

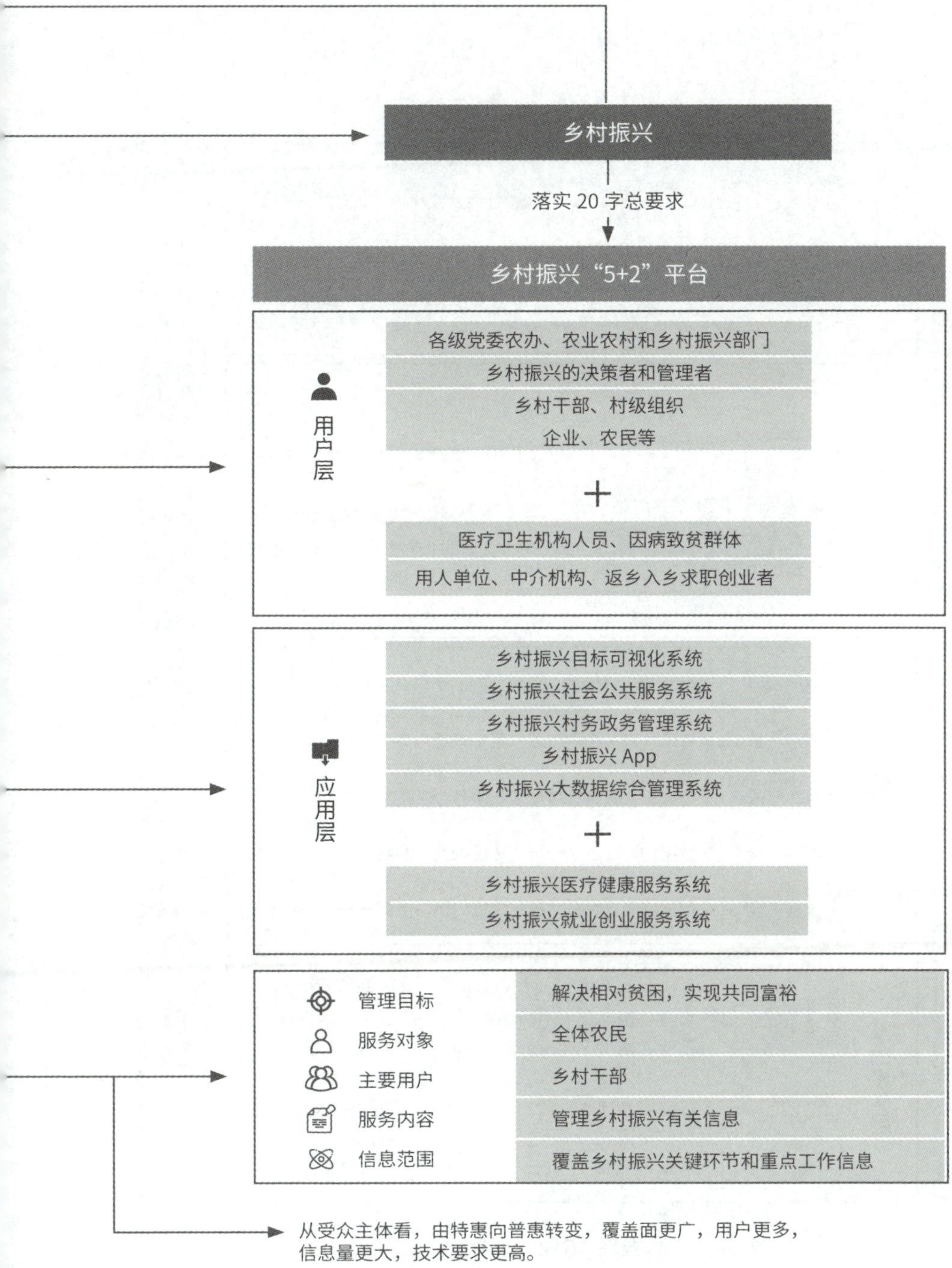
乡村振兴
落实 20 字总要求
乡村振兴“5+2”平台
用户层
各级党委农办、农业农村和乡村振兴部门
乡村振兴的决策者和管理者
乡村干部、村级组织
企业、农民等
+
医疗卫生机构人员、因病致贫群体
用人单位、中介机构、返乡入乡求职创业者
应用层
乡村振兴目标可视化系统
乡村振兴社会公共服务系统
乡村振兴村务政务管理系统
乡村振兴 App
乡村振兴大数据综合管理系统
+
乡村振兴医疗健康服务系统
乡村振兴就业创业服务系统
管理目标
解决相对贫困，实现共同富裕
服务对象
全体农民
主要用户
乡村干部
服务内容
管理乡村振兴有关信息
信息范围
覆盖乡村振兴关键环节和重点工作信息
从受众主体看，由特惠向普惠转变，覆盖面更广，用户更多，
信息量更大，技术要求更高。

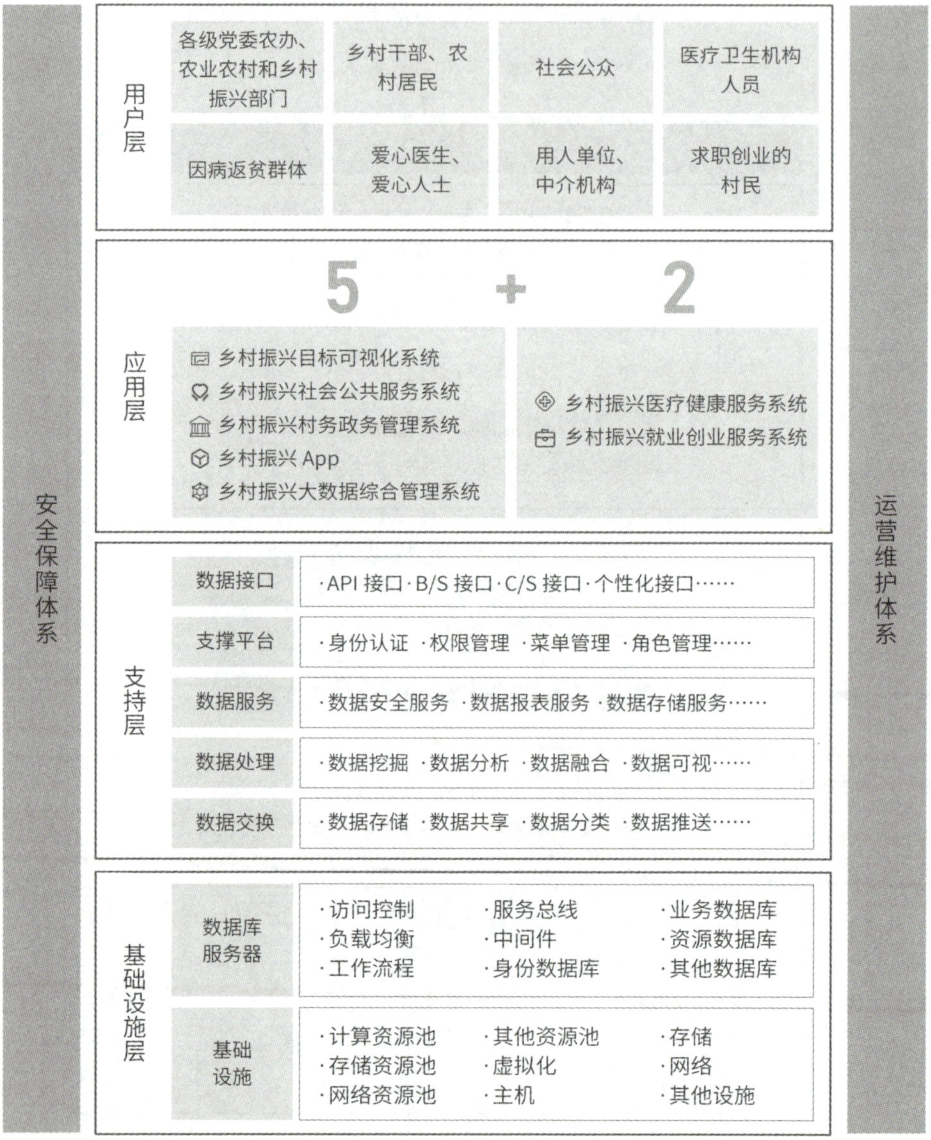

图 5-4 乡村振兴“5+2”平台总体架构

1. 乡村振兴目标可视化系统

乡村振兴战略 20 字总要求，具有高度的概括性，涵盖生态文明建设、经济建设、社会建设等领域。相对于精准扶贫，实施乡村振兴战略涉及的数据来源更多元、种类更复杂，对非结构化数据的处理和分析要求更高。为保障乡村振兴战略取得预期效果，客观反映乡村振兴进展，需要构建一套科学评价指标和统计体系，并通过目标可视化系统进行直观呈现，为决策者正确评估各地实施情况提供依据。

乡村振兴目标可视化系统延续了精准扶贫挂图作战管理系统的技术特色和展示方式，把工作目标分解成数字化的考核指标，以图表、视频等可视化方式直观展示，让决策者了然于胸、精准施策。这一设计理念在精准扶贫多功能“5+2”信息管理系统应用于实践并取得成效后，再次应用于乡村振兴目标管理，以帮助决策者准确、高效地对乡村振兴的进展和成效作出判断。

与精准扶贫挂图作战管理系统不同的是，乡村振兴目标可视化系统以中共中央、国务院印发的《乡村振兴战略规划（2018—2022 年）》中的乡村振兴战略规划主要指标（见表 5-1）为依据，从产业兴旺、生态宜居、乡风文明、治理有效、生活富裕五个方面进行分解。根据每个方面的特点和实现路径，利用地理信息系统和数据可视化组件，将复杂的信息浓缩后，按照地域层级关系即中央、省、市、县、乡、村逐级直观呈现。同时，构建一套包含硬指标和软指标的乡村振兴评价体系和测量模型，对乡村振兴的进程和成果进行量化评价。

硬指标是指可直接量化统计的刚性指标，包括产业规模、农民人均

表 5-1　乡村振兴战略规划主要指标

分类	序号	主要指标	单位	2016 年基期值	2020 年目标值	2022 年目标值	2022 年比 2016 年增加［累计提高百分点］	属性
产业兴旺	1	粮食综合生产能力	亿吨	＞6	＞6	＞6	—	约束性
	2	农业科技进步贡献率	%	56.7	60	61.5	[4.8]	预期性
	3	农业劳动生产率	万元 / 人	3.1	4.7	5.5	2.4	预期性
	4	农产品加工产值与农业总产值比	—	2.2	2.4	2.5	0.3	预期性
	5	休闲农业和乡村旅游接待人次	亿人次	21	28	32	11	预期性
生态宜居	6	畜禽粪污综合利用率	%	60	75	78	[18]	约束性
	7	村庄绿化覆盖率	%	20	30	32	[12]	预期性
	8	对生活垃圾进行处理的村占比	%	65	90	＞90	[＞25]	预期性
	9	农村卫生厕所普及率	%	80.3	85	＞85	[＞4.7]	预期性
乡风文明	10	村综合性文化服务中心覆盖率	%	—	95	98	—	预期性
	11	县级及以上文明村和乡镇占比	%	21.2	50	＞50	[＞28.8]	预期性
	12	农村义务教育学校专任教师本科以上学历比例	%	55.9	65	68	[12.1]	预期性
	13	农村居民教育文化娱乐支出占比	%	10.6	12.6	13.6	[3]	预期性
治理有效	14	村庄规划管理覆盖率	%	—	80	90	—	预期性
	15	建有综合服务站的村占比	%	14.3	50	53	[38.7]	预期性
	16	村党组织书记兼任村委会主任的村占比	%	30	35	50	[20]	预期性
	17	有村规民约的村占比	%	98	100	100	[2]	预期性
	18	集体经济强村比重	%	5.3	8	9	[3.7]	预期性
生活富裕	19	农村居民恩格尔系数	%	32.2	30.2	29.2	[-3]	预期性
	20	城乡居民收入比	—	2.72	2.69	2.67	-0.05	预期性
	21	农村自来水普及率	%	79	83	85	[6]	预期性
	22	具备条件的建制村通硬化路比率	%	96.7	100	100	[3.3]	约束性

数据来源：中共中央、国务院印发《乡村振兴战略规划（2018—2022 年）》[1]。

1　中国政府网 . 中共中央、国务院印发《乡村振兴战略规划（2018—2022 年）》[EB/OL]. 2018-09-26. http://www.gov.cn/zhengce/2018-09/26/content_5325534.html.

纯收入、基础设施、社会保障等。软指标是指难以直接度量或计数取值的柔性指标，可以理解为主观指标，包括文化观念、道德规范、情感认同等，需要经过转换才能量化计算。

在功能实现方面，系统按照预定的评价指标体系和计算规则，自动提取业务运行数据，生成相关指标分值实时呈现，并通过信息数据的追溯功能，保障软指标的评价结果客观、公正，以实现信息化、智能化条件下的“智慧评价”。此外，为满足地方信息化管理的个性化需求，可因地制宜增设一些辅助性指标，作为“硬指标”的补充和延伸。

产业兴旺目标可视化

产业兴旺是乡村振兴的重点。系统围绕产业兴旺构建科学的评价管理体系。评价的硬指标主要包括粮食综合生产能力、农业科技进步贡献率、农业劳动生产率、农产品加工产值与农业总产值比、休闲农业和乡村旅游接待人次。

粮食综合生产能力是指在一定时期的一定地区，可以稳定地达到一定产量的粮食产出能力，是衡量产业兴旺的重要硬性指标之一；农业科技进步贡献率是指农业科技进步对农业总产值增长率的贡献份额；农业劳动生产率是指劳动时间与劳动成果的比率，是反映劳动者的生产效果和能力的指标。将农业劳动生产率纳入硬性指标，目的在于引导决策者和管理者高度重视提高农业劳动生产率；农产品加工产值与农业总产值比是衡量一个地区农产品加工业发展程度的重要指标之一，产值比越大说明农产品加工业发展越好、产业链延伸越长、产品附加值越高；休闲农业和乡村旅游接待人次体现了我国休闲农业和乡村旅游发展的规模和速度。

评价产业兴旺的软指标主要指农民对农业发展情况的满意度，反映了政府对农业产业提质增效的谋划与实施情况。

评价产业兴旺的辅助性指标包括特色优势农产品比重、农业机械化率、二三产业收入占农民总收入比重、农户参加农村专业合作经济组织比重等。特色优势农产品比重，用于评价农村中第一产业的产业结构，比重高则在农产品市场竞争中的优势大；农业机械化率体现了生产技术和工具的现代化程度，数值越高则说明农业生产效率越高；二三产业收入占农民总收入比重越高，说明农民从事非农产业的比例越大，产业发展越具有多元性；农户参加农村专业合作经济组织比重，体现了农村经营方式的现代化程度。农户参加农村专业合作经济组织对农业和农村经济结构的调整和在农业现代化产业化市场化进程中起着积极的作用，比重大则有利于推进农业产业化经营，增强农产品的竞争力，提高农业综合效益。

生态宜居目标可视化

生态宜居是乡村振兴的关键点，重点在于加强农村环境综合治理，实现人与自然和谐共生，走绿色发展道路。生态宜居硬指标是农村生态文明建设的关键性指标，主要针对农村污染问题和绿化问题，包括畜禽粪污综合利用率、村庄绿化覆盖率、对生活垃圾进行处理的村占比、农村卫生厕所普及率。其中，畜禽粪污综合利用率、农村卫生厕所普及率直指农村主要污染源；村庄绿化覆盖率意在引导决策者和管理者重视农村绿化，采取有效措施提高农村绿化水平；生活垃圾问题是困扰我国社会主义新农村建设的突出问题之一，对生活垃圾进行处理的村占比，可作为反映农村卫生状况的一个硬指标。

评价生态宜居的软指标主要是反映人居舒适感的指标，包括对交通出行、环境卫生、环境质量和环境绿化的满意度等。软指标反映了当地居民对生态文明建设成果的主观感受，是乡村振兴生态宜居指标体系的重要组成部分。

评价生态宜居的辅助性指标是与农村生态文明建设相关的其他指标，可包括万元 GDP 能耗、二氧化碳及主要污染物排放量、二级以上空气优良天数占比、农户饮用清洁水比重、乡村河流水质达标率、绿色生态农产品比重等。其中，农户饮用清洁水比重是关键的生态宜居评价指标；乡村河流水质达标率对农民生产生活构成重要影响，关乎农民的水安全保障；绿色生态农产品比重反映农村环境污染的改善程度和废弃物资源化利用水平。

乡风文明目标可视化

乡风文明是乡村振兴的保障。乡风文明建设既是乡村振兴的重要内容，也是乡村振兴的重要推动力量和软基础。乡风文明硬指标主要包括村综合性文化服务中心覆盖率、县级及以上文明村和乡镇占比、农村义务教育学校专任教师本科以上学历比例、农村居民教育文化娱乐支出占比。其中，农村居民教育文化娱乐支出占比体现了他们对精神文化生活的重视和追求，直接、突出地反映出农村居民精神文化富裕程度和乡风文明程度。

乡风文明软指标主要是乡风满意度指标，包括农民对乡村公共文化服务、社会风气、传统文化传承发展、遏制陈规陋习以及对社会诚信的满意度等。系统通过构建指标体系，使难以量化评估的乡村文明建设有了明确抓手。

乡风文明辅助性指标可包括农村思想文化阵地建设投入、非物质文化遗产传承与保护投入、历史文化遗产保护投入、红白喜事简办占比、农村科学普及率等。我国一些农村地区仍存在着陈规陋习，如红白喜事大操大办、铺张浪费常常引发负债致贫等。红白喜事简办占比体现了对乡村新风尚的引领成效；在农村普及科学知识有利于传播科学思想、提高农民科学素质和生活质量。因此，农村科学普及率也被列入衡量乡风文明的辅助性指标。

治理有效目标可视化

治理有效是乡村振兴的基础。乡村治理是一项重大的政治工作、社会工作、群众工作，事关农村和谐稳定、农民安居乐业，治理效果不仅决定着乡村振兴的质量与水平，也决定着乡村社会的发展繁荣与稳定。治理有效的评价指标也分为硬指标和软指标。

评价治理有效的硬指标主要包括村庄规划管理覆盖率、建有综合服务站的村占比、村党组织书记兼任村委会主任的村占比、有村规民约的村占比、集体经济强村比重。村庄规划管理覆盖率体现了村庄规划和建设管理工作的受重视程度及实际成效，因此，系统将村庄规划管理覆盖率作为首要硬指标进行设计，在呈现时特别突出“好懂”“好用”“好管”的功能定位。在系统中，规划者和管理者可以清晰直观地查询到村庄规划编制内容清单及验收标准，村庄建设项目的位置、规模、资金估算、建设时序和要求等，让管理者手握“作战兵器”，从容指挥建设实施。村民也能直观看懂“家在哪，田在哪，项目在哪”。

综合服务站是为农村居民公共生活提供服务的综合性场所，建有综合服务站的村占比直接反映出农村公共服务和农村发展能力。村党组织书记兼任村委会主任的村占比体现了农村基层党组织的领导地位，把其列为硬指标，旨在为打造充满活力、和谐有序的善治乡村，形成共建共治共享的乡村治理格局奠定组织基础；村规民约作为村民自发组织、自我约束的管理制度，是深化基层民主政治建设、提高基层群众自治水平、创新农村社会治理的有效载体，有村规民约的村占比体现了村规民约在基层治理中的促进作用；集体经济强村比重反映出集体经济在强村惠民中的作用，发展壮大村级集体经济是强农业、美农村、富农民的重要举措，是实现乡村振兴的必由之路。

评价治理有效的软指标包括村民对村务公开、乡村干部廉政、法治乡村建设、道德教育、社会治安、农民权益保护和为民办事服务效能的满意度等。软指标中，农民对乡村干部廉政的满意度可以有效衡量村干部廉洁情况，农民对法治乡村建设的满意度可以反映法治乡村建设的成效。系统将上述指标纳入评价体系，进行多层次考评，有助于对乡村治理情况进行全面、科学的评估。

评价治理有效的辅助性指标可包括重大决策村民参与度、村干部贪腐案发生率、大学生村干部比重、新型乡村社会组织建设投入经费、农村食品安全事故发生率、安全生产事故发生率等。重大决策村民参与度是衡量乡村治理民主化水平的重要指标，村干部贪腐案发生率可用于监测乡村干部廉洁状况，大学生村干部比重可以评价村干部文化素质。

生活富裕目标可视化

生活富裕目标是乡村振兴的根本。评价生活富裕的硬指标主要包括农村居民恩格尔系数、城乡居民收入比、农村自来水普及率、具备条件的建制村通硬化路比率。这些指标，在搭建乡村振兴目标评价指标体系时，可作为重点进行设计。

农村居民恩格尔系数是指居民家庭中食物支出占消费总支出的比重，用来衡量家庭富足程度，随家庭收入的增加而下降；城乡居民收入比是衡量城乡收入差距的一个重要指标，可以衡量城乡居民收入增长的质量，收入比越低，意味着城乡居民收入越均衡；农村供水安全与保障事关人民群众的生命安全和健康福祉，是广大农村居民生活条件改善、生活质量提高的重要标志，农村自来水普及率是评价生活富裕的硬指标之一。农村公路在农村经济社会发展中起着基础支撑作用，通村硬化路是覆盖面最广、服务人口最多、公益性最强的交通基础设施，为乡村振兴打下坚实基础。因此，建制村通硬化路比率是衡量农民生活富裕的重要硬指标。

教育、医疗、住房涉及民生福祉，是衡量生活富裕水平的三项重要标准。因此，评价生活富裕的软指标中包括了农民对教育、医疗、住房的满意度等。在我国，农民受教育的程度，影响到他们的经济活动效率，也关系到个人发展和乡村社会的发展问题，农民对教育的满意度，体现了农村教育水平的高低。医疗保障是农民最关心最直接最现实的利益问题之一，农民对医疗保障的满意度包括对城乡居民基本医疗保险制度、医疗费的承受能力等方面的满意度。改善乡村和农民的居住条件，提高农房品质和农民居住品质，对增强农民群众获得感、幸福感、安全感具有重要意义。农民对住房的满意度，反映了农村住房条件的改善情况。

农民生活富裕的前提是农民有持续稳定的收入来源且融入信息化的时代潮流。农民人均可支配收入和农村居民人均存款直接体现了农民生活富裕的程度。信息基础设施建设是推进数字乡村建设的重要支撑，农村地区互联网普及率反映了数字乡村建设的进展，中央网信办、农业农村部等五部门印发《2022年数字乡村发展工作要点》，要求到2022年底，农村地区互联网普及率超过60%。因此，评价生活富裕的辅助性指标，可包括农民人均可支配收入、农村居民人均存款、农村地区互联网普及率。

要实现共同富裕，防止返贫是前提。乡村振兴目标可视化系统还设置了防止返贫动态监测功能。系统构建了一个长时动态的返贫风险预警模型，一方面，将精准扶贫“5+2”平台采集储存的贫困户数据作为乡村振兴防止返贫监测的“数据源”，重点监测脱贫不稳定户、边缘易致贫户；另一方面，运用大数据、可视化等技术，动态监测因病因灾因意外事故等刚性支出较大或收入大幅缩减的，导致基本生活出现严重困难的农户。系统将上述具有返贫致贫风险和突发严重困难的农户纳入农村低收入人口动态监测范围，与人社、医保、教育、民政、残联等部门实现数据共享，对不同类型的返贫征兆给出风险等级，反馈给相关部门。如医保部门将医疗费自付部分达到警戒线的农村患者名单及时共享到系统，教育部门将义务教育阶段辍学的学生名单发送到系统。系统根据各部门共享的信息进行数据比对，发现因灾因病因疫等苗头性问题时发出预警，以便让乡村干部进行有效干预，做到“防贫于未然”。

鉴于致贫因素的多样性和变化性，系统还为其他潜在返贫致贫因素预留接口，为乡村振兴职能部门的应急处置工作提供灵活、有力的技术支撑，有助于及时开展防返贫工作的事前感知、事中干预及事后评估等工作。

2. 乡村振兴社会公共服务系统

习近平总书记指出：“坚持把解决好‘三农’问题作为全党工作重中之重，举全党全社会之力推动乡村振兴。”因此，乡村振兴社会公共服务系统在功能定位上，与精准脱贫社会公共服务系统相似，同样是围绕国家战略目标，通过基于“5+2”模式的“外部信息管理”，凝聚社会力量，促进社会资源与政府资源的紧密结合。

在精准扶贫阶段，为解决建档立卡贫困户脱贫问题，需要针对贫困户的需求，动员全社会参与，构建政府、社会、市场协同推进的大扶贫格局。2018 年 5 月 18 日，笔者将研发的精准扶贫多功能“5+2”信息管理系统无偿捐赠给中国社会扶贫网，截至 2022 年 4 月 20 日，用户在该网发布了 742.36 万个需求，对接成功 589.69 万个需求，获得帮扶金额达 1.3 亿元，帮扶物品价值 9.5 亿元。这些信息表明，通过“外部信息管理”有效达到了汇聚社会力量参与帮扶的目的。

在推动乡村振兴中，社会力量同样发挥着重要角色。为此，乡村振兴社会公共服务系统嵌入了“外部信息管理”的设计理念，利用信息化手段吸纳外部力量共同参与，汇聚乡村振兴所需的各种资源，与政府、社会、市场协同推进，形成以农民为主体、企业带动和社会参与相结合的乡村产业发展格局，满足农民美好生活需要。

在“供需对接”方面，精准扶贫阶段的主要需求集中于解决“两不愁三保障”问题，以“个人需求”为导向，处于“小我”阶段。因此，社会援助的对象主要是建档立卡贫困户，以帮助贫困户“脱贫”为出发点。在乡村振兴时期，让广大农民有更多获得感、幸福感、安全感，是党和国家建设美丽乡村的目的。农民的个人基本生活有了保障，开始追求更高质量的物质生活、精神生活，更注重村集体的公共利益，上升到“大我”的境界。虽然农村已实现全面小康，但不可否认的是，仍有少量弱势群体，如老弱病残、鳏寡孤独等城乡特殊困难群体，他们不仅需要物质上的帮助，更需要精神上的关爱。在一些偏远地区，因基层政府财力不足，基础设施建设需要社会帮扶，加之农民在生产生活中可能会遭遇到各种困难，如自然灾害、重大疾病、意外事故等，也需要社会力量的援助。可见，社会组织、爱心企业等在乡村振兴中仍将发挥不可替代的作用。

通过乡村振兴社会公共服务系统，用户能够以个人或者集体、组织的名义在线发布需求信息，如公共募捐、资源供给、应急救助、志愿服务以及乡村道路硬化、绿化，安全饮用水及供水设施建设等。系统将这些需求信息与社会组织、爱心企业、爱心人士等精准对接，实现乡村需求和社会帮扶资源的有效匹配。此外，由于各种原因返贫的农民，可以在线发布需求，获得社会帮扶。在搭建系统的过程中，各地可以根据本地政策因地制宜设置功能，为用户吸纳外部资源提供支持。

在提高农民收入方面，系统利用信息技术拓宽农民增收的空间。以乡村旅游为例，在乡村振兴时期，伴随产业转型升级，乡村旅游的形式与内容也日益丰富。系统设计了信息实时采集、更新、发布等功能，可实现区域内乡村旅游信息的共享，促进特色乡村旅游与相关产业的融合创新发展。用户通过系统，可浏览、查找农家乐、景点信息，在线下单预约住宿、场地；商家可发布农家乐的基本信息及处理用户订单。

在对接市场方面，农村电商依然是系统重点设计的内容。在乡村振兴时期，得益于5G、大数据、人工智能、虚拟影像（VR）等新一代信息技术的推广应用，农村电子商务新业态不断涌现，线上线下融合的全渠道营销模式成为创新主流模式。系统在精准扶贫“5+2”平台的爱心商城模块基础上，赋予“消费扶贫模式”新内涵，将消费范围从贫困地区和贫困人口的产品与服务，扩展到整个农村地区，以便捷、经济的方式把农副产品对接到电商渠道，扶持村办小微企业、生产合作社、农家乐等。在这方面，还可以通过建立垂直电商平台，解决属地产品外销问题以及满足本地区的购买需求。

在强化基层宣传方面，系统设置了美丽乡村宣传模块，围绕乡村振兴战略20字总要求，多方宣传实施乡村振兴战略过程中的典型人物和先进事迹，激励农民用自己勤劳的双手创造美好的生活，让党的路线方针政策入脑入心开花结果，吸引更多的人才参与乡村建设，为推进乡村振兴事业提供源源不断的动力。系统还提供舆情信息服务，及时发布乡村振兴相关政策、资讯和惠农信息，与公众进行信息互动，形成乡村公共文化宣传和舆情引导的权威平台。

与精准扶贫阶段相比，乡村振兴时期社会帮扶的对象更广泛、援助项目类别更多，对需求发布的审核更严，对信息系统建设和管理的要求也将更高。因此，需要升级优化系统结构、功能设置，充分满足系统在资源汇聚、分配使用、安全保障等方面的需求。乡村振兴社会公共服务系统主要模块如图 5–5 所示。

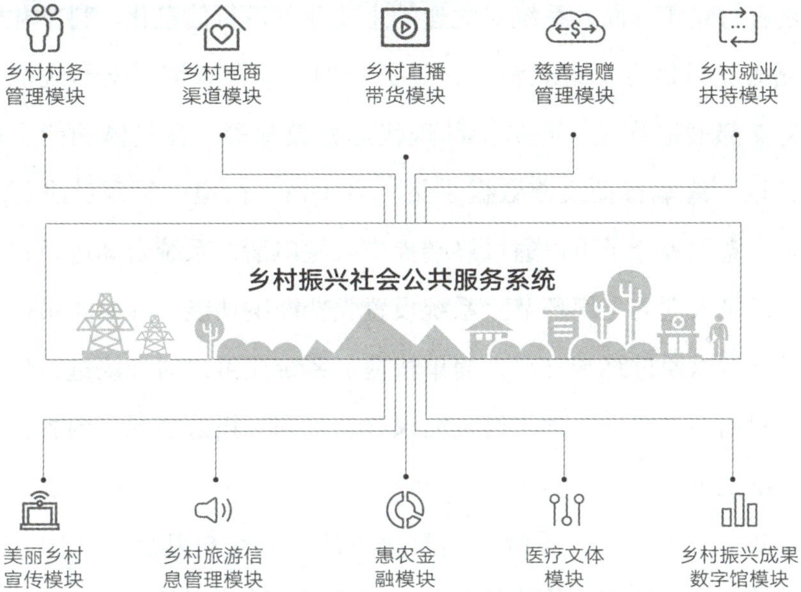

图 5-5 乡村振兴社会公共服务系统主要模块

3. 乡村振兴村务政务管理系统

乡村振兴村务政务管理系统是精准扶贫驻村干部管理系统的升级优化，基本功能包括信息提交、信息审核、数据更新、数据维护及绩效考核等，是乡村干部日常工作的信息化管理工具。系统提供基层党建、政务管理、村务管理等方面的智能化综合服务，提高办事效能，实现操作程序化、现场可视化、成果数据化、分析系统化。同时，系统运用“清单制”来实现量化考核，对乡村干部进行有效监督管理。系统延续精准扶贫驻村干部管理系统的方式，根据工作职责，设置了省、市、县、乡、村五级管理权限。

在农村党建方面，系统对党建的主要业务进行信息化、科学化管理，内容涵盖党员信息、组织制度、党员管理、综合查询、支部规范化建设、党支部书记管理、党员干部现代远程教育等。在具体功能实现上，村（社区）终端自动实施数据采集，乡（镇、街道）管理员进行远程监管。入党积极分子可以通过终端提交入党申请，系统自动进行过程化审核，记录入党的全部环节。系统设置党费缴纳功能，提醒党员按时缴费，党员可以通过终端支付，简单快捷。系统还可以对会议进行信息化管理，根据会议类别、预先设定的议程、签到、投票情况等内容，自动生成会议记录。

在政务管理方面，系统将信息化方式融入乡村基层工作中，为农民提供精准化、精细化的政务服务，实现网上政务服务省、市、县、乡、村五级全覆盖。系统业务主要涉及日常办公、补贴政策、民主议事、便民服务、法律综治、应急管理等基层工作领域，从管理、沟通、展示、监督、服务、记录、分析等方面进行设计。决策者可以通过清晰直观的运营数据，及时了解辖区内各乡镇具体事务的完成和公示情况，便于监督管理和有针对性地指导工作。系统通过信息化和数据化的服务方式，可以减轻乡村干部的负担，提高工作效率，解决线下管理数据杂乱、文件繁多、衔接困难等问题，有利于“互联网＋政务服务”向乡村延伸覆盖。

在村务管理方面，为满足村委会日常办公的信息化需求，系统对村民个人信息及家庭情况、村民社保医保缴存、土地征用补偿、种粮直接补贴、社会各界支持新农村建设项目、村民分红等事项进行管理，为实现村委会日常办公信息化、自动化和标准化提供信息化支持。

系统与监控设施连接，实时监控基础设施运行、公共卫生等情况，通过系统，乡村干部可以查看村道的通行状况、环境整治、绿化养护等，村民可以对村内的一些陋习、不文明行为进行互相监督、自我约束。此外，系统设立村民议事厅直播室，将村务管理置于阳光下，保障村民的知情权和监督权，调动村民参与村务管理工作，营造良好的基层民主政治氛围。系统还对村属经济产业进行精准化管理，如通过收集和分析农产品的市场销售情况，向村民传递本年度种养信息，避免村民因多种多养而产生滞销问题。村民可以在线学习种养殖技术，加强互动交流。

在考核管理方面，为加强乡村干部考核工作的科学性和规范性，提升乡村干部管理工作水平，系统围绕乡村振兴重点工作列出任务清单，聚焦责任落实、政策落实、工作落实、巩固成效等重点内容，对乡村干部开展实绩考核。乡村干部入户走访，通过系统上传工作照片或视频，记录相关情况，形成工作台账。系统对清单和台账进行比对，统计完成情况，采用工作绩效综合评价实现对乡村干部工作业绩的量化考核。

在信息公开方面，为增加村级事务管理的透明度，系统设计了“村务公开”“三资监管”等功能。“村务公开”包括村级政务、村级财务、村民自治事务等内容，涵盖村级管理的各项事务，强化群众对基层权力运行的管理和监督。“三资监管”将农村集体资金、资产、资源的经营管理和使用纳入监管，通过财务管理“全统一”、会计核算“透明化”、实时监管“穿透式”，对村集体资金收支等事务进行线上审批等。纪检监察机关可以通过系统对村级资金、资产、资源进行实时远程监督，推动监管从“人工化”向“数字化”转变。

综观之，乡村振兴村务政务管理系统以农村党建、政务管理、村务管理等为核心，通过资源共享、信息互联，覆盖了村务管理的主要领域，搭建了一个贴心、便民、高效的村务管理平台，促进乡村干部工作规范化、精细化、民主化，进而提高乡村干部为民服务的质量和效率。乡村振兴村务政务管理系统主要模块如图 5-6 所示。

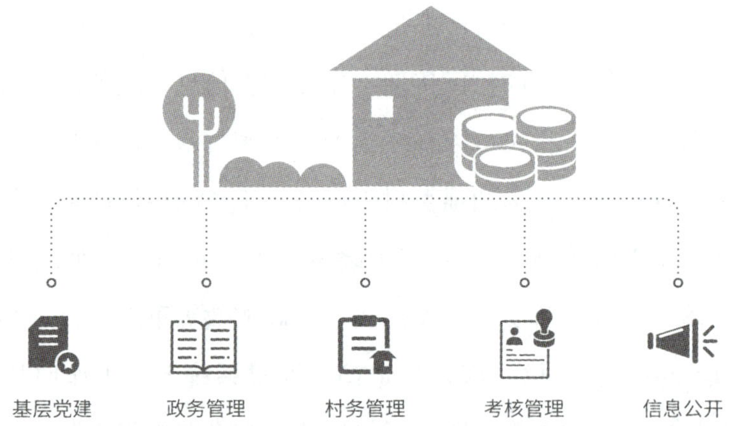

图 5-6　乡村振兴村务政务管理系统主要模块

4. 乡村振兴 App

在农村基本实现智能手机普及应用的时代，系统将移动通信技术与广大农村地区的基层治理、政务管理、民生服务等深度融合，推出乡村振兴 App，尽可能方便群众、服务民生、服务市场，实现“让数据多跑路，让群众少跑腿”。与精准扶贫 App 类似，乡村振兴 App 也设置了办公版和公众版。通过办公版 App，乡村干部可以突破时间、空间的限制，随时随地处理基层事务，实现移动办公；通过公众版 App，农民、涉农企业、农村合作社等可以发布农副产品销售信息，获取农副产品科学种植养殖、销售等方面有价值的资讯。乡村振兴 App 功能架构如图 5-7 所示。

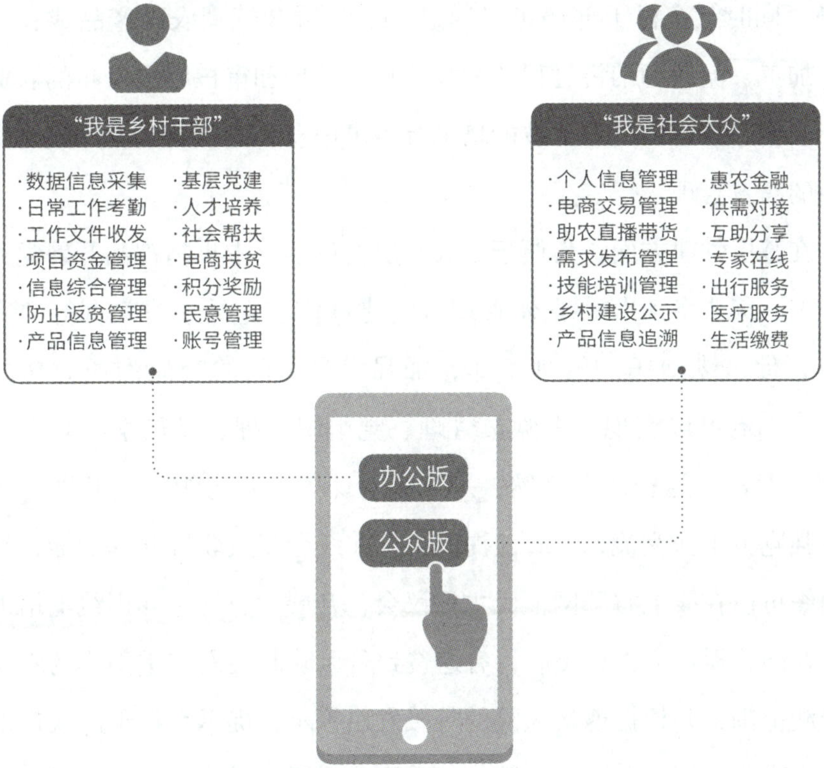

图 5-7 乡村振兴 App 功能架构

办公版 App

办公版 App 为乡村干部的日常工作和学习提供便捷的移动化支持，内容涵盖业务管理、信息管理、综合管理等内容。主要功能包括以下几个方面。

在基层办公方面，可以采集、核准相关数据，接受工作任务，上报工作进度，反馈工作结果等，随时随地、方便快捷地为乡村干部提供服务。同时，乡村干部还可以通过 App 查看和管理农副产品成长、生产、加工、流通和销售过程的相关信息，处理和审核农民发布的农资采购、农副产品销售、劳动技能培训等需求信息，实现对农副产品全生命周期的高效管理。

在基层党建方面，为便于广大基层党员学习中央精神和开展党务工作，App 集党务工作、党建管理、党建宣传、党员学习教育等内容为一体，促进党组织的管理工作，加强党员之间的交流沟通。功能设置上，App 可以实现线上党员管理、党组织管理、党员学习教育、党员积分考核、党费线上缴纳、“三会一课”、党组织活动开展等工作。为加强党务工作交流，App 还提供多方在线会议及联屏共享功能，基层党组织可以在线上召开网上民主评议会，开展党员理论知识线上培训等。

在防止返贫方面，App 将有返贫致贫风险和突发严重困难的农民纳入监测范围，并根据返贫风险的等级发出警示，提示乡村干部入户走访，了解生产生活情况和存在的困难，采取防止返贫措施。对返贫或致贫风险已消除的农民，App 自动作出标识。

在人才培养方面，为帮助农村培养更多的人才，满足互联网条件下乡村干部多样化、自主化、便捷化的学习需求，App 提供优质丰富的学习资源和灵活多样的学习方式，搭建快捷的在线学习通道、归档学习课程、优化人才培训管理。

公众版 App

公众版 App 针对乡村振兴阶段农民的日常生产生活移动化特点，为农副产品销售、助农直播带货、惠农金融、技能培训、便民服务等生产生活所需提供便捷的移动化支持，是农民实现增收致富、创新创业以及美丽乡村宣传推广的重要帮手。主要功能包括以下几个方面。

在农副产品销售方面，App 设置了农副产品全生命周期追溯功能。农民可以上传农副产品的生长环境以及生产、加工、流通和销售等信息，实现农副产品产地可溯源、生长可追踪。消费者扫描二维码，即可查看农副产品的全生命周期管理信息，做到“来源可查、去向可追、责任可究”，让消费者买得放心、吃得安心。

在惠农资讯方面，App 通过互联网、网络爬虫、大数据、人工智能和云计算等技术，及时掌握和捕捉海量的农副产品销售市场信息，分析销售态势，为农民生产、加工、销售提供有价值的信息咨询、生产建议和市场预测。对存在滞销问题的农民，App 通过精准匹配城市居民的大宗购买需求，促进农产品的销售，保护农民的生产积极性。App 还可以在供需匹配、病虫害防治以及市场推广等方面提供有价值的资讯。

在助农直播带货方面，App 增加了农副产品直播间、小视频等功能。农民可以进入直播间推销农副产品，自行拍摄、上传、分享与农村生产、生活相关的小视频。消费者可以观看生产过程、了解生态环境，下单购买优质的农副产品。为保障消费者的合法权益、维持行业的健康发展，相对于精准扶贫“5+2”平台中扶贫直播带货模块，乡村振兴App强化信息技术的筛选和核查功能，对助农直播相关内容进行更严格的审核、管理，为直播带货有规可循提供技术支持。App可以将上架农副产品的消费者评价自动汇总成产品信誉数据，限制人为删除差评或投诉信息，对差评率高的产品自动发出警示，当差评率超过一定阈值时，将其下架；还可以通过人脸识别技术，将存在虚假宣传、欺诈销售的主播列入禁播黑名单，黑名单主播即便通过换号等操作也无法重新注册进入系统。对于提供过假冒伪劣产品、差评率较高的企业或合作社等商家，App也将从技术上限制其发布产品。

随着新一代信息技术的快速发展，App借助5G、图像处理等新技术，实现传递的画面质量更清晰、更饱和，用户在视觉体验上也更加愉悦。可以预期，App在乡村振兴工作中将发挥越来越重要的作用。

5. 乡村振兴大数据综合管理系统

乡村振兴大数据综合管理系统承担着乡村振兴“5+2”平台各系统的数据流转、融合、清洗、安全管理等功能，是平台的核心中枢。它与精准扶贫大数据综合管理系统设计理念一致，是其升级版。乡村振兴大数据综合管理系统数据流转关系如图5-8所示。

系统面对乡村振兴的新要求，着重在“数据融合、数据清洗、数据挖掘、数据安全”等方面进行功能提升。从业务场景看，脱贫攻坚转向乡村振兴后，工作对象更广、地域范围更大；从技术需求看，对数据流转、安全管理以及应用标准要求更高。具体表现在以下几个方面。

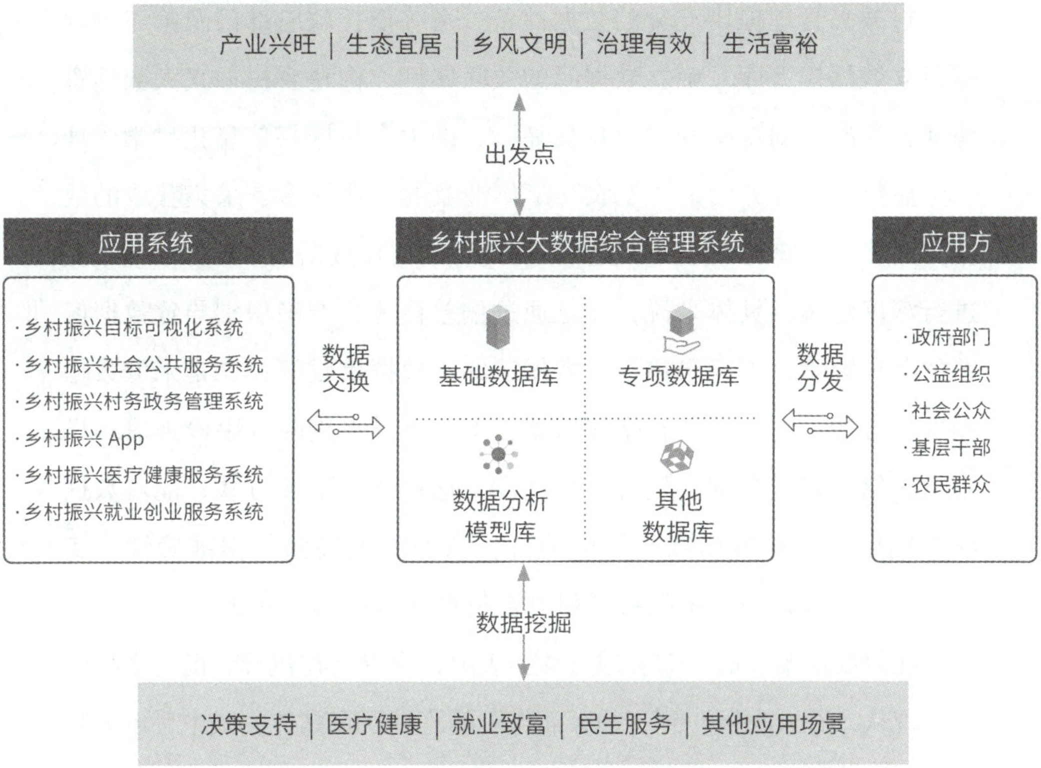

图 5-8 乡村振兴大数据综合管理系统数据流转关系

在数据融合方面，系统的数据共享程度更高。随着脱贫攻坚胜利收官，“三农”工作重心发生变化，扶贫部门的职能也将调整，从扶贫转移到整个农村地区的繁荣和发展，涉及“三农”的多个方面，业务半径急剧扩张，需要协同的部门和行业更多。因此，进入乡村振兴阶段，跨部门、跨行业的数据共享是必然趋势。在乡村振兴推进过程中，各种非结构化、半结构化、结构化的数据进入开放共享和开发利用阶段后，可能出现技术屏障，需要对这些数据进行统一表示和深度融合，为乡村振兴管理提供充分的数据储备。系统依托政府部门及第三方数据建立数据模型库，确立数据间的关联属性，构建乡村振兴大数据资源池，打破数据壁垒和“信息孤岛”，助力乡村振兴信息化科学管理。

在数据清洗方面，“三农”工作涉及的行业众多，采集获取的数据类别多、数量大，应用难度高。因此，需要在数据偏差检测的基础上，进行深度清洗。具体来说，一是通过偏差检测，准确识别导致数据偏差的各种因素，如记录错误、数据遗漏、数据重复等；二是采取数据预处理方法，通过自动补全、数据光滑、奇异点剔除等手段来清理异常值、纠正错误数据，提升数据纯度。这种逐级萃取方式，能对数据噪声问题进行精准诊断和靶向清洗，从源头上确保数据准确性、实时性、可用性，为深度挖掘和研判乡村振兴数据提供基础。

在数据挖掘方面，需要透过数据表象，探寻潜在机理，助力乡村经济实现从“看天吃饭”到“知天而作”的跨越。在具体实践中，以大数据统计、机器学习与深度学习等技术为工具，不断提升数据挖掘与处理水平，以大数据技术的深度应用来为现代农业发展提供有效的数据支撑，降低乡村振兴规划决策的失误概率，帮助管理者作出正确的决策。通过“一体化挖掘”技术进行问题分层归纳与处理，利用时空演化分析、精准画像、标识等手段，使政府、社会、市场各要素之间产生相互关联，寻求多维度、灵活性的挖掘路径，服务乡村振兴实践。

在数据安全方面，系统设计了面向乡村振兴大数据的数盾安全体系，包含数据安全审计、数据安全防护及数据安全管理三个维度。一是通过数据安全审计实时监测、记录数据访问，使用人工智能算法和精细化规则对数据访问进行细粒度审计，检测恶意访问和爬取行为；二是通过数据安全防护，对数据操作采取实时访问控制、透明加密、智能脱敏等防护措施；三是通过数据安全管理，为用户提供敏感数据分布视图、数据库漏洞扫描、威胁预警等数据，并对批量静态数据的外发进行脱敏控制，来提高系统的安全管理能力。

6. 乡村振兴医疗健康服务系统

全面推进健康乡村建设是实施乡村振兴战略的重要内容。随着我国经济社会的发展和人民生活水平的提升，广大农民群众对乡村医疗服务质量要求越来越高。虽然新时代脱贫攻坚战目标任务已顺利完成，但是当前我国农村人口基数大、分布广，增大了公共卫生服务覆盖的难度，乡村依然面临着医疗资源严重不足、医疗服务水平偏低的挑战。

相对于脱贫攻坚阶段，精准扶贫“5+2”平台为“因病致贫”的贫困户提供的医疗服务，侧重于解决其基本生存问题，而乡村振兴“5+2”平台更侧重于为农民提供大健康服务。在此背景下，乡村振兴医疗健康服务系统将互联网技术与医疗健康服务进行深度融合，力图打破时间与空间限制，通过信息化手段提高乡村医疗健康保障水平，并发挥互联网在医疗资源配置中的优化和集成作用，缩小医疗资源的城乡差距，助力解决“看病难”“看病贵”问题。系统主要从以下几方面进行功能设计，如图 5-9 所示。

在医疗健康大数据管理和应用方面，随着医疗卫生信息化建设的不断加快，医疗健康数据的类型和规模以前所未有的速度增长。健康医疗大数据在疾病诊疗、健康管理、临床研究及政府公共卫生治理中都有着

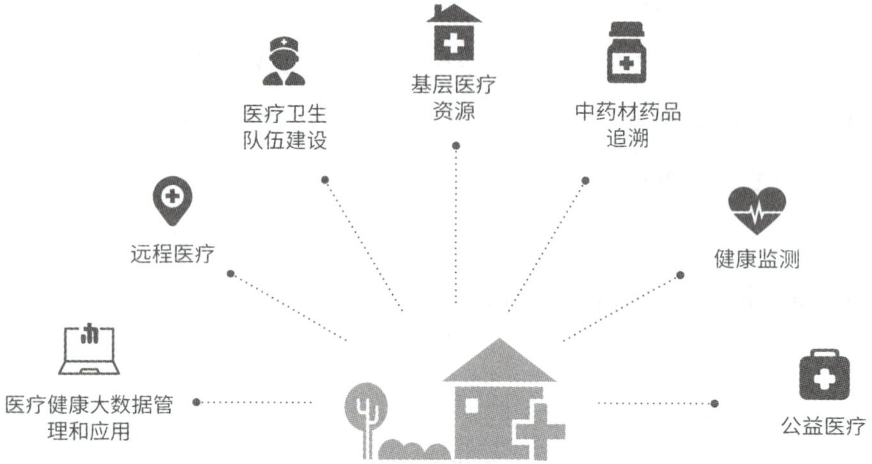

图 5-9　乡村振兴医疗健康服务系统主要功能

巨大的价值。系统通过物联网、互联网等信息技术，精准采集农村居民常见病、多发病以及慢性病信息，汇集疾病防治、妇幼保健、医疗服务、电子健康档案、行业监管等方面的数据资源，建立乡村医疗健康数据库。通过数据分析和清洗，对乡村医疗健康数据库进行深度挖掘，在技术层面与相关医疗卫生机构合作，提供临床医疗数据支持；同时为政府部门提供公共卫生治理、疾病事件风险预警和病毒溯源支持。

在远程医疗方面，针对我国广大农村医疗资源匮乏、服务能力弱、诊疗时效差等问题，系统以远程通信、全息影像和手术机器人等技术为依托，建立紧密联系三甲医院、区县医院、乡镇医院、村卫生室的四级信息网络，解决跨区域、跨院区、跨科室的临床需求，促进优质医疗资源下沉，实现医疗资源共享。对于“急难险重”的病患，基层医院可以在上级医院指导下，采集、提交相关病理数据信息，由上级医院通过远程影像诊断、远程病理诊断、远程会诊和远程查房等方式，对患者进行病情诊断、开处方、做手术等，让广大农民群众也能享受到“小病就近诊疗，大病不出县城”的医疗服务。

在医疗卫生队伍建设方面，三甲及以上医院的医生可通过系统为县乡村医疗卫生人员提供线上辅导、在线课堂，提高乡村医生整体素质；与医学院校进行数据共享，将毕业生信息及时推送给乡村的医疗卫生机构，鼓励医学专业的毕业生到乡村工作。

在基层医疗资源方面，对偏远地区的县医院、乡镇卫生院、村卫生室等医疗卫生机构进行“建档立卡”，建立基层医疗信息库，汇聚各级各类医疗卫生机构的医生资源、药品贮存、病床使用率及专家出诊时间等信息，农村患者可随时查阅，线上挂号，线下就近就医。此外，通过系统实现农村基层医疗卫生机构数据与二级、三级等医院的检查数据、诊疗结果的互联共享，使患者可以在基层首诊，进行一般性检查诊疗，疑难杂症可以转二级、三级等医院做后续诊疗，康复阶段回到基层，合理分解就医流程，既可为大医院减负，也可盘活基层医疗资源，扭转“大医院人满为患，小医院门可罗雀”的局面。

在中药材药品质量追溯方面，系统利用区块链不可篡改的特点，将区块链技术与云计算、大数据、物联网等新一代信息技术结合应用，对中药材种植、养殖基地，中药饮片生产企业和中成药生产、加工、存储、运输、销售等环节全程监管。系统对关键信息进行电子化登记、管理和查询，建成中药材药品来源可追溯、去向可查证、责任可追究的流通追溯链条，提升中药材质量，从而保障中药材的安全、有效、稳定、可控。

在农民健康管理方面，系统采用信息化、数字化手段，对农民的健康状况进行动态监测，通过医疗卫生机构获取农民体检、诊疗等相关信息，为农民建立“个人健康卡”，农民可以随时查询，掌握自身健康状况，防范重大疾病风险；医疗卫生机构可以便捷地调取农民患者的健康数据，利于健康危险因素的早期干预和疾病的早期发现；政府相关部门可以通过对农民健康信息的汇总分析，开展防止因病返贫动态监测工作，了解和掌握农村聚集性新发、突发传染病情况，以及时采取疾病防控措施。

乡村振兴医疗健康服务系统的要义是盘活农村地区基层医疗资源存量、激发增量，以“行业整合者”的身份和角色，促进医疗资源跨医院、跨地区充分共享，帮助农民最大化地分享乡村振兴的政策红利，解决基层“看病难”的问题。但是，在实际操作中，一是系统的使用和普及仍受限于地方的政策局限、患者的个人隐私保护等因素；二是目前患者的医疗信息仍被医院视为“自有信息资源”，在不同地区、不同医院之间的信息共享仍然存在困难。因此，系统在具体应用中，需要在各级主管部门的协调下，使各级各类医疗卫生机构实现数据共享、深度融合，来提高基层农村医疗资源的配置效率。

7. 乡村振兴就业创业服务系统

乡村全面振兴，人才、就业是关键。我国自改革开放以来，农村劳动力持续性地向城市流动，导致了“空壳村”现象的产生，农村人才引进存在“招不来”“留不住”的问题，人才匮乏已成为实施乡村振兴战略的瓶颈。乡村振兴需要推进农业农村发展，吸引劳动力回流，让农民实现“家门口”就业与创业。因此，乡村振兴就业创业服务系统提供了劳动力资源、就业岗位信息互通共享的服务平台。乡村振兴就业创业服务系统主要功能如图 5-10 所示。

图 5-10 乡村振兴就业创业服务系统主要功能

在促进家门口就业方面，系统以“工厂下乡、车间到村、岗位到人”工作模式为理念，对农村地区种植养殖、农副产品加工、手工业等就业岗位进行数据采集，建立本地就业岗位数据库，汇集岗位信息，运用大数据挖掘技术，筛选出技术含量不高，劳动强度不大，身体素质和文化素质要求不高，入行门槛相对较低的就业信息，推送给期望在家门口就业的农村劳动力，为脱贫人口、农民工、乡村青年等群体创造更多的就地就近就业渠道。为鼓励各类生产经营主体吸纳脱贫人口，系统还设置了就业帮扶车间资格申报功能。各类生产经营主体可通过系统向政府有关部门进行申报，吸纳脱贫人口就业达到一定人数、符合就业帮扶车间认定条件的，可享受国家和地方优惠政策，获得税费减免。

在返乡入乡创业服务方面，为引导农村转移劳动力、返乡农民工等返乡入乡创业，提升乡村整体创业能力，系统针对有就业、创业愿望的返乡人员，采用信息化手段进行资源对接，包括与第三方就业服务机构合作，联合开展线上创业帮扶，提供专业咨询与创业指导；开展就业创业信息服务，提供扶持政策、创业项目、行业动态、政府贴息创业贷款、企业用工保障政策、人力资源市场法律法规等信息。系统还为符合条件的返乡入乡创业人员开通便捷的网上申请渠道，以获得政府的相关创业担保贷款及贴息。

在优化提升就业服务方面，对脱贫人口、农村低收入人口、易地扶贫搬迁人口等重点人群通过大数据比对分析和信息共享，开展就业动态监测与分析，建立失业人员和有计划外出务工人员清单，依据清单推送本地就业信息，并提供线上专家指导等服务。

在培育新型职业农民方面，为培养有文化、懂技术、善经营、会管理的高素质农民和农村实用人才、创新创业带头人，系统利用信息化技术针对乡村青年开展农业技能培训、返乡创业就业培训和职业技能培训。一是引进经过相关部门认定的培训机构，通过线上网络直播和点播教学的模式开展培训；二是依托高校、科研院所的教学资源优势，通过多媒体电教室和网络直播间，为乡村青年量身定制培训课程，培养适应时代发展的新型职业农民队伍，为实现乡村振兴夯实人才基础。

在吸纳高等院校人才方面，为引导高等学校、职业技术学院涉农专业的毕业生积极投身乡村振兴建设大潮，成长为新一代职业农民，系统与教育行政部门、高等学校、职业技术学院信息共享，推送本地就业岗位数据库就业信息，同时将有志到农村就业创业的毕业生信息推送给当地人力资源和社会保障部门，形成信息双向流动，为乡村振兴提供急需的人才。教育行政部门也可依托系统信息，掌握农村地区的人才需求情况，有针对性地加大农村专业人才培养力度。

综上，中国减贫进入了全面推进乡村振兴、促进共同富裕的新阶段，信息化将扮演更加重要的角色。乡村振兴“5+2”平台是“5+2”模式在乡村振兴中为消除相对贫困进行的应用构想，其脱胎于精准扶贫“5+2”平台，自带“减贫基因”，既能充分利用精准扶贫阶段的信息化成果，又与落实乡村振兴战略20字总要求有契合点，有利于巩固拓展脱贫攻坚成果与乡村振兴的有效衔接。

POVERTY REDUCTION

A "5+2" MODEL OF INFORMATION MANAGEMENT

第六章

“5+2”模式在国际减贫信息化管理中的应用构想

国际减贫事业同样需要信息化支持。本章结合部分发展中国家的贫困现状、信息化发展水平和减贫需求，探讨如何将“5+2”模式及系统建设的经验在国际减贫事业中延伸应用。

减贫是国际社会公认的最具亮点的中国发展成就之一。中国的减贫成就，不仅让中国人摆脱了绝对贫困，而且加快了全球减贫进程，谱写了人类反贫困历史新篇章。世界银行前行长罗伯特·佐利克惊叹：“毫无疑问，这是消除贫困的历史上最大的飞跃。仅中国的努力，就极大促进了与国际减贫有关的千年发展目标的实现。”[1]联合国秘书长古特雷斯赞扬：“过去10年，中国是为全球减贫作出最大贡献的国家。”[2]

中国采用的“精准扶贫”理念与实践被写入第73届联合国大会通过的关于消除贫困的决议。中国在减贫实践中探索形成的宝贵经验，为全球贫困治理提供了中国方案，拓展了人类反贫困的新路径。在取得减贫伟大成就的过程中，信息化发挥了重要作用。中国把扶贫管理机制变革与现代科技应用深度融合，将现代信息技术应用到精准扶贫管理中，探索出“互联网+贫困治理”的减贫经验，大大提升了贫困治理效率，生动诠释了信息化管理在贫困治理中的独特优势。

当前，从全球范围来看，减贫形势依然严峻。本章将进一步探讨如何将减贫信息化管理“5+2”模式与全球贫困治理需求结合起来，为发展中国家的减贫信息化管理提供参考。

---

1 和音.为加速全球减贫进程贡献智慧和力量[N].人民日报,2020-12-16(003).

2 新华社.“中国式减贫”:世界减贫史上最大贡献[EB/OL].[2017-06-14]. http://www.xinhuanet.com//politics/2017-06/14/c_1121144552.htm.

一、共同挑战

消除全球贫困

随着经济全球化的深入发展，世界各国越来越成为你中有我、我中有你的命运共同体。在经济全球化时代，贫困问题已经远远超出本国范畴。消除贫困不仅是全人类的共同使命，也是全人类面临的共同挑战。几十年来，不少发展中国家积极响应联合国的倡议，在减贫事业中投入了大量人力、物力、财力，取得了显著成效。然而，消除全球贫困依然任重道远。

（一）解决贫困问题是联合国的一项重大议题

长期以来，世界各国特别是发展中国家减贫事业取得了巨大成就。2000 年 9 月，联合国千年首脑会议确定了到 2015 年将世界极端贫困人口和饥饿人口减半的目标。在这一目标基本实现之后，2015 年，第 70 届联合国大会又审议通过了《变革我们的世界：2030 年可持续发展议程》。该议程设定了17个可持续发展目标，其中首要目标是“在全世界消除一切形式的贫困”。减贫的具体目标包括：消除饥饿，改善营养状况和促进可持续农业发展；改善贫困人口医疗卫生条件，促进各年龄段人群福祉；提升贫困人口人力资本水平，阻断贫困代际传递；实现性别平等，增加所有妇女和女童权能；改善贫困人口居住环境，提升生活质量；建设具有抵御灾害能力的基础设施，促进可持续发展等。[1]

（二）全球贫困状况依然严峻

联合国秘书长古特雷斯指出，全球在实现2015年各国领导人达成的有关2030年可持续发展目标方面“雄心还不够”，实现到2030年将全球极端贫困率降至3%以下的目标困难重重。[2]不解决发展中国家的贫困问题，就不可能达到在全球范围内消除贫困的目标。全球减贫事业面临着前所未有的严峻挑战。

1. 全球贫困人口规模大

据联合国发布的《2015年联合国千年发展目标报告》显示，全球生活在极端贫困中的人口从1990年的19亿降至2015年的8.36亿，极

1 联合国公约与宣言检索系统．变革我们的世界：2030年可持续发展议程 [EB/OL]. [2015-09-25]. https://www.un.org/zh/documents/treaty/files/A-RES-70-1.shtml.

2 和音．为加速全球减贫进程贡献智慧和力量 [N]. 人民日报，2020-12-16(003).

端贫困人口减少了一半以上。尽管全球减贫事业成效显著，但绝对贫困人口的基数依然巨大。依据世界银行提出的日均收入 1.90 美元的贫困线标准，全球贫困率仍高达 9.3%，贫困人口仍有 6.89 亿人。[1] 中国之外的发展中国家减贫速度相对缓慢，甚至有的国家贫困人口还在增加。2020 年，新冠肺炎疫情突发并肆虐全球，严重影响并加剧了贫困和社会发展的结构性不平等。[2] 根据联合国发布的《2020 年可持续发展目标报告》，在疫情的冲击下，全球贫困率首次出现回升，预计将有 7100 万人再次陷入极端贫困。另据联合国发布的《2021 年可持续发展融资报告》，全球经济经历了 90 年以来最严重的衰退，最脆弱的社会群体受到的影响最大。估计全球损失了 1.14 亿个工作岗位，约 1.2 亿人陷入了极端贫困。[3]

从贫困维度考量，贫困不仅表现为收入或消费能力不足，还表现为获得义务教育、基本公共卫生以及包括家庭用电、饮用水等方面的能力不足。联合国开发署发布的 2019 年度《全球多维贫困指数报告》显示，报告覆盖的 101 个国家共有 13 亿人处于多维贫困状态。[4] 其中，电力、清洁饮用水、卫生设施等基本公共服务供给能力不足是多维贫困最主要的表现，也是导致当地居民生活长期得不到改善的重要原因。

---

1 The World Bank Group. Poverty and Shared Prosperity[R]. Washington:The World Bank Group,2020.

2 人民网 . 共同行动 , 向全球减贫目标迈进 [EB/OL]. [2020-07-05]. https://baijiahao.baidu.com/s?id=1671325267296045864&wfr=spider&for=pc.

3 联合国 : 2021 年可持续发展融资报告 [EB/OL]. [2021-03-31]. http://finance.sina.com.cn/tech/2021-03-31/doc-ikmyaawa2302596.shtml.

4 UNDP and OPHI. Global Multidimensional Poverty Index 2019: Illuminating Inequalities[R]. Oxford: UNDP and OPHI, 2019.

2. 贫困人口分布不均衡

贫困人口的分布不均衡，主要集中在部分地区，区域性特征显著。2019 年度《全球多维贫困指数报告》显示，全世界多维贫困人口中，84.5% 生活在撒哈拉以南非洲和南亚地区。但即使在这两个地区，各国之间的差异也非常明显：虽然同属撒哈拉以南非洲，但南非的贫困率为 6.3%，而南苏丹的贫困率高达 91.9%；在亚洲，马尔代夫的贫困率为 0.8%，阿富汗的贫困率高达 55.9%。许多国家在贫困程度方面都表现出明显的内部差异，以乌干达为例，首都坎帕拉的多维贫困率为 6%，而东北部的卡拉莫贾则为 96.3%。[1]

3. 社会发展包容性不足

包容性发展是指以人为中心的人与人、人与社会、人与自然的和谐发展，包括 GDP 增长指数、人类发展指数、社会发展指数、社会福利指数、幸福指数在内地全面发展。[2] 一些发展中国家的教育、医疗等公共服务水平较差，社会发展包容性明显不足。就教育而言，据联合国发布的《2015 年联合国千年发展目标报告》显示，截至 2015 年，约有 5700 万小学教育适龄儿童失学，比 2000 年的 1 亿人有所减少。其

---

1 UNDP and OPHI. Global Multidimensional Poverty Index 2019: Illuminating Inequalities[R]. Oxford: UNDP and OPHI, 2019.

2 大公网 . 陈世清 : 对称经济学术语表（十七）[EB/OL]. [2016-10-10]. http://finance.takungpao.com/mjzl/mjhz/2016-10/3377911.html.

中，3300 万儿童位于撒哈拉以南非洲，超过一半（55%）是女孩。社会发展包容性不足还体现在这些国家贫困人口清洁水资源、电、居住环境等基本公共服务的可获得性严重不足。

另外，农业是劳动密集型产业，扶贫效益高，但全球贫困高发的国家或地区大多气候恶劣，灾害频发，农业发展滞后。例如，中亚地区少雨干旱，土地利用率低；东南亚中南半岛地区山河相间，无法大面积种植农作物。再加上这些地区的农产品加工业不发达，农业现代化发展举步维艰。2020 年，东非、中东和南亚蝗灾肆虐，加之新冠肺炎疫情蔓延，粮食安全成为一些国家绕不开的重点问题。

4. 部分发展中国家减贫能力不足

部分发展中国家贫困治理能力不足，主要体现在三方面：一是缺乏制定减贫战略规划的能力；二是缺乏贫困监测评估的能力；三是本国政府减贫战略和政策执行力不足。据联合国发布的《2015 年联合国千年发展目标报告》披露：一项世界银行的研究显示，155 个国家中约有一半缺少足够的数据来监测贫困，因此，这些国家中最贫穷的群体往往是隐形的。2002—2011 年的九年间，多达 57 个国家没有贫困率数字或仅有一个估计数。撒哈拉以南非洲是贫困最严重的地区，那里 61% 的国家没有足够的数据来监测贫困趋势。政府的缺位造成了减贫领域社会凝聚力低下，以及对促进减贫的基础设施和公共服务投入欠缺。一些国家和地区的减贫公共服务设施只能单纯依赖国际组织或非政府组织的援助。

二、聚力赋能

全球贫困治理需要信息化支持

当前，数字经济时代已经到来，数字化、网络化、智能化作为新一代信息技术的核心，正进入全面渗透、跨界融合、加速创新的时期，为加快贫困治理进程提供了契机。全球贫困治理需要把以新一代信息技术为支撑的现代管理方式纳入国际减贫事业中。第 74 届联合国大会主席蒂贾尼・穆罕默德－班迪强调，实现减贫需要全球信息、技术及理念全方位交流和共享。[1] 把新一代信息技术融入减贫信息化管理，为减贫注入新活力、新动能，将是国际减贫事业发展的重要方向。

（一）国际减贫信息化管理的基础条件

发展中国家的信息化发展水平并不均衡，但大多已经具备一定的

1 人民网 . 共同行动 , 向全球减贫目标迈进 [EB/OL]. [2020-07-05]. https://baijiahao.baidu.com/s?id=1671325267296045864&wfr=spider&for=pc.

基础，利用信息化技术进行贫困治理，条件日趋成熟。

1. 互联网基础条件日益改善

互联网和移动互联网覆盖率的日益提升为国际减贫信息化管理提供了必要的基础条件。《世界互联网发展报告 2019》显示，截至 2018 年底，全球有 41 亿互联网用户，互联网覆盖率超过 50%，移动互联网覆盖率达到 63.4%。[1] 分地区来看，中亚五国使用互联网的人口约有 3600 万，约占总人口的 68%，其中哈萨克斯坦的互联网用户比例最大，达到 77%。[2] 南亚地区中，印度互联网用户人数达到 5.6 亿，互联网普及率为 67%；[3] 巴基斯坦手机使用覆盖率达到了 74.48%。[4] 拉美地区中，古巴互联网普及率达到 52%。非洲互联网普及率为 35%，网民规模达 4.6 亿，与印度相当。东南亚地区的印度尼西亚、马来西亚、菲律宾、新加坡、泰国和越南网民数量超过 3.5 亿，互联网普及率超过 62.5%，其中超过 90% 主要使用智能手机上网。[5] 中国国家信息中心 2018 年发布的《“一带一路”沿线国家信息化发展水平评估报告》显示，中东欧 19 国信息

1 第六届世界互联网大会 . 世界互联网发展报告 2019[R]. 国家互联网信息办公室 , 浙江省人民政府 , 2019.

2 中华人民共和国商务部 . 中亚国家互联网使用情况分析 [EB/OL]. [2018-04-04]. http://kz.mofcom.gov.cn/article/scdy/201804/20180402728232.shtml.

3 印度互联网和移动协会 . 印度互联网报告 2017[R]. 印度 : 印度互联网和移动协会 , 2018.

4 中国经济网 . 巴基斯坦宽带用户数量持续增长 [EB/OL]. [2019-03-13]. https://baijiahao.baidu.com/s?id=1627859335221807440&wfr=spider&for=pc.

5 Google TEMASEK. e-Conomy SEA 2018——Southeast Asia's Internet Economy Hits an Inflection Point [R/OL]. [2019-07-31]. https://ishare.iask.sina.com.cn/f/AKJ2O8amf.html,2018.

化发展整体已经达到比较高的水平；西亚、北非、东南亚、南亚、撒哈拉以南非洲的智能手机用户、移动宽带普及率、固定宽带普及率、家用电脑普及率均呈现高速增长态势。[1]《世界互联网发展报告 2020》和《中国互联网发展报告 2020》蓝皮书显示，全球工业互联网平台保持活跃创新态势，对制造业数字化转型的驱动能力正逐渐显现，2023 年和 2025 年全球工业互联网平台市场规模将分别增加至 138 亿美元和 199 亿美元，工业互联网应用场景也不断增加，已覆盖钢铁、石化、机械、汽车、能源、交通、医疗等行业。[2] 随着全球贫困地区互联网基础设施条件的日益改善，“网络红利”正在快速惠及贫困人口。

2. 新一代信息技术应用不断取得新突破

发展中国家新兴信息技术应用正在快速发展。例如，以软件业为代表的信息产业早已成为印度经济的重要产业之一。中东和非洲地区在人工智能科技领域取得长足进展。一方面，人工智能产业支出增长迅速。全球技术研究和咨询公司 IDC（International Data Corporation）市场调研报告预计，中东和非洲地区 2018—2023 年人工智能支出年复合增长率将达 19%。[3] 另一方面，一批人工智能独角兽企业异军突起，国

1 国家电子政务外网管理中心．“一带一路”沿线国家信息化发展水平评估报告 [R/OL]. [2018-04-18]. http://www.sic.gov.cn/News/614/9726.htm.

2 新华网．《世界互联网发展报告 2020》和《中国互联网发展报告 2020》蓝皮书发布 [EB/OL]. [2020-11-23]. http://www.zj.xinhuanet.com/2020-11/23/c_1126776891.htm.

3 中华人民共和国商务部．2020 年：中东和非洲人工智能支出将超过 3.74 亿美元 [EB/OL]. [2019-12-10]. http://www.mofcom.gov.cn/article/i/jyjl/k/201912/20191202921142.shtml.

际科技巨头纷纷加盟。尼日利亚金融科技公司库迪（Kudi）、南非农业科技公司艾勒巴蒂克斯（Aerobotics）——南非农业技术公司、肯尼亚农业信贷平台阿波罗农业（Apollo Agriculture）、突尼斯电商数据服务商（Datavora）等一批信息技术企业逐渐开始崛起。随着微软、谷歌、脸书、IBM、惠普海外布局的加快，尼日利亚拉各斯、南非约翰内斯堡俨然已经成为非洲的硅谷。这些在一定程度上表明，信息技术产业的发展不再只是发达国家的特权。

3. 网络应用日益广泛便捷

网络经济在广大发展中国家得到越来越普遍的发展，在线支付、网络购物、在线音乐、网约车等新经济业态开始在东南亚、南亚、中亚、撒哈拉以南非洲等地区兴起，带动了相关地区金融、物流、贸易、消费、交通、旅游等各个行业的飞速发展。例如，在东南亚地区，电子商务、网络媒体、网约车、在线旅游等互联网经济业态发展迅速，尤其是无现金支付业态。中国支付清算协会发布的调查报告显示，2020 年中国有 74% 的用户每天使用移动支付，微信、支付宝是首选的两个平台。[1] 国际商业机器公司（IBM）预计，到 2022 年，全球移动支付 App 的成交金额将会达到 14 万亿美元。[2] 随着非洲大陆自由贸易区

1 新华网 . 调查报告：74% 的用户每天使用移动支付 [EB/OL]. [2021-01-14]. http://www.xinhuanet.com/2021-01/14/c_1126983831.htm.

2 搜狐网 . 全球移动支付用户数排名出炉：微信支付超越支付宝居首 [EB/OL]. [2018-11-28]. https://www.sohu.com/a/278340690_233813.

（AFCFTA）2021 年 1 月 1 日正式启动，非洲有望形成一个覆盖近 12 亿人口、GDP 合计 2.5 万亿美元的自由贸易大市场。目前非洲电子商务活动十分火热，数据统计网站 Statista 的研究显示，非洲电商市场规模已达 160 亿美元，到 2022 年预计将达到 220 亿美元。[1] 朱米亚（Jumia）、康卡（Konga）等电子商务巨头开始崛起，电子银行、物流业务发展迅速。此外，非洲在线音乐曲库开始蓬勃发展，截至 2019 年 2 月，该地区最大音乐流媒体平台“暴玩”（Boomplay）已经拥有超过 4200 万激活用户，曲库规模达 500 万首，是全球最大的在线非洲音乐曲库。在南亚地区，根据麦肯锡的一份报告，2018 年，印度有 5.6 亿互联网用户，预计到 2023 年，这一数据将达到 7.5 亿至 8 亿。据 eMarketer 预测，因 Paytm（印度移动支付平台）和电子商务等参与者的不断增加，2020 年印度电子商务同比增长 30%。[2] 网络经济的兴起不仅为发展中国家的经济注入了巨大活力，也为将信息化手段应用于国际减贫事业奠定了基础。

（二）国际减贫事业对信息化管理的需求

实证研究表明，信息化发展对农村经济均有显著的正向影响。除了劳动力和资本，信息化发展水平也是影响经济增长的重要因素之一；

1 中共中央网络安全和信息化委员会办公室 . 到 2022 年非洲电商市场规模预计将达到 220 亿美元 [EB/OL]. [2019-12-12]. http://www.cac.gov.cn/2019-12/12/c_1577686237807823.htm.

2 中文互联网数据资讯网 . eMarketer: 2020 年印度电子商务市场同比增长 30%[EB/OL]. [2021-04-15]. http://www.199it.com/archives/1220646.html.

同时，信息化也是未来促进发展中国家经济快速发展的动力。[1]信息化发展水平越高的地区，信息化对地区经济增长的贡献也越大。实现联合国 2030 年可持续发展议程减贫目标，需要借助信息化技术为减贫聚力赋能。从基础数据到综合管理，从信息共享到专项救助，全球减贫事业对信息化管理有着迫切需求，如图 6-1 所示。

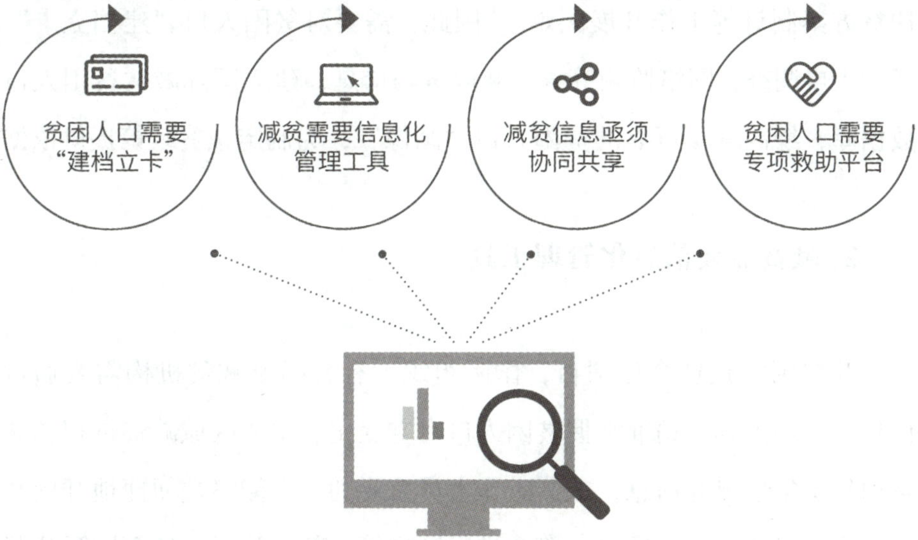

图 6-1 全球减贫事业对信息化管理的需求

1 Liu Weichao, Cheng Di, Yi Yongbin. Feasibility Analysis of Rural Cooperatives Participating in Internet Economy in Old Revolutionary Base Areas[R]. Wuhan:ICSSED, 2019.

1. 贫困人口需要“建档立卡”

中国的精准扶贫工作实践证明，准确的贫困人口信息数据是制定有效减贫措施的重要依据。但是，一些发展中国家的信息化发展水平滞后，贫困监测和评估能力不足，对本国的贫困状况掌握得不够精准。在缺乏对贫困人口基本情况全面了解的情况下，贫困特征分析、地域分布统计、扶贫方案制订等工作开展困难。[1] 因此，需要对贫困人口“建档立卡”，通过入户调查、网络监测等方式获取贫困信息，建立国际减贫贫困人口数据库，绘制真实可靠的贫困人口“画像”，为制定减贫政策提供依据。

2. 减贫需要信息化管理工具

开展国际减贫合作项目，国际组织、有关国家减贫机构需要通过信息化管理工具，精准掌握贫困人口时空变化、主要区域减贫进程和减贫项目实施情况等信息；减贫工作人员需要利用智能终端便捷地开展基础工作，以及对减贫项目、资金进行管理等。新冠肺炎疫情等国际公共卫生问题，更是催化了一系列的线上交流新常态。为此，在国际减贫中，开发减贫 App 配备智能终端，为工作人员提供便捷的管理工具，实现数据的远程管理，有利于提高智能化、数字化的综合管理水平。

1　李云龙 . 全球贫困治理的中国方案 [J]. 理论导报 , 2020(1): 27-29.

3. 减贫信息亟须协同共享

减贫信息的协同共享，对提高政府各部门工作效率和质量、科学配置扶贫资源等至关重要。一是有助于提高减贫的精准度和效率。有了精准的数据支持，有关国家可以有针对性地制定减贫政策，精准投入资源，破解制约贫困地区发展或贫困人口脱贫的主要瓶颈，高效配置包括人道主义救援在内的各种救助资源。联合国粮农组织、联合国教科文组织、世界银行等机构借助共享的贫困人口数据库，可以减少实地调研成本，帮助全球贫困人口解决粮食和农业问题，促进发展中国家教育、科学和文化事业的发展。二是便于分享贫困治理方法和经验。治理贫困的成功经验，是全人类的宝贵财富。不同国家间可以相互借鉴先进的扶贫理念与方式方法，促进本国减贫事业发展。

4. 贫困人口需要专项救助平台

全球贫困地区普遍存在医疗、教育、就业等方面的问题。医疗问题是制约减贫的主要因素之一，从全球卫生支出份额占比平均水平看，政府支出占 51%，而超过 35% 的卫生支出来自患者自费，其后果之一是每年有 1 亿人因此陷入极端贫困。[1] 另外，基础教育是关系人口素质的核心问题，教育水平直接影响减贫成效。全球约有 2.65 亿儿童和青少年失去上学或完成学业的机会，其中五分之一以上是小学适龄儿

1 联合国新闻 . 世卫组织 : 各国卫生支出增多 , 但自付医疗费用仍然过高 [EB/OL]. [2019-02-20]. https://news.un.org/zh/story/2019/02/1028861.

童，他们因贫困、歧视、武装冲突、突发事件和气候变化的影响而学业受阻。[1]根据联合国教科文组织发布的《2020年全球教育监测报告》，2.58亿儿童和青年被完全排除在教育之外，贫困是获得教育的主要障碍。在低收入和中等收入国家，20%来自最富裕家庭的青少年完成初中教育的可能性是最贫穷家庭的三倍。在完成初中教育的学生中，来自最富裕家庭的学生拥有基本阅读和数学技能的可能性是最贫困家庭学生的两倍。[2]失业是导致贫困的重要因素，例如在非洲，很多青年处于失业状态，失业率高达60%。[3]全球范围内的一些公益和慈善组织，以及具有人道主义和博爱精神的爱心人士，由于多种原因，无法有效对接贫困人口。因此，需要建立医疗保障、教育支持、就业供需等专项救助信息管理平台，架起慈善机构与需要帮助的贫困人口之间的对接“桥梁”。

（三）发展中国家减贫信息化管理成功案例

采用信息化管理对提高贫困治理成效具有重要作用。研究成果表明，一些国际组织和发展中国家已经开始运用信息化管理的手段来减轻或消

1 联合国．为2019冠状病毒疫情之下的这一代恢复并振兴教育[EB/OL]. [2020-01-24]. https://www.un.org/zh/observances/education-day.

2 United Nations Educational, Scientific and Cultural Organization. Global Education Monitoring Report 2020: Inclusion and Education: All Means All[R]. Paris:UNESCO, 2020.

3 联合国教科文组织．全球教育监测报告2019：移徙、流离失所和教育——要搭建桥梁，不要筑起高墙[M]. 北京：教育科学出版社，2019.

除贫困，并收到了较好的减贫效果，也涌现出了一批成功案例。

案例 1　哥伦比亚社会项目受益人识别系统

20 世纪 90 年代，哥伦比亚政府开发了社会项目受益人识别系统。该系统构建了一个家庭脆弱指数，用于确定社会救助项目的受益人。最新的版本由三个部分组成，分别用于收集数据的社会经济调查、用于评估脆弱性的福利指数以及用于为每个家庭建立指数估值。每个家庭的得分从 0 至 100 不等（从最贫穷到最富有）。该系统使用了 4 个维度（健康、教育、住房和脆弱性）、24 个变量进行计算，并得出最终分值。分值和变量还会根据家庭所处的位置进行调整。截至 2014 年，该系统数据库已收录超过 3400 万人的信息，占哥伦比亚总人口的 70% 以上，而该国的人口贫困率也从 1997 年的 55% 降至 2014 年的 20% 左右。2010 年，哥伦比亚政府开始实施“联合起来战胜贫困”战略，把减贫纳入国家发展战略，实施城乡统一减贫行动，制定量化的减贫目标，建立起了一套全国统一的信息分享系统。参与“联合起来战胜贫困”战略的所有受益家庭信息全部进入信息系统，可以优先获得国家提供的相关社会服务。[1]

案例 2　巴西统一登记注册系统

2006 年，巴西启动“家庭津贴有条件现金转移支付”项目。该项

1　张德亮，周梁．哥伦比亚减贫概要 [R]．北京：中国国际扶贫中心，2012.

目是巴西版“贫困户建档立卡”系统，用来对巴西低收入家庭进行社会经济状况描述和作出贫困程度识别。这是由巴西联邦政府进行顶层设计，27个州、6000多个市遵照执行的全国统一联网系统。依照法律，该系统强制实施，用于受益人的筛选和联邦政府对社会项目的整合。随着近年来巴西扶贫工作和其他社会项目的深入开展，这些项目也依法纳入该系统中。该系统中的统一登记注册系统，有效降低了新社会项目的启动成本和管理的复杂性。通过“有条件现金转移支付”项目的监测，减少了工作人员和申请人之间的勾结行为，也减少了申请人弄虚作假骗取扶助金的行为，保证了扶贫转移支付资金真正扶助到贫困者。[1]

案例3　撒哈拉以南非洲部分国家的减贫信息化管理实践

撒哈拉以南非洲部分国家也在积极地利用信息技术促进农业发展与就业。2002年，肯尼亚建立“鼓网”（Drum Net）平台，这是为小规模农户打造的信息交流平台。2011年，马里蔬菜水果联盟为790家小规模农户和5家外销公司创建了供应链管理和追踪系统；[2] 南非、苏丹、肯尼亚等一些国家已有71%的农民能利用信息通信技术来助力生产，其中90%的农民实现增产增收。[3]2012年，卢旺达青年和信息通信技术部以及

1　苏振兴．反贫困斗争与政府治理能力——巴西案例研究 [J]. 拉丁美洲研究 , 2015, 37(1): 9-15, 79.

2　中国经济网．非洲农业信息化案例分析 [EB/OL]. [2014-08-01]. http://intl.ce.cn/specials/zxgjzh/201408/01/t20140801_3273659.shtml.

3　王欲然．中企助力非洲向数字化转型 [N]. 人民日报 , 2016-05-14(003).

与联合国开发计划署合作启动“青年汇”（Youth Connekt Hangout）[1] 孵化器平台，帮助卢旺达青年拓展就业机会；乍得开发了一个综合系统，其中包括每个营地的数据收集表格，从学前教育一直到高等教育，乃至非正规扫盲计划也纳入其中，提高了现有数据的质量，确保统一的数据收集、输入、汇编和共享（UNESCO，2016）；约旦教育部还将难民儿童的教育情况纳入教育管理信息系统平台；南苏丹将联合国难民事务高级专员办事处的数据与国家教育管理信息系统合并，以确定面临风险的学校，实施通识教育计划，利用这些信息来集中支持最需要帮助的地区（GPE and UNESCO–IIEP，2016）[2]。

此外，部分国际组织也通过移动通信技术与大数据技术，为非洲国家提供减贫信息管理系统。2014 年，联合国教科文组织的“青年手机计划”重点关注非洲，帮助非洲青年人利用手机获取就业信息、学习就业技能，有效提高了当地青年就业率；[3] 联合国粮农组织在印度尼西亚的亚奇实施了“鱼类营销信息系统”项目，通过手机短信和软件将渔民、鱼类产品、贸易商、加工商数据传输到系统，有效帮助渔民增收。[4] 这些信息化扶贫项目借助移动通信的力量，有效促进了当地居民就业和增收。

大数据和移动终端相结合在减贫中发挥了积极作用。例如，纽约

---

1 Biztech Africa. Youth Connekt Hangout scoops UNDP Innovation Award[EB/OL]. [2013-12-13]. https://www.biztechafrica.com/article/youthconnekt-hangout-scoops-undp-innovation-award/7412/.

2 联合国教科文组织 . 全球教育监测报告 2019: 移徙、流离失所和教育——要搭建桥梁，不要筑起高墙 [M]. 北京：教育科学出版社，2019.

3 UNESCO Youth Mobile. Teaching Young Girls and Boys to Create Mobile App for Sustainable Development[EB/OL]. [2016-03-16]. https://en.unesco.org/youthmobile.

4 吴崇伯 . 印度尼西亚渔业发展概况及政策措施 [J]. 世界农业，2004(10): 20-21.

州立大学布法罗分校开发了一个实时更新的塞内加尔贫困地区分布地图，可以通过手机终端轻松获取该地图，并且与当地决策者共享，从而达到精准扶贫的目的。数据流行联盟（Data-Pop）专注于使用大数据作为全球发展的工具。在与卡塔尔计算研究所合作中，数据流行联盟分析了数以百万计的推文，收集到埃及的贫困和一般经济状况的实地情报。[1]

案例 4　南非减贫绩效信息管理系统

在南非，通过实施现金转移支付项目，为贫困群体提供有条件的现金转移支付，让贫困家庭更好地享受到健康和教育服务，达到多维减贫的效果。该项目在运行过程中使用信息化手段进行数据采集和处理，并依靠掌握的大量贫困数据建立了大数据管理体系。为有效避免识别过程中的信息遗漏或资源错配，该项目以社区为基础，充分发挥社区的作用，利用社区审查的方式提高项目的透明度；同时建立了严格的监测评估体系，掌握项目进展并及时发现其中潜在的不足。[2]

2011 年 11 月，南非政府监督考核部制订了《国家绩效考核计划》[3]，标志着南非政府绩效考核正式启动。南非第一个三年考核计划开始于 2012 年。在社会扶助方面，南非建立了贫困评估和绩效考核系统。根据考核内容的不同，评估内容包括贫困描述、激励机制与规章制度、公共

1　英美是如何利用大数据管理社会的？[EB/OL]. Techweb, http://www.myzaker.com/article/583e7b311bc8e05e5f000025/, 2016-11-30.

2　汪三贵，曾小溪 . 有条件现金转移支付减贫的国际经验 [N]. 学习时报，2016-02-25(002).

3　冯蕾，王昱，万硕莹 . 南非政府绩效考核的实践与启示 [J]. 标准科学，2015(10): 87-90.

支出与体制。绩效考核指标包括诊断考核、设计考核、执行力考核、影响力考核、经济性考核、综合考核等。其中，诊断考核的目的是明确减贫项目已知的问题、将来的困难、可实现的结果以及项目执行的困难点等；设计考核可以检验指标的质量；执行力考核可以考核项目运行是否实现了目标，如果没有实现，那么就要寻找原因；影响力考核可以测评项目或政策的结果是否有益于目标贫困群体；经济性考核主要考察减贫效果和项目投入的关系；综合考核用于整合全方位的、跨政府部门的考核结果。监督考核部负责对考核计划内项目综合考核，并形成年度总报告。

案例 5　墨西哥减贫 PROGRESA 项目实施系统

“教育、卫生和食品计划”（PROGRESA）是墨西哥国家级的有条件的转移支付扶贫项目。为了保证在项目资金的检测上减少错误、欺诈和腐败，墨西哥政府实施了以下信息化管理手段：一是健全的投诉接收和处理信息管理系统。如果受益人在收到付款时遇到任何难题，可以方便地使用手机 App 的“移动投诉箱”模块立即提出投诉，政府对管理人员的投诉处理情况进行监管。二是定期的问卷调查评估系统。要求受益人和提供者定期登录系统、填写问卷，通过调查项目受益者和提供者来评估项目运行是否符合规范。三是完善的公示举报系统。当有新家庭加入该项目时，必须告知其权利和义务的相关信息，给予公民监督项目的权利。其他公民可以登录系统查看受益人的信息，如果发现有造假行为，可以通过系统网站公示的电话、邮箱等方式进行举报。四是系统定期公布项目评估结果，定期向公众提供项目进展的数据。通过独立调查渠道收集数据，而不依赖政府的自我报告。

上述实践案例表明，不同国家在考虑自身贫困人口特点的基础上探索出了一些适合本国实际的减贫信息化管理方式。其中，哥伦比亚社会项目受益人识别系统和巴西统一登记注册系统，类似中国贫困户“建档立卡”系统，便于准确识别贫困人口，并与社会救助项目相对接；南非减贫绩效信息管理系统与墨西哥减贫 PROGRESA 项目实施系统，则体现了对减贫项目实施过程的监督与绩效评估的功能。此外，撒哈拉以南非洲部分国家、联合国教科文组织等国际组织，针对某些特殊对象创建了简便易行的减贫信息平台或管理工具。不过，在上述案例中，国际组织、有关国家的减贫信息化管理多以项目为依托，往往缺乏完整的减贫信息化管理体系，信息化管理深度和广度也各不相同，较难达到“信息共享、业务协同”的要求。因此，有必要借鉴具有科学性的、可复制推广的减贫信息化管理模式来助力全球减贫。

三、互学互鉴

“5+2”模式与国际减贫的契合点

减贫无问西东，开放方能互鉴。各国文化背景不同，意识形态和政治体制也存在差异，但在技术层面依然可以相互学习和借鉴，为实现共同的减贫目标携手同行。

随着全球信息化进程的加快，将信息技术广泛应用于发展中国家减贫工作已是大势所趋。在中国建设和应用的精准扶贫信息管理系统和平台，对如期完成新时代脱贫攻坚目标任务起到了重要作用。有关国家可以根据本国实际，在科学理论的指导下，建设符合本国减贫需求的信息管理系统。“5+2”模式与国际减贫信息化管理具有多方面的契合点，对有关国家或有一定的参考价值。

为此，本章探讨将“5+2”模式应用于国际减贫信息化管理的实践，力图为有关国家和国际组织提供参考。在技术层面，可以参照精准扶贫“5+2”平台的设计理念和总体架构，搭建一个以“携手消除贫困、共建人类命运共同体”为宗旨的国际减贫“5+2”信息管理平台（以下简称“国际减贫‘5+2’平台”），为有关国家和国际组织的减贫信息互联互通、资源共享发挥作用，助力2030年消除全球极端贫困愿景的实现。国际减贫“5+2”平台的架构如图6-2所示。

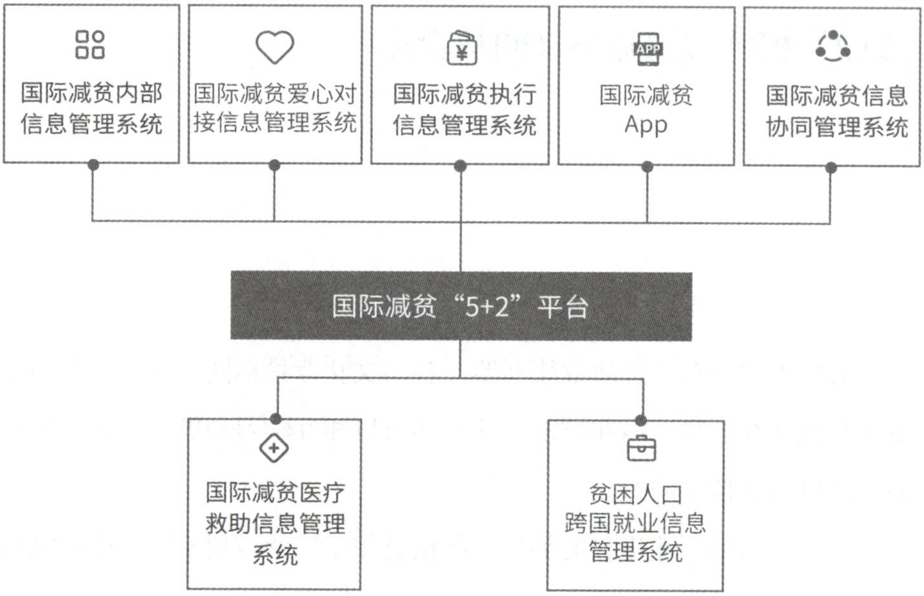

图6-2　国际减贫“5+2”平台的架构图

（一）政府内部信息管理是科学决策的基础

信息是科学决策的前提和基础，信息技术的发展为各国政府科学制定公共政策提供了有力支持。在国际减贫信息中，有相当部分属于政府内部信息，涉及减贫战略规划和相应政策体系制定的内部过程，以及贫困人口的个人隐私等，这些内容只允许在一定的范围或特定的信息体系中传递，需要根据国情确保信息安全和数据安全。

随着“互联网 +”上升为国家战略，中国政府将信息化技术应用到扶贫开发工作中，“互联网 + 精准扶贫”成为贫困地区赶超发展的重要抓手。国内多地运用信息化手段，精准采集贫困地区的详细数据，根据不同贫困地区、不同贫困人口的致贫原因将相应的帮扶措施精准匹配，对症下药，不断提高脱贫成效。在脱贫攻坚的决战决胜阶段，信息管理系统的广泛应用，大大提高了扶贫信息的采集、处理能力。国务院扶贫办建设的全国扶贫开发信息系统，有效统筹全国扶贫开发的相关数据，准确统计贫困户信息，科学管理扶贫项目、扶贫资金，实时查询脱贫成效，成为从中央到地方扶贫部门内部信息管理的抓手。这张“内网”成为中国扶贫职能部门精准识别、精准帮扶、精准管理和精准考核的有效工具。

“5+2”模式强调通过内部信息管理系统的构建，打通政府内部的数据壁垒，纵向连接上下级，横向贯通相关部门，提升政府的整体管控能力，助力解决贫困治理中的科学决策难、精准管理难、减贫效率低等问题。因此，基于“5+2”模式的内部信息管理理念，在全球减贫中，可以为建立国际减贫内部信息管理系统提供借鉴，以加强政府内部信息网络建设和信息交流共享，帮助政府科学决策，提高减贫效率。

国际减贫信息化管理主要涉及三方面：一是联合国、世界银行等国际组织与受援国政府之间的信息交互；二是国与国之间的双边信息交流，或区域减贫合作组织之间的多边信息交互；三是本国政府内部机构之间的信息交互。具体如图 6-3 所示。

在上述交互过程中，存在着大量不便向外界公开的信息，这些信息只能在政府、国际组织间进行内部流转。因此，有减贫需求的国家在减

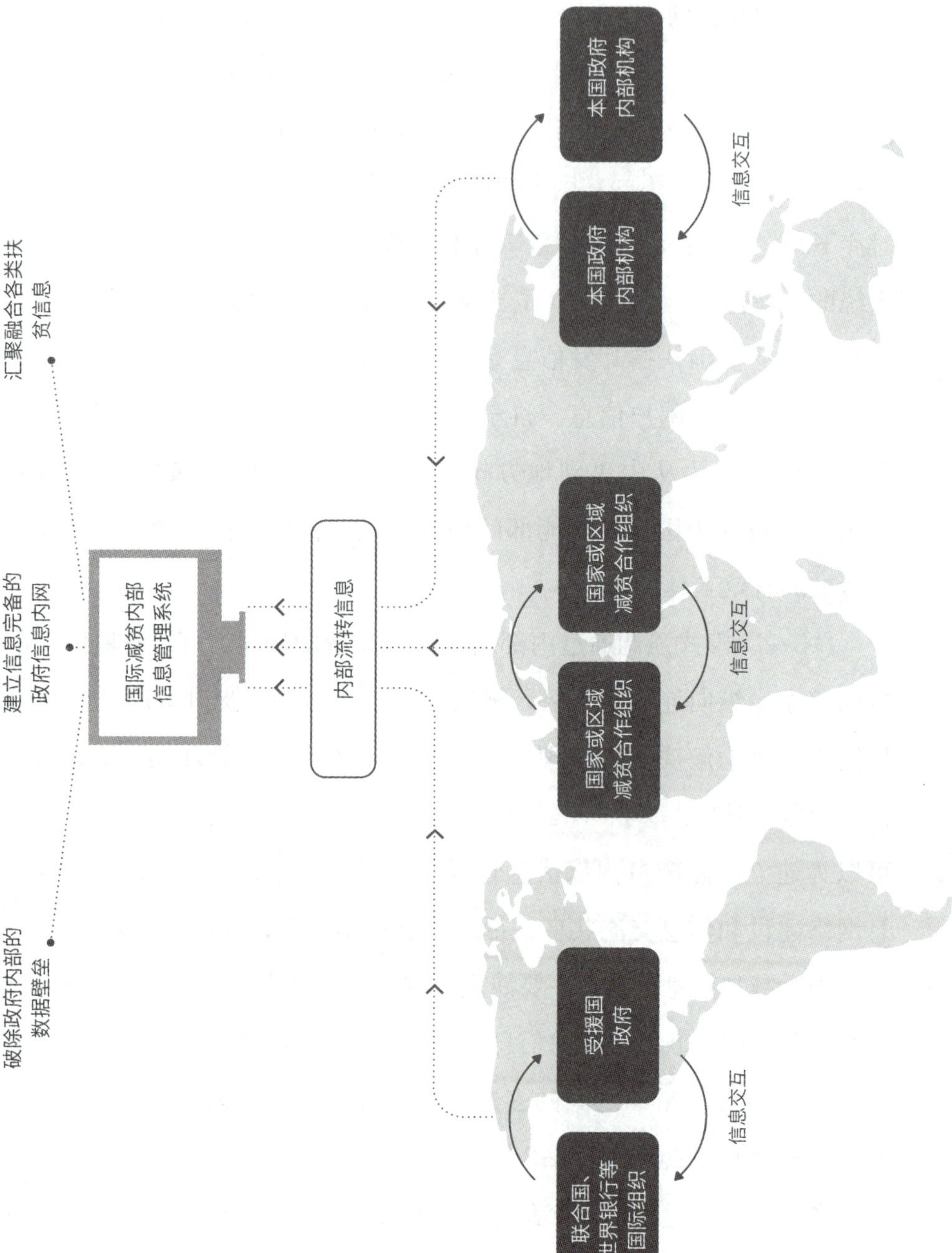

图 6-3 国际减贫信息化管理涉及的信息交互

贫实践中，可以将“5+2”模式的内部信息管理理念用于政府内部信息管理系统建设，汇聚融合本国贫困人口、减贫项目和资金、减贫成效等信息，为科学决策提供信息支撑。

（二）外部信息管理是获取国际减贫资源的重要渠道

中国在脱贫攻坚实践中，通过对政府外部信息的管理，实现了贫困户需求和社会爱心资源的多元化对接。中国在政府外部信息管理方面的经验，对发展中国家减贫或有启发。

半个多世纪以来，国际援助对各国减贫起到了积极作用。以中国为例，自改革开放以来，国际社会为中国减贫提供了支持和援助。中国接受部分发达国家提供的援助，实施减贫合作项目，在资金投入、知识转移等方面获得支持，推动了中国减贫事业的发展。中国政府和人民也投桃报李，担负起更多的国际责任，先后向160多个国家和国际组织提供了多种形式的援助。当前，全球贫困治理仍因贫困人口规模大、利贫性增长乏力和包容性不足等原因而举步维艰。减贫能力弱、减贫资金不足，严重制约着发展中国家的减贫进程。消除极端贫困不仅离不开本国的内生性发展，而且需要国际社会广泛的援助。在开展国际援助中，如果援助资源无法精准对接，就会影响资源的配置效率。如何利用信息化技术更好地获得国际减贫资源以及提高援助效率，是国际减贫领域需要关注的课题。

对此，依据“5+2”模式的外部信息管理理念，引导国际社会力量通过“外网”积极参与减贫行动，实现不同国家贫困人口与社会援助之间供需的高效匹配，让社会公众了解、参与、支持和监督减贫工作，同时分享各国成功的减贫模式和经验。具体来说，在国际减贫信息化管理中，可以搭建国际减贫爱心对接信息管理系统，利用互联网和新一代信息化技术，对接国际组织、有关国家减贫机构、爱心人士和贫困人口等，充分调动国际社会力量，帮助发展中国家消除贫困。

就技术而言，系统提供跨国家、跨区域的爱心援助对接端口，拓宽减贫资源的来源渠道，帮助援助方对接减贫需求、受援方对接减贫资源，增强供给的精准性，解决不同国家和地区援助方与受援方之间的信息不对称问题。系统还可以搭建“阳光减贫”监管功能，在保护隐私的前提下，对贫困人口的识别、物资的流向、援助资金的使用以及减贫项目的进展等信息留痕，可追溯、可审计，接受国际社会监督。

为帮助国际组织、有关国家的减贫机构等快速了解贫困人口信息，在更大区域合理调配援助资源，系统对接联合国粮农组织、联合国教科文组织、世界银行等国际组织，为粮食援助、生产性救助、教育科学文化事业救助、救济性贷款发放等提供数据支持；在当地法律法规允许的前提下，与银行、政府部门、社会组织的数据系统对接，进行数据交叉验证，以保证数据的准确性和及时性。国际减贫爱心对接信息管理系统主要功能如图 6-4 所示。

减贫模式和减贫经验是全人类的智慧，值得全球共享。国际社会已就共享减贫经验形成共识，正在广泛开展减贫领域的交流合作。中国如期完成了新时代脱贫攻坚目标任务，愿与国际社会分享扶贫脱贫的经验做法。依据“5+2”模式的外部信息管理理念，可以通过推进政府、国

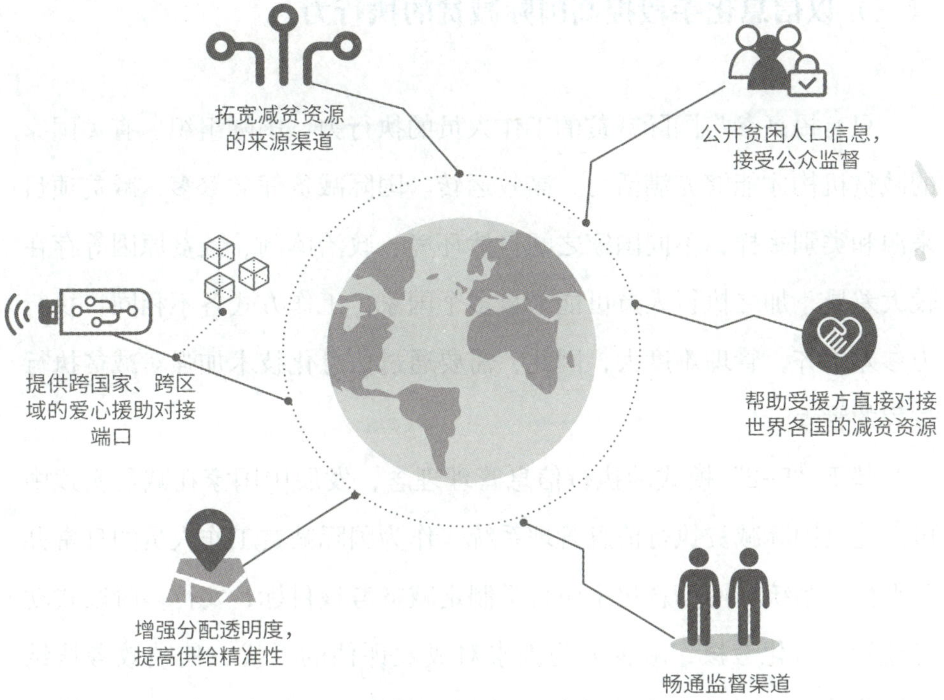

图 6-4　国际减贫爱心对接信息管理系统主要功能

际组织、学术机构分工协作，健全国际性的减贫信息化合作交流机制，为有关国家的贫困治理提供信息支持；有关国家、国际组织可以发布减贫案例和成功经验，与其他国家分享；在国际学术交流活动中，专家学者可以将本国减贫经验提炼总结，供国际社会参考，还可以在线上举办各种学术研讨交流会，进一步加强国际减贫领域的学术合作。

当然，为规避可能存在的政治、法律风险，系统搭建还需要解决好国家与国家之间、个人信息采集和对外展示之间的信息边界等问题。

（三）以信息化手段提高国际减贫的执行力

只有提高参与国际减贫的工作人员的执行力，国际组织、有关国家的减贫机构才能够充满活力、高效运转。国际减贫任务繁多，减贫项目来源和类别多样，不同国家之间自然环境、政治体制、致贫原因等存在较大差异，加之执行人员可能来自多个国家，工作方式各不相同，执行力参差不齐，管理难度大，因此，需要通过信息化技术加强对减贫执行过程的管理。

基于“5+2”模式的执行信息管理理念，发展中国家在减贫实践中可以建设国际减贫执行信息管理系统，作为国际减贫工作人员的日常办公平台。系统利用信息化手段科学制定减贫考核目标，实行多阶段式动态监管、量化考核，减少人为因素对成效评估的干扰，使绩效考核结果转化为工作动力，督促执行人员尽职尽责，高效完成任务；系统设立“减贫台账”，在线“派发”任务，提供即时通信，促进跨国协同；对援助资金开展实时监管，对减贫项目进程动态跟踪，确保援助达到预期效果。援助方可以对减贫项目的执行过程实施全方位的追踪与监督，及时了解各层级、各环节、各阶段的执行效果。同样，受援方可以通过系统对援助项目的实施主体进行监管。国际减贫执行信息管理系统主要功能如图 6-5 所示。

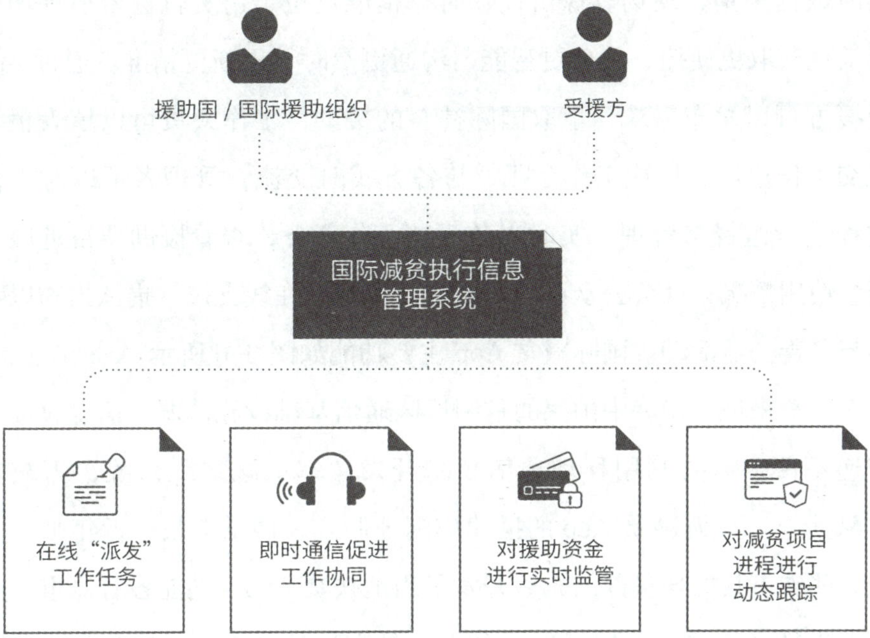

图 6-5 国际减贫执行信息管理系统主要功能

（四）以移动媒介提高国际减贫的管理效率

数字社会的主要标志是生活智能化、移动化及云端化。在移动互联网时代，移动智能终端在世界广泛使用，使信息的采集、传输、处理和应用突破了时空限制，为各国政府精准采集、快速传输减贫信息提供了极大便利。

基于“5+2”模式的信息媒介管理理念，可以将移动智能终端作为国际减贫信息采集、传递、交流的主要工具，把移动智能终端的视频、拍照、定位等功能与减贫工作充分结合，开发国际减贫 App，实现前端实时数据采集、现场影像留证、时空精准定位、访贫轨迹留痕等功能，让信息获取更便捷、处理更智能、沟通更及时、更新更精准。通过 App，受援方可以发布需求，争取国际社会的援助；工作人员可以填表报数，提交工作进度，形成工作台账，与各方实时交流；管理者可以对工作过程进行监督与管理，实时上传下达工作任务，查看援助项目进展和资金使用情况；社会公众可以对减贫对象开展在线支援、捐款捐物以及参与慈善公益活动。国际减贫 App 主要功能如图 6-6 所示。

一般来说，发展中国家的贫困地区通信基础设施薄弱，信息收集与传递不便，需要利用移动通信技术开发“掌上减贫”系统，为减贫“赋能”。国际减贫 App 的搭建应因地制宜、博采众长。近年来，中国一些省市县的扶贫部门先后开发了当地扶贫 App，功能各有侧重，如云南省精准扶贫大数据管理平台 App 具有信息录入、一键分享、贫困户常驻地定位、工作人员到村签到等功能；湖北省扶贫 App 则侧重于对求助信息的发布，还具有在线捐款、爱心帮扶和扶贫地图等功能。相关国家可以吸收、借鉴中国扶贫 App 的经验，结合本国国情开发减贫 App，实现贫困地区的移动终端覆盖、信息覆盖、服务覆盖，打通信息网络“大动脉”，为减贫创造便利的信息化管理条件。

（五）以互联共享促进国际减贫的信息协同

21 世纪以来，国际援助对发展中国家减贫起到了积极作用，例如，中国同东盟国家开展了一系列减贫国际合作项目，取得了有目共睹的成

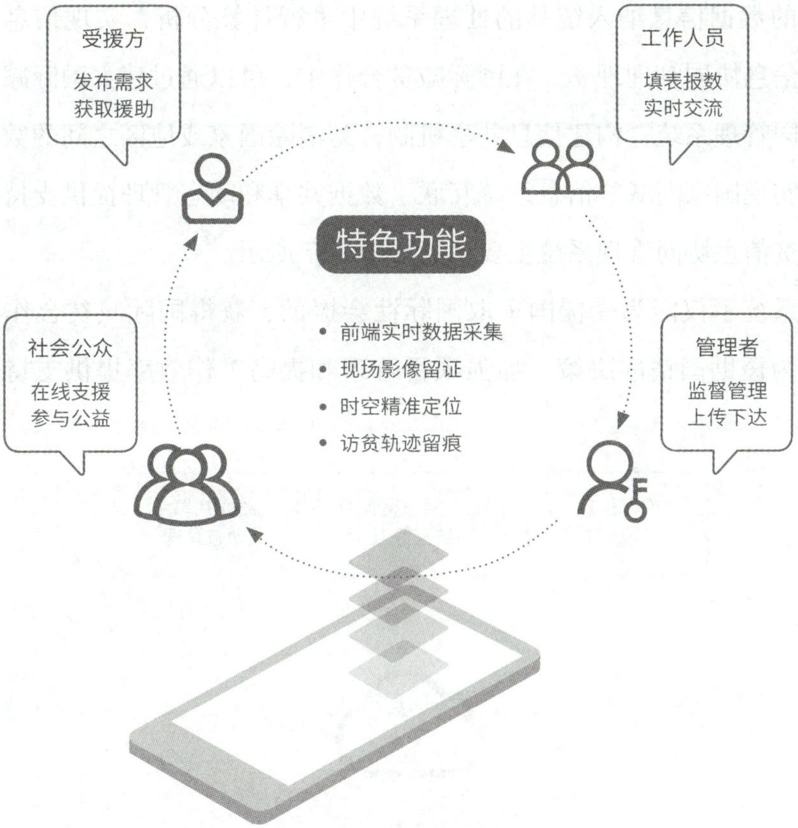

图 6-6 国际减贫 App 主要功能

就。从信息化管理的角度看，这些国际减贫合作项目涉及不同国家、不同层级、不同机构，还涉及大量钱款物资，如果缺乏充分的信息共享和沟通机制，就会导致决策失误，形成管理漏洞，造成效率低下。因此，在开展国际减贫时，从项目的决策到实施，有效汇聚相关国家及地区贫困数据，实现跨国别贫困数据共享显得尤为必要。

“5+2”模式的信息协同管理要义，就是打破“信息孤岛”，将异质化的数据信息纳入统一的处理系统中进行计算分析，实现信息共享。基于信息协同管理理念，在国际减贫合作中，可以通过建立国际减贫信息协同管理系统，构建信息共享机制，为消除国家或地区之间的数据壁垒、实现国家间减贫信息系统互联、数据共享和动态管理提供支持。国际减贫信息协同管理系统主要功能如图 6–7 所示。

系统不仅能为受援国争取国际社会援助、获得国际减贫合作项目，还能为援助国精准决策、加强项目管理和提高工作效率提供支持。联

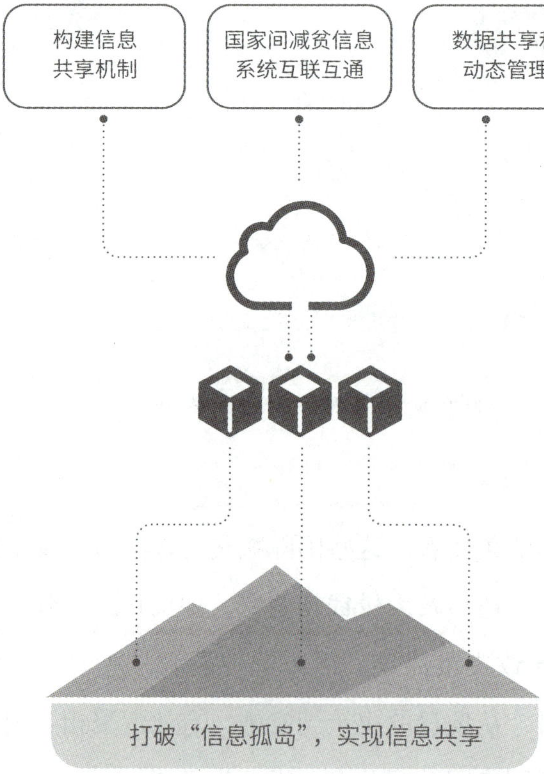

图 6-7　国际减贫信息协同管理系统主要功能

合国粮农组织、联合国教科文组织、世界银行等国际组织，也可以借助共享的跨国别贫困数据库，更好地帮助发展中国家解决医疗卫生、粮食保障等问题，为贫困人口提供人道主义援助；相关国家可以将其他减贫成效显著的国家作为“样板国”，从贫困人口规模、减贫措施、减贫效果等方面与本国情况进行对比研究，为本国贫困治理决策提供数据支撑。

需要指出的是，建立互联共享的国际减贫信息协同机制是一项全球性议题，某个个体和国家是无法单独完成的，需要国际社会广泛合作。而且，贫困数据的跨国别共享可能涉及国家主权、数据边界和数据安全等问题，实现难度大，这也是“5+2”模式在国际减贫中应用的难点之一。联合国2030年可持续发展议程把“在全世界消除一切形式的贫困”确定为首要目标，随着实现这一目标的时间节点临近，加之新冠肺炎疫情等不可预见的致贫因素出现，国际减贫事业面临的困难可能增多，打破数据壁垒、构建信息共享机制的需求将更加迫切。与此同时，全球进入移动互联网时代，信息化发展向智慧化阶段迈进，为深化国际减贫合作提供了技术条件，因此，有理由相信实现跨国别贫困数据共享存在可能。

（六）以“医疗救助”化解“因病致贫”

因病致贫是全球减贫的难点，也是许多发展中国家减贫事业中需要重点解决的问题之一。贫困较为严重的国家，往往医疗卫生条件较差，缺乏必要的医疗保障。一些国家传染病肆虐，地方病高发，加重了贫困程度，需要发达国家优质医疗资源的支持。

根据“5+2”模式的致贫主要因素信息管理理念，可以设想，在联合国、世界银行等国际组织的引导下，建立国际性的减贫医疗信息共享机制，搭建国际减贫医疗救助信息管理系统。相关国家可以依托各自的贫困人口医疗救助数据库，通过系统与其他国家“互联互通”，跨国别、跨地区共享医疗资源信息，为贫困人口提供国际医疗救助服务，架起一座连接国际医疗救助资源和救助对象的信息桥梁。

通过系统，首先可以实现国际减贫的医疗救助信息共享，便于联合国、世界银行等国际组织协调和配置减贫医疗救助资源，帮助受援国的贫困人口便捷地获得医疗救助；其次，利用先进的远程诊疗技术、虚拟成像技术、数字孪生技术等，实现对发展中国家贫困患者的远程诊疗，共享发达国家的优质医疗资源；最后，发达国家医疗卫生机构可以为欠发达国家或地区的医疗工作者提供专业培训，提升为贫困人口服务的医疗救助能力。国际减贫医疗救助信息管理系统主要功能如图 6–8 所示。

考虑到不同国家在医疗基础、卫生条件、管理体制等方面存在差异，系统应从供需两个方面强化功能，一方面，可以在系统中公布需要救助的群体、急需的医疗物资、物流通道以及受援国相关管理规定等信息；另一方面，公布援助国的医疗卫生机构、医疗技术、医疗志愿者、专业培训能力等信息，为供需对接提供支持。

基于“5+2”模式搭建的国际减贫爱心对接信息管理系统，注重满足多方需求，具有多样性、多元化特点；而国际减贫医疗救助信息管理系统更侧重于解决因病致贫问题，具有单一性、专业化特点。

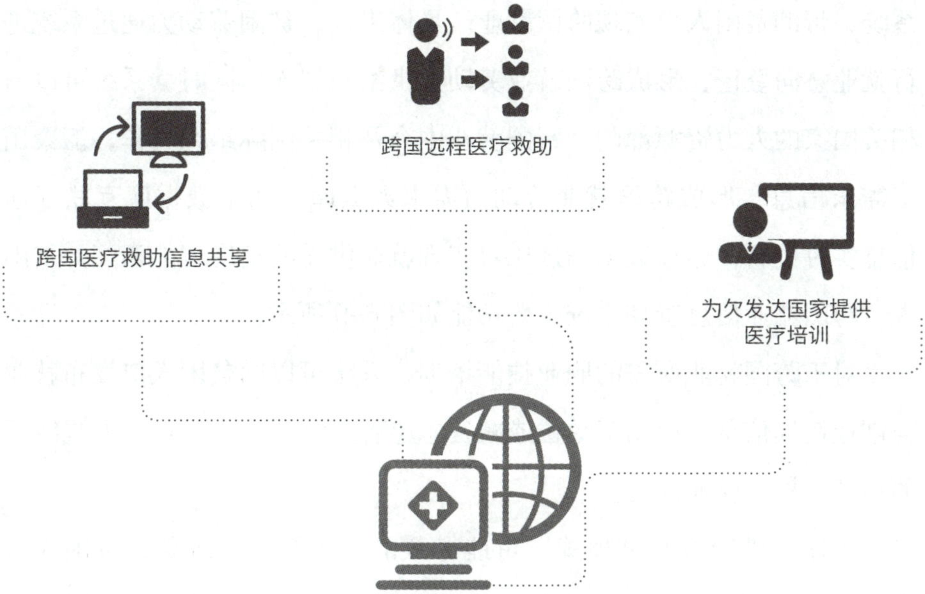

图 6-8 国际减贫医疗救助信息管理系统主要功能

（七）以跨国就业助力长效脱贫

失业或就业不充分是导致贫困的重要因素。因此，提高贫困人口的就业能力，是世界各国多数贫困人口实现稳定脱贫的根本出路。对于在本国缺乏就业机会的贫困人口，跨国就业是获得更多就业资源、增加收入的渠道。在世界经济全球化的背景下，近年来，跨国就业潮在欧美及东亚、东南亚等地区逐渐兴起，对发展中国家的减贫发挥了积极作用，但受限于供需信息的不对称等因素，不易形成规模。

基于“5+2”模式的致贫主要因素信息管理理念，可以运用信息化手段消减就业供需之间的信息不对称，搭建贫困人口跨国就业信息管理系统，帮助贫困人口实现跨国就业。具体来说，贫困劳动力通过系统进行就业意向登记，形成跨国就业劳动力供给数据库。同时，系统可以与相关国家的人力资源部门、跨国就业中介及相关国际组织合作，汇聚用工需求信息，形成跨国就业劳动力需求数据库。两个数据库互联互通，信息实时更新，通过数据筛选比对实现就业供需的精准智能匹配。贫困人口跨国就业信息管理系统主要功能如图 6–9 所示。

对于跨国就业所需的职业技能培训，系统可以向贫困人口发布就业与创业培训信息，由用工单位或减贫志愿者为贫困人口提供线上或线下的培训，提高就业能力。

相比“供给型减贫模式”可能导致的“等靠要”现象，贫困人口跨国就业对减贫更为直接有效，也更容易得到贫困劳动力就业困难的

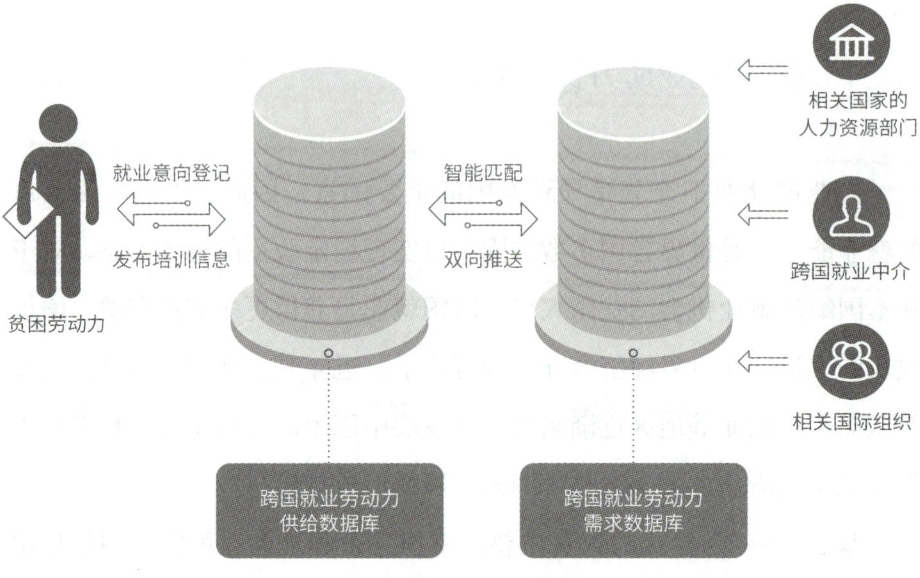

图 6-9　贫困人口跨国就业信息管理系统主要功能

国家或地区的响应。需要指出的是，贫困人口跨国就业受限于语言、文化、法律的差异，系统能否得以广泛应用尚需得到联合国等国际组织和众多国家的支持，如能由具有公信力的国际组织发起、创建和运营，并加强对系统的管理，规模化的贫困人口跨国就业就有望实现。

（八）政府主导是减贫信息化顺利实施的保障

政府对信息化的管理水平，表面上体现在技术层面，实际上更多地取决于政府对信息化的认知水平和资源整合能力。政府作为贫困治理的决策主体和执行主体，拥有大量权威性数据信息，是信息资源最集中的地方，对信息具有支配权。从信息化治理的角度看，决策者对信息化管理的高度重视，是对信息资源有效管理的必要条件。

在中国，政府主导是扶贫开发取得成功的关键因素，是实现减贫目标的根本保障。中国将现代信息技术广泛应用到扶贫开发工作中，国务院扶贫办建设的全国扶贫开发信息系统，统筹管理全国扶贫开发数据，多地扶贫部门也建立了信息管理系统，在全国范围完成所有贫困户的建档立卡工作。这些信息从全国各地汇聚到国务院扶贫办，纵向贯通中央、省、市、县、乡、村各级扶贫部门，横向连通政府多个职能部门，使中央到地方扶贫数据汇聚起来，形成以交换共享为特征的跨层级跨部门减贫信息运行体系，推动了各级政府的互联互通、业务协同与数据共享，促进了精准扶贫管理的科学化、规范化、精细化，显著提升了脱贫效率。中国政府对扶贫开发信息化的主导，为按期打赢脱贫攻坚战提供了强有力的保障，为全球贫困治理信息化积累了宝贵的经验。

由此可见，信息化管理只是在技术层面为减贫提供了管理工具，如果没有政府的主导，信息化管理的方案设计得再完美，也难以广泛应用于实践。从“5+2”模式总体架构看，政府内部信息管理要素位于“减贫三角形”的顶部，如同信息化管理的“总指挥”，其他六个要素都处于“总指挥”的统领之下，各司其职、形成合力，达到减贫信息化管理的最佳效果。这些设计理念，都聚焦于有效发挥政府的主导作用。因此，基于“5+2”模式的理念，建立国际减贫“5+2”平台，需要由具有公信力的国际组织来发起，发挥主导作用，广泛动员多方力量共同参与，构建多渠道、多维度、多形式的国际减贫信息交流共享机制。

总之，“5+2”模式在国际减贫中的应用尚处于构想阶段，有待于在国际减贫实践中进一步探索。在此期望，国际组织、有关国家减贫机构等对“5+2”模式及其系统进行研究、甄选、优化，形成符合实际需求的减贫信息管理系统，为实现联合国2030年消除极端贫困目标发挥作用。

POVERTY REDUCTION

A “5+2” MODEL OF INFORMATION MANAGEMENT

第七章

“5+2”模式的价值与使命

“5+2”模式的科学性在于，无论是信息技术的变革还是工作重心的转移，都可以与时俱进，焕发新的生命力。未来，“5+2”模式不仅可以在相对贫困治理中拓展应用，还可以走出国门，为全球减贫事业助力。

当今世界，人们的物质生活条件已有显著改善，追求美好生活的愿望更加强烈，时代对减贫提出了更高的要求。与此同时，世界正处于百年未有之大变局，新冠肺炎疫情仍在全球蔓延，贫穷、饥饿、疾病侵蚀着人们追求美好生活的希望和信心，人类减贫面临诸多不确定性因素，国际公共卫生安全、自然灾害等可能成为新的主要致贫原因。世界需要为实现《联合国2030年可持续发展议程》减贫目标付出更多的努力，广大发展中国家需要更丰富的减贫经验、更科学的治理模式和更有效的解决方案。可以预料，会有更多的学者致力于全球减贫领域的研究。同时，在携手共建人类命运共同体进程中，世界将会更加包容和开放，人类科学成果将会进一步跨越国界实现共享。这一发展态势为减贫信息化管理“5+2”模式走出国门并为全球减贫事业作出贡献提供了可能。

一、与时俱进

适应新时代需求

以互联网为代表的信息技术日新月异，引领社会产生新变革，创造人类生活新空间，拓展国家治理新领域，极大提高了人类认识世界、改造世界的能力。随着社会的发展以及信息技术的进步和新技术、新业态、新模式不断涌现，人们对信息化管理的需求将更加多元化、复杂化，“5+2”模式及其系统将随之进行理念和技术的升级。

一是应用前沿信息技术。创新是我国发展的核心驱动力，信息技术与各个领域融合发展具有无限潜力，乡村振兴战略将会应用更多的前沿信息技术，全球减贫也将进一步加大信息技术的应用。“5+2”模式及其系统也将迭代升级，积极应用人工智能、5G、区块链、量子技术等最新信息技术成果，保持模式和系统的先进性和适用性。

二是深度挖掘大数据价值。大数据为解决贫困复杂问题提供了分析工具，有助于减贫参与主体结合贫困地区、贫困群体的特性推进减贫工作。随着国家、社会对数字治理能力和数字服务的要求日益提高，对于数据要素的合规治理和应用创新也提出了新的要求。当前，数据呈现出爆炸式增长和海量式聚集特点，其开放共享、流通应用中蕴藏着巨大的经济价值和社会价值。“5+2”模式及其系统将不断适应新要求、扩展新场景，深度挖掘大数据应用功能和价值，有效防控和规避各类风险，激活数据要素的价值潜力，为贫困治理提供全面、可持续发展的数据基础，为不同阶段的减贫事业赋能。

三是加强信息安全保障。在数字化发展的新阶段，“数字中国”对信息安全提出了更高要求，信息安全内涵和所面临的挑战不断变化，安全保护的责任范围也不断扩展。“5+2”模式及其系统将在加强信息安全的顶层设计、推进信息安全基础设施建设、提升安全保障能力等方面进一步拓展和完善，为减贫信息安全保驾护航。

二、广阔前景

在相对贫困治理中发挥作用

我国如期打赢脱贫攻坚战，历史性解决了绝对贫困问题，但相对贫困问题还将长期存在。在“后扶贫时代”，贫困治理情况更为复杂，我国减贫战略方向和重点面临着四大转变：由集中性减贫治理向常规性减贫治理转变、由主要解决绝对贫困向主要解决相对贫困转变、由重点解决农村贫困向城乡减贫融合推进转变、由重点解决国内贫困向推动国内减贫与国际减贫相结合转变。[1] 当前，我国经济社会发展最大的不平衡是城乡不平衡，最大的不充分是乡村发展不充分，乡村发展相对滞后是导致相对贫困的主要因素，因此，乡村仍将是消除相对贫困的主战场。

实施乡村振兴战略、巩固脱贫攻坚成果、加强防止返贫等工作，仍然需要信息化管理的支持。乡村振兴与脱贫攻坚的内在一致性和措施的接续性，为减贫信息化管理的应用提供了广阔的前景。我国乡村分布广泛，条件有别，需求不同，对精准化管理提出了更高的要求。“5+2”

1 左常升，等．世界各国减贫概要（第二辑）[M]．北京：社会科学文献出版社，2018.

模式将面临四个挑战：服务更大范围的贫困群体，适应更加多元的参与主体，构建更加长效的减贫机制，处理更加繁杂的数据信息。面对新的应用场景，“5+2”模式及其系统将充分考虑各方需求的新变化，进一步运用系统论、信息论等理论，从七个管理维度来强调定位的准确、结构的优化、功能的协调和资源的整合，保障“5+2”模式的构建科学合理，在相对贫困治理中发挥积极作用。

三、走出国门

焕发新的生命力

精准性历来是人们孜孜以求的目标。中国是世界上天文学发展最早的国家之一，北极星是中国天文学的基础，千百年来地球上的人们依靠它的星光来导航。北斗七星因地球自转而围绕着北极星转动，自古被人们作为定方向、辨四季、定时辰的星宿。斗转星移，沧海桑田，当今世界早已进入信息时代，放眼寰宇，茫茫太空中翱翔着种类繁多的卫星，其中有中国自行研制的北斗卫星导航系统（BDS），它可以为海洋、地面、空中用户提供精确导航定位信息，实现了中国科技与浩瀚宇宙的时空接力。可以说，从古代的北斗七星，到当代的北斗卫星，中华民族精确丈量时间空间的脚步从未停歇。

自进入 21 世纪以来，世界上许多发展中国家开展大规模减贫行动，产生了海量减贫数据，类别林林总总。要实现《联合国 2030 年可持续发展议程》减贫目标，就需要对这些纷繁复杂的减贫信息进行科学管理，精准性是科学管理的前提。如果把减贫数据比喻为浩瀚星空的亿万颗星星，把人类消除贫困、共同发展的崇高目标比喻为指向正北方的北极星，那么可以把“5+2”模式视为围绕着这颗北极星转动的“减贫北斗七星”。“减贫北斗七星”从“减贫三角形”延展而来，站位更高，覆盖面更广，内涵更丰富。在新的应用场景下，致贫主要因素信息管理和脱贫内生动力信息管理被提到“5+2”模式更加突出的位置，致贫主要因素信息管理成为“5+2”模式的重要任务，助力相关国家集中减贫资源对主要致贫因素进行集约化治理。内生动力是减贫最根本、最稳定、最强大的力量之一，脱贫内生动力信息管理将作为“5+2”模式距离人类消除贫困的目标最近、影响最深远的减贫路径，牵引着“减贫北斗七星”朝着既定目标砥砺前行。“5+2”模式由“减贫三角形”向“减贫北斗七星”的迭代升级示意图，如图 7-1 所示。

我国脱贫攻坚战胜利收官，乡村振兴的时代大幕已经拉开，但全球减贫仍任重道远。就中国而言，依据“5+2”模式搭建的系统在优化升级后，可以继续服务于乡村振兴信息化管理；就世界而言，全球减贫事业面临的困难和挑战依然严峻，不可预见的致贫风险仍然存在，减贫信息化管理的需求可能会长期存在。同时，中国提出“一带一路”倡议以来，得到了各方积极响应，倡议的一个重要内容就是打造“数字丝绸之路”，为国际减贫信息化的发展以及加强减贫领域的交流合作提供了条件，这些都为“5+2”模式走出国门带来了机遇。

总之，在开放的理念下，无论是信息技术的变革还是应用场景的变换，“5+2”模式都可以与时俱进，焕发新的生命力。在未来的全球减贫事业进程中，“5+2”模式将承担新的使命，应用于更为多样的减贫场景，满足更为多元的需求。期望“5+2”模式能够为全球减贫事业助绵薄之力。

你们是我不竭的动力

本书从2012年开始酝酿，到2022年收笔，历时十年。书稿即将付梓，墨香淡淡。此刻，我想感谢的人太多。因为不太会说感谢的话，所以我只能列一份清单在这里。

感谢民建中央的领导和同事们，在工作和学习上给予我莫大支持和无私帮助。

感谢第十二届全国政协副主席齐续春对我的勉励。“用心写好精准扶贫信息化大文章”，我当铭感于心。

感谢全国人大常委、农业与农村委员会主任委员陈锡文为本书作序。陈锡文主任对本书给予如此高的评价，给我注入了强大的动力，激励我不断奋进。

感谢全国政协常委、全国政协农业和农村委员会副主任陈雷。陈雷先生对本书给予的肯定，是对我莫大的鼓舞和鞭策，让我增添了继续前进的动力。

感谢外交部原部长李肇星为本书作序。80 多岁高龄的他，亲笔作序，我唯有感动、感激。

感谢中国国际文化传播中心执行主席龙宇翔为本书作序。龙宇翔先生倾力向国际社会推介本书，是对我的肯定和鼓励。

感谢中国乡村发展协会会长袁文先对我的帮助，他的指导让我受益匪浅。

感谢中国互联网协会理事长尚冰、故宫博物院原院长单霁翔、中国美术家协会主席范迪安、中国农业大学副校长林万龙倾情推介本书。感谢北京师范大学中国扶贫研究院院长张琦推介本书以及提供的帮助。

感谢 360 集团创始人、董事长兼 CEO 周鸿祎对本书的肯定，他让我对减贫信息化管理“5+2”模式的应用前景增添了信心。感谢陈国平先生，他践行产业报国的理想，积极投身公益事业，深深感动了我。感谢张瑞海先生，他深耕通信领域多年，对我的研究颇有启发。

感谢国务院扶贫办（现国家乡村振兴局）领导，他们对一名在校博士生的研发成果给予重视，并给予我施展才华的机会。感谢中国社会扶贫网对我的肯定和支持，让我的研发能够付诸实践。感谢中国国际扶贫中心对我的信任和支持。感谢中国国际扶贫中心副主任谭卫平博士对本书的指导和帮助。需要说明的是本书文责自负，与中国国际扶贫中心无关。

感谢母校武汉大学，我为能成为武汉大学的一名学子而自豪。感恩我的导师吴俊培教授，他严谨治学的态度感染着我，给我启迪和激励。感谢武汉大学社会保障研究中心对我的研究给予重视和认可。感谢武汉大学社会保障研究中心学术委员会主任邓大松教授对我的鞭策和指导。感谢武汉大学社会保障研究中心副主任薛惠元教授的真诚帮助。

感谢国家中医药管理局为本书提供了部分参考资料。感谢北京市扶贫支援办（现北京市乡村振兴局）、湖南省扶贫办（现湖南省乡村振兴局）、广西壮族自治区扶贫办（现广西壮族自治区乡村振兴局）、甘肃省扶贫办（现甘肃省乡村振兴局）、贵州省扶贫办（现贵州省乡村振兴局）、宁夏回族自治区扶贫办（现宁夏回族自治区乡村振兴局）、桂林市扶贫办（现桂林市乡村振兴局）、湘西土家族苗族自治州扶贫办（现湘西土家族苗族自治州乡村振兴局）为本书的调研提供支持。

感谢甘肃万维信息技术有限责任公司、宁夏希望信息产业股份有限公司、湖南恩舍文化传媒有限公司提供的调研便利和资料。感谢湖南省县域经济研究中心主任曾鹏提供的帮助和支持。感谢桂林电子科技大学广西物联网技术及产业化推进协同创新中心、湖南工商大学、兰州大学的多位教授以及桂林市乡村振兴局庞志全对书稿提出宝贵意见。

感谢中央民族乐团原党委书记孙毅、中国乡村发展协会会长助理王毅、中国国际文化传播中心艺术中心艺术总监林家卫，感谢冯举高、陈美云、陈海滨、周骁骏、李顺增、胡建红、贾天才、朱凼凼、石健吾、张文和、郑刚、雷晓斌、邵明堃、许荣、王咏赋、洪林、李忠峰、韩雄亮、杨晓荣、吕行剑、胡正明、刘锐、文杰、杨爱民、杨智、张然、王万劳、刘书民、张占龙先生和高文婷、马冬妍、李淑芝、夏瑞虹、刘晓蕾、蒋辉林、钟卫红、石艳丽女士对我的勉励和支持。

感谢多位软件工程师、扶贫志愿者在软件编程方面提供的技术支持，因为有你们，“5+2”模式及应用构想才能顺利实现。

感谢陈明明大使，他曾任中国外交部翻译室主任，在百忙之中为本书提供了英译名。感谢郭崇立大使，他曾任世界知识出版社总编辑，对书稿中涉及国际问题的部分提供了宝贵意见。

感谢中国经济出版社领导及责任编辑的辛勤付出。谢谢你们将书稿送领导、专家审阅，谢谢你们带回的勉励。

感谢我的家人，没有你们对我的包容、支持，我就无法投入到系统研发和书稿撰写的工作中。因为痴迷于这项研究，十年来我把大量的业余时间投入到研发当中，没有很好地陪伴和照顾家人，心中甚是愧疚。

……

感谢不分先后，唯有感恩于心。我知道，你们给予我的支持，背后更多的是对中国减贫事业的热爱和关注。

要感谢的人太多，纸短情长，能列出和未能列出的，我都铭记于心。你们是我前行的不竭动力。

杜萍

2022 年 7 月 17 日于北京

参考文献

[1] 赵忠孝. 联合国世界扶贫计划介绍[J]. 世界科学, 2005(6): 7–9.

[2] 王哲 . 美国的减贫政策体系及启示 [J]. 宏观经济管理 , 2019, 4(12): 71–76, 90.

[3] 林忠伟 . 精准扶贫体制机制创新研究 [J]. 经济与社会发展 , 2016, 14(1): 7–13.

[4] 童政 . 广西构建扶贫大数据应用新格局 [N]. 经济日报 , 2019-11-19(010).

[5] 李鹍 , 叶兴建 . 农村精准扶贫 : 理论基础与实践情势探析——兼论复合型扶贫治理体系的建构 [J]. 福建行政学院学报 , 2015(2): 26–33, 54.

[6] 汪三贵 , 郭子豪 . 论中国的精准扶贫 [J]. 贵州社会科学 , 2015(5): 147–150.

[7] 邓维杰 . 精准扶贫的难点、对策与路径选择 [J]. 农村经济 , 2014(6): 78–81.

[8] 郭蕾 , 余波 , 张妍妍 , 温亮明 . 精准扶贫中的信息需求及其服务策略 [J]. 图书馆论坛 , 2018, 38(4): 39–48.

[9] 陆汉文 , 李文君 . 信息不对称条件下贫困户识别偏离的过程与逻辑——以豫西一个建档立卡贫困村为例 [J]. 中国农村经济 , 2016(7): 15–22.

[10] 汪磊 , 许鹿 , 汪霞 . 大数据驱动下精准扶贫运行机制的耦合性分析及其机制创新——基于贵州、甘肃的案例 [J]. 公共管理学报 , 2017, 14(3): 135–143, 159–160.

[11] 莫光辉 , 张玉雪 . 大数据背景下的精准扶贫模式创新路径——精准扶贫绩效提升机制系列研究之十 [J]. 理论与改革 , 2017(1): 119–124.

[12] 李彤 . 贵州省黔南州三都县精准扶贫管理系统的研究与分析 [D]. 昆明 : 云南大学 , 2015.

[13] 刘诗琦 , 王红雷 . 基于 WebGIS 的精准扶贫管理系统构建 [J]. 价值工程 , 2017, 36(27): 4–6.

[14] Sherraden M. Black Wealth/White Wealth:A New Perspective on Racial Inequality[J]. Social Service Review, 1997,64(3):494–497.

[15] 胡敏华 . 我国农村扶贫的制度性陷阱 : 一个基于组织的分析框架 [J]. 财贸研究 , 2005(6): 21–27.

[16] 谢康 . 微观信息经济学 [M]. 广州 : 中山大学出版社 , 1995.

[17] 张欣 . 财政分权对地方政府的影响 [J]. 青年科学 (教师版), 2013, 34(6): 256.

[18] 冯・贝塔朗菲 . 一般系统论 : 基础、发展和应用 [M]. 北京 : 清华大学出版社 , 1987.

[19] 魏宏森 , 曾国屏 . 系统论——系统科学哲学 [M]. 北京 : 清华大学出版社 , 1995: 302.

[20] 蔡昉 . 穷人的经济学——中国扶贫理念、实践及其全球贡献 [J]. 世界经济与政治 , 2018(10): 4–20, 156.

[21] 和音 . 为加速全球减贫进程贡献智慧和力量 [N]. 人民日报 , 2020–12–16(003).

[22] 联合国教科文组织 . 全球教育监测报告 2019: 移徙、流离失所和教育——要搭建桥梁 , 不要筑起高墙 [M]. 北京 : 教育科学出版社 , 2019.

[23] 吴崇伯 . 印度尼西亚渔业发展概况及政策措施 [J]. 世界农业 , 2004(10): 20–21.

[24] 汪三贵 , 曾小溪 . 有条件现金转移支付减贫的国际经验 [N]. 学习时报 , 2016–02–25(002).

[25] 季飞 , 杨康 . 大数据驱动下的反贫困治理模式创新研究 [J]. 中国行政管理 , 2017(5): 53–59.

[26] 刘元章 . 企业绩效管理研究 [D]. 北京 : 首都经济贸易大学 , 2004.

[27] 陆汉文 . 落实精准扶贫战略的可行途径 [J]. 国家治理 , 2015(38): 28–31.

[28] 平新乔 , 白洁 . 中国财政分权与地方公共品的供给 [J]. 财贸经济 , 2006(2): 49–55.